Beaux-arts histoire

Conférences sur la peinture

École nationale supérieure des Beaux-Arts
17, quai Malaquais 75006 Paris
Directeur : Yves Michaud

Collection Beaux-arts histoire

Johann Heinrich Füssli

Conférences sur la peinture 1801-1823

Traduit de l'anglais par Serge Chauvin

Préface de Marie-Madeleine Martinet

École nationale supérieure
des Beaux-Arts

Collection dirigée par
Denis Mellier, Marie-Karine Schaub et Pierre Wat

Secrétaire de rédaction
Francine de Jacobet

Traductions :
Latin : Sophie Rabaud
Italien : Sonia Miret

Photo couverture : J. H. Füssli, *Le Cauchemar*,
1781, huile sur toile, 101 x 127 cm, Detroit Institut of Arts

ISBN : 2-84056-010-0
ISSN : 1158-5110

TABLE

FÜSSLI : DU MARBRE ANTIQUE AU CLAIR-OBSCUR DES PASSIONS

Füssli est surtout connu en France comme peintre, dessinateur, graveur de visions de cauchemar ou d'imagination[1]. Il fut aussi théoricien, et, dans les conférences qu'il prononça comme professeur de peinture à la Royal Academy, il développe les notions picturales essentielles comme la composition, le dessin et la couleur à partir d'exemples empruntés à l'Antiquité et à la Renaissance, suivant la pratique courante dans les traités sur la peinture depuis plusieurs siècles. La traduction des *Conférences* est la première présentation de cette partie de son œuvre pour le public français.

Füssli (1741-1825) fut élevé à Zürich où fleurissait la théorie des relations entre les lettres et les arts, ainsi que l'intérêt pour l'archéologie (son père admirait Winckelmann). Il connut les divers courants de pensée artistique et philosophique par ses voyages à partir de 1764, en Angleterre, en France où il rencontra Rousseau et Hume (et où il retourna comme de nombreux artistes en 1803 voir les œuvres réunies à Paris), en Italie à partir de 1770 où il admira Michel-Ange et put développer sa technique picturale. Puis il se fixa à Londres en 1778 où il devient célèbre (sous le nom anglicisé de Fuseli) notamment par ses tableaux, dessins ou gravures inspirés d'œuvres littéraires d'imagination – celles de Shakespeare, de Milton, de Cowper.

Les conférences (*Lectures*) qu'il prononça comme professeur de peinture à la Royal Academy entre 1801 et 1823 partent donc à la fois de toute la conceptualisation esthétique du temps (les relations entre les arts, en particulier dans le rendu du sens du temps, les notions d'imitation et d'expression), et des thèmes essentiels de la technique picturale (figuration de l'espace, lignes, couleurs et clair-obscur). L'interprétation qu'il en donne traite toujours ces catégories de manière à en montrer les rapports, allant de la perspective au clair-obscur, ou de la composition à l'expression des sentiments, souci qui domine toutes ses considérations techniques[2]

Le développement des *Lectures* de Füssli se fait selon les subdivisions habituelles des écrits sur l'art. Les deux premières sont historiques, la première traitant de la peinture antique et la seconde de la peinture moderne (c'est-à-dire depuis la Renaissance). Les suivantes, comme il est fréquent, appliquent à l'art les têtes de chapitres en usage dans les traités de rhétorique ; depuis l'Antiquité en effet, on reconnaissait à la rhétorique cinq «parties» correspondant aux phases successives du travail de l'orateur et donc aux talents qu'il devait maîtriser : l'«invention» (recherche des idées et des arguments), la «disposition» (arrangement de l'ensemble du discours), l'«élocution» (rédaction dans le détail selon les règles stylistiques), la «mémoire» (apprentissage du discours), et l'«action» (art de la présentation du discours en public, elle-même subdivisée en expression du visage, gestes, et mouvements). Les textes sur l'art transposaient les premiers de ces chapitres : l'«invention» pouvait rester telle quelle, la «disposition» devenait «composition», l'«élocution» était remplacée par les diverses techniques d'exécution picturale[3] . C'est ce que fait Füssli, les conférences III et IV traitant de l'invention, la conférence V de la composition, et les suivantes de sujets comme le clair-obscur (VI), le dessin (VII), la couleur (VIII et IX), la proportion (X), les deux dernières traitant de la *Cène* de Vinci à Milan (XI) et de l'état actuel de l'art (XII)[4].

Les chapitres historiques :
profondeur, colorisme et expression

L'art antique

Le chapitre sur l'Antiquité est en grande partie fondé, comme tous les ouvrages à ce sujet depuis la Renaissance, sur les anecdotes des vies d'artistes racontées par les Anciens (notamment Pausanias dans sa *Description de la Grèce* et Pline l'Ancien dans les livres de son *Histoire naturelle* consacrés à la peinture). Füssli interprète les passages de ces auteurs à la lumière des préoccupations esthétiques du XVIIIe siècle. Il retrace une évolution en tenant compte des idées sur la ligne et sur la couleur courantes dans les exposés sur la peinture depuis la Renaissance, en voyant une avancée dans le raffinement progressif de la couleur.

Selon lui, les premiers artistes grecs utilisaient la «méthode linéaire» (ou dessin des silhouettes), puis ils firent des monochromes (avec de simples indications de masses d'ombre et de lumière), enfin des polychromes qui atteignirent l'harmonie de l'échelle de couleurs. Il reprend la légende sur l'origine de la peinture dite *Mythe de Dibutade* : une jeune Corintienne aurait, à un moment où son amoureux était assis auprès d'un mur, tracé sur la pierre le contour de son ombre qui s'y projetait afin de conserver son image après son départ, et ce fut le premier portrait[5]. L'anecdote, célèbre au XVIIIe siècle, fut l'objet d'un tableau de David Allan *The Corinthian Maid*, actuellement à la National Gallery d'Edimbourg. Certains de ses aspects rencontrent en effet les préoccupations esthétiques de l'époque : d'un côté, elle insiste de façon classique sur le dessin (ici poussé à l'extrême de la simplification, la silhouette), d'un autre elle le mêle à la question plus récente du clair-obscur ; elle fait aussi de l'émotion la source de l'art («l'amour apprit l'art à la peinture», écrit Füssli), et si l'anecdote peut illustrer l'idée de la peinture comme mimésis, elle peut aussi symboliser celle de l'art comme expression des sentiments.

Une des préoccupations du XVIIIe siècle avait été d'affiner l'idée de lignes ou de couleurs distinctes pour étudier la possibilité de passage continu entre elles (cette préoccupation était bien évidemment partagée par les savants, avec le développement du calcul infinitésimal). Hogarth, dans l'*Analyse de la Beauté* (1753), accorda sa préférence aux lignes complexes qui modifient insensiblement leur direction et se transforment continuement de l'une en l'autre ; Burke, dans son *Enquête philosophique sur l'origine de nos idées sur le Sublime et le Beau* (1757), définit la «variation graduelle» comme la caractéristique de la beauté, et il ajouta dans la deuxième édition (1759) une référence à la théorie de Hogarth ; Uvedale Price, dans ses *Essais sur le Pittoresque comparé au Sublime et au Beau* (1794), estime qu'il convient de prolonger la théorie de ces deux auteurs sur les «transitions insensibles» pour les appliquer aux couleurs, et aux ombres et lumières : le lien était fait entre la théorie de la gradation et celle des couleurs. C'est à partir de l'analyse de Zeuxis et d'Apollodore que Füssli formule l'idée de «transition imperceptible», qui unit «la couleur locale, la demi-teinte, l'ombre et les reflets». Il l'associe aux passions, parlant de «tons de couleurs terribles».

La figuration de l'imperceptible pouvait être poussée à l'extrême : Füssli attribue à Polygnote la conception d'êtres surnaturels qu'on ne peut décrire. Il rattache à nouveau cette idée à celle de l'appel aux passions (la terreur dans les cas cités), et il lie l'idée d'expression et l'usage des couleurs, qui selon lui en sont l'instrument. Quand il étudie les limites d'effets techniques, c'est toujours en passant à l'esthétique de l'expression et de l'appel aux passions. Il rappelle à ce sujet l'anecdote de Timanthe, ce peintre qui aurait représenté la douleur d'Agamemnon au sacrifice d'Iphigénie en lui faisant dissimuler son visage sous un pli de sa draperie. L'anecdote devint un *locus classicus* pour les réflexions sur l'expression indirecte des passions, la suggestion par réticence, l'évocation d'un extrême (la grande souffrance) par l'extrême inverse de l'absence de représentation : signe d'une autre préoccupation du temps pour le vide plus significatif que l'explicite. Là encore, c'est l'idée d'expression du sentiment, caractéristique d'une esthétique romantique, qui permet à l'esthétique classique de la mimésis d'atteindre des cas limites[6].

L'art moderne

Füssli pose au début du livre sur l'art moderne la question de la relation entre la beauté physique, celle du paganisme, et la beauté spirituelle, celle de l'art chrétien dont il retrace l'histoire à partir du XVe siècle italien. Etant donné la disparition de la peinture de l'Antiquité, il n'est plus possible de lui comparer la peinture moderne, et si l'on veut étudier cette dernière selon des concepts antiques, c'est à la sculpture que l'on doit la rapporter. La sculpture étant tridimensionnelle, la peinture est alors jugée selon ses capacités de rendre le sens de la profondeur. La référence à l'Antiquité est l'une des raisons pour lesquelles la théorie picturale à partir de la Renaissance reposa à ce point sur le rendu de l'espace, qui exprime la vie dans son épaisseur. L' histoire présentée par Füssli, des débuts de la peinture à la Renaissance italienne et aux périodes suivantes, prend ce fil directeur. Il étudie les variations du rendu de la profondeur en relation avec les autres moyens d'expression, notamment la couleur et l'ombre, au moyen d'analogies avec l'histoire de la sculpture.

Les conférences suivantes, qui traitent de façon synthétique les sujets de l'invention, de la composition et de l'éxécution (III à X, ainsi que les deux dernières) mettent en valeur les points d'intérêt principaux de Füssli, déjà apparents dans les conférences historiques : expression et sens du temps, analogie avec la sculpture, couleurs et ombres.

Expression et temps

Ces thèmes moraux dominent les conférences les plus théoriques (les premières de la deuxième partie), notamment celles sur l'invention.

Invention et temps

Dans la troisième conférence Füssli part des dictons antiques sur l'analogie de la peinture et de la poésie[7] pour montrer leur différence – la peinture repose sur l'espace et la poésie sur le temps – et pour en dégager l'idée que le sens du temps dans l'art n'appartient pas à ses caractéristiques formelles, mais qu'il est une transposition de la poésie. Il relève donc de la beauté spirituelle, non de la beauté corporelle. Il ajoute ainsi cette dimension du temps à sa définition de la beauté spirituelle. L'analogie de Simonide entre la peinture et la poésie – la maxime souvent répétée depuis l'Antiquité selon laquelle on peut appeler «la peinture une poésie muette, et la poésie une peinture parlante[8]» – doit s'affiner par la distinction établie par Plutarque, selon qui la ressemblance réside seulement dans l'impression faite sur l'esprit, non dans les techniques qui diffèrent : l'action successive en poésie, la forme dans l'espace en peinture. Cette opposition, poussée à ses limites, aboutirait à exclure de la peinture le sens du temps si on la définissait ainsi seulement par sa forme spatiale. Il faut donc, pour comprendre comment la peinture peut représenter le temps, adjoindre à «l'élément physique de l'art» un «élément moral» : ce qui est précisément la capacité de l'invention. L'importance de la notion de temps se révèle en ce qu'elle permet de passer de la définition technique à l'idée de beauté spirituelle.

Passions et temps

La deuxième conférence sur l'invention (IV), qui présente une classification des genres, les répartit selon l'expression des passions et les types de rendu de l'émotion – preuve de l'importance du rôle émotif de l'art, puisqu'il sert à définir les catégories : les «peintures naturelles» relèvent de la sympathie, les «peintures de fantaisie» de la «phantasie[9]», les peintures historiques du pathos et de la vérité, les peintures dramatiques de la pitié et de la terreur.

Quand Füssli prolonge cette idée par celle de la figuration de l'invisible, c'est encore la notion d'appel aux passions qui sert de pierre de touche : pour représenter l'invisible, dit-il, il convient d'éliminer les détails, car ils détruisent l'effet de terreur. Puis, partant de l'exemple du *Laocoon*, il montre que l'art suscite la «sympathie» (au sens fort de ce terme dans l'esthétique du XVIIIe siècle[10]), et il ajoute à ces effets émotifs l'art de suggérer les choses absentes, ce qu'il appelle d'après Quintilien, les «phantasies» ou «visions». Pour les définir il retourne à la notion d'action : celui qui maîtrise cet art représente son sujet «avec l'énergie d'objets mouvant devant nos yeux» («énergie» étant un terme de rhétorique pour la suggestion vive de l'action).

C'est en effet en liant le sens de la passion à celui du temps (ou de l'action, ou du mouvement, qui le présupposent) qu'il poursuit ses définitions. Quand il traite des «idées associées», il reprend l'exemple du *Laocoon* pour dire que l'expression en est convaincante sans appel à la référence extrinsèque de son sujet mythologique.

Histoire et invention

Dans la première conférence sur l'invention, Füssli traite, dans son passage sur Michel-Ange, de ses emprunts à l'Antiquité, notamment ses motifs inspirés du «torse[11]», autre manière de traiter de la dimension temporelle, et qu'il justifie par la «licence poétique» selon Horace, possibilité de redonner jeunesse à un mot vieilli. Les emprunts d'un art à un autre ou les comparaisons avec la littérature se font par analogie avec les emprunts à travers les siècles. C'est aussi par comparaison des sens du temps dans d'autres arts que plus loin (conférence sur le dessin, VII), il définit les caractéristiques de cette partie : le dessin est différent de la couleur et du langage parce qu'il ne passe pas avec le temps[12].

L'analogie avec la sculpture

Composition et expression

C'est en partie par référence à la sculpture qu'il prolonge la catégorie habituelle de la «composition» (chapitre V) par la notion d'expression. Selon lui la peinture à ses débuts emprunta à la sculpture sa théorie des formes, puis ses méthodes de composition. Il voit dans la chronologie comparée des deux arts la source des pratiques picturales, la peinture s'étant inspirée de la sculpture à l'époque où cette dernière consistait surtout en bas reliefs – d'où le type de composition picturale qu'il nomme «apposition» (que d'autres appellent «composition en frise», par référence à un autre art). Il oppose à cette méthode celle de groupes plus tardifs comme celui de *Niobé* (Musée des Offices), où la disposition des personnages se fait autour d'un centre. En commentant cette sculpture célèbre pour son expression du chagrin, Füssli montre combien pour lui l'unité de composition dépend de la passion dominant l'ensemble.

Sculpture et forme

Les comparaisons avec la sculpture servent aussi à définir les notions formelles dans la conférence sur le dessin (VII). Par une analogie avec la sculpture, Füssli commente le dicton que l'on «dessine avec le pinceau», et il prône l'étude de la sculpture antique pour atteindre la forme idéale.

Il insiste au contraire sur les différences entre la sculpture et la peinture dans la conférence sur les proportions (X) : en peinture, il ne faut pas, dit-il, utiliser celles de la sculpture, en raison de la perspective qui diminue la tête, et de la vision binoculaire qui fait paraître les membres plus gros. Quand après les analogies entre les arts il cherche leurs divergences, les importantes questions de point de vue lui servent de moyen de distinction. La théorie du rendu de l'espace tridimensionnel était en effet l'un des principaux thèmes de la réflexion sur la peinture[13], et commandait celle de la technique de la ligne et de la couleur.

Harmonie de lignes, couleurs et lumière

Lignes et couleurs

Les chapitres thématiques associent les lignes et les couleurs, souvent dans leurs variations audacieuses.

Le deuxième chapitre sur l'invention (IV) traite de la relation entre les personnages et l'arrière-plan, et montre qu'ils doivent être harmonisés à la fois par les formes et par le sujet. Pour ce qui est du paysage, Füssli cite les Hollandais pour leur art de «masser». Il se réfère donc à l'analyse exactement contemporaine des théoriciens du pittoresque, comme Richard Payne Knight. Selon ce dernier en effet, la peinture de paysage, en évoluant, surtout chez les Vénitiens et chez les Hollandais, de la reproduction topographique à l'interprétation où les éléments se fondent en grandes plages de lumière, avait influencé en ce sens la définition de la beauté picturale. De là la notion du «pittoresque» compris comme l'«art de masser[14]». Les exposés de Füssli associent, dans leurs études de composition d'ensemble, les phénomènes géométriques de perspective (notamment le choix de la ligne d'horizon), les relations qui en découlent entre les personnages et le paysage, vus souvent pour leur appel aux passions, et les effets de groupement de couleurs. Dans le chapitre sur la composition (V), il reprend ses idées directrices sur la disposition des ensembles, faisant reposer la composition de Raphaël sur son art de masser les lumières et les ombres (sans reflets ni transitions). Sa préoccupation pour la ligne d'horizon le conduit à une remarque rare et pertinente sur Rembrandt, dont, dit-il, la ligne d'horizon basse élimine la vue des limites : l'artifice formel explique ainsi le sens spirituel si particulier de cet artiste, la suggestion de l'infini. Le chapitre sur le clair-obscur (VI), après une histoire du terme où il rappelle son sens premier de simple répartition des ombres et des lumières[15], traite aussi cette notion en rapport avec d'autres : l'expression et la composition.

La première conférence sur la couleur (VIII) traite celle-ci sous l'angle de la lumière, partant de la définition du point de lumière, qu'il poursuit par celle de son rayonnement : d'où résulte l'harmonie de composition obtenue par l'«ampleur» du travail. Il en étudie quelques variations en peinture, depuis l'Antiquité dont il rappelle la théorie ancienne selon laquelle elle n'aurait utilisé que quatre couleurs. Sa caractérisation du Titien par son art des ombres, des reflets, des glacis, de l'écho de couleurs, le fait déboucher sur une analogie avec la musique. Il commente alors cet art d'harmoniser les couleurs en termes musicaux, combinant les teintes profondes qui font l'effet d'une basse avec les nuances qui sont comme une mélodie. De même il vante le Corrège pour son choix du premier ton qui détermine tous les autres, et Michel-Ange pour sa pratique de la demi-teinte[16].

Transitions insensibles

Dans toutes ces catégories comme le dessin ou la couleur, qui sont les termes habituels des traités sur la peinture, Füssli apporte souvent une notion nouvelle qui apparaissait déjà dans les chapitres historiques : celle des transitions insensibles.

Dès la conférence III sur l'invention, il traite l'idée courante de la représentation des êtres fabuleux comme le centaure à l'aide de cette notion : la question est de joindre habilement les différentes parties par des transitions insensibles ; c'est donc pour lui le moyen de l'imagination composite qui le mène ensuite à l'idée romantique de la suggestion de l'incertitude.

Il poursuit en étudiant les transitions entre les divers éléments d'un tableau comme moyen de faire appel aux passions. Dans la conférence IV sur la composition, il expose que dans le choix de l'arrière-plan donné aux personnages, le peintre manifeste l'impression qu'il souhaitait susciter chez le spectateur ; une femme méditative évoquera des sentiments différents selon qu'elle est devant une mer tempétueuse ou sous un calme clair de lune. Il définit alors le sublime comme ce qui est exprimé par le rapport entre l'individu et les éléments, tandis que le pathos se rend par le lien ou par la séparation entre l'individu et les autres hommes, ajoutant que ces transitions peuvent être abruptes ou insensibles.

Cette idée de transition insensible lui permet d'étudier des thèmes classiques sous un jour nouveau : ainsi les proportions dans la conférence VII, où il pousse ce thème jusqu'à l'idée de «proportions imperceptibles», et la couleur dans la conférence VIII, qu'il aborde sous l'angle des passages insensibles des teintes. Il mène audacieusement la comparaison entre les arts, dans la conférence X jusqu'au rendu des couleurs par la sculpture, en voyant dans certaines statues, comme celles de Lysippe, un équivalent de l'effet connu en peinture sous le nom de *morbidezza*[17], qu'il explique ici par le traitement des transitions : l'idée de passage insensible lui permet de faire des comparaisons entre les arts, alors que la notion classique de représentation de l'espace lui avait au contraire fait apparaître les différences entre la sculpture et la peinture.

Füssli se situe à une époque de débats. La controverse datant du XVIIe siècle sur l'importance relative du dessin et de la couleur (entre les «Poussinistes» et les «Rubénistes»), qui sous-tend les *Discours sur la Peinture* de Reynolds, arrive chez lui à un équilibre. Une autre question est soulevée de son temps : celle de l'esthétique d'imitation et de l'esthétique d'expression[18] et encore plus celle de l'art comme copie de la nature extérieure ou comme symbole spirituel. C'est cette opposition que Blake présente de façon polémique dans ses annotations aux *Discours* de Reynolds. Il y fustige l'idée empirique de l'art issue de la philosophie du XVIIIe siècle, au nom d'une conception visionnaire. Si dans sa pratique Füssli est un artiste d'imagination, ses fonctions de professeur lui imposaient de traiter sa pensée dans un cadre néo-classique. Ce n'est en fait pas entièrement en contradiction, car certains concepts romantiques avaient émergé à partir de la pensée antique sur le sublime, comme prolongement et non comme opposition. Füssli choisit d'aboutir à une synthèse en poussant jusqu'à leur limite les thèmes qu'il développe. Si dans un exposé théorique et dans la tradition de la critique les concepts peuvent s'opposer, il en est autrement dans la pratique d'un art vécu comme l'héritage d'hommes de métier, mais aussi ressenti de l'intérieur, tel une communion, cette «délectation» dont parlait Poussin.

C'est donc en confrontant sans cesse pensée antique et esthétique moderne, anecdotes sur la pratique artistique de l'Antiquité, exemples célèbres des siècles récents, mais aussi expérience personnelle, que Füssli parvient à traiter de notions comme la figuration du temps en art ou l'idée de transition insensible. C'est cette manière de lier héritage et pratique qui lui permet de déboucher sur une esthétique des passions.

Marie-Madeleine Martinet

NOTES

1. Son œuvre a été notamment présentée au public français à l'exposition du Petit Palais à Paris dont le catalogue est dû à Gert Schiff, *Johann Heinrich Fussli 1741-1825*, 1975.
2. La bibliothèque de Füssli, dont le catalogue est publié dans l'ouvrage de Peter Tomory, *The Life and Art of Henry Fuseli*, Londres, 1972, contenait des ouvrages d'esthétique allant de la Renaissance (Palladio) à l'époque contemporaine (Burke et Price), des œuvres littéraires antiques (l'*Odyssée*) ou récentes (Molière, Sterne, Gœthe,...). Sur ses relations avec les courants d'idées continentaux, voir Frederick Antal, *Fuseli Studies*, Londres, 1956.
3. Ce sont, par exemple, les têtes de chapitre de l'*Essay on the Theory of Painting* de Jonathan Richardson, Londres, 1715. Sur l'origine de la transposition des catégories rhétoriques en peinture, voir Michael Baxandall, *Les Humanistes à la découverte de la composition en peinture 1350-1450*, tr. Maurice Brock, Paris, le Seuil, 1989. [Édition anglaise, 1971].
4. Füssli, ayant été élu professeur de peinture à la Royal Academy en 1799, prononça et publia les trois premières conférences (les deux chapitres historiques et le premier sur l'invention) en 1801 ; ensuite vinrent (1802) celles qui sont maintenant VII, VIII, IX (dessin et couleur), puis V (composition et expression), puis (1804, après son voyage à Paris) la conférence IV (deuxième partie de l'invention) ; après avoir quitté ses fonctions en 1805, il fut réélu en 1810, et prononça en 1812 sa VIe conférence (le clair-obscur), puis en 1820 il réédita les trois premières augmentées des trois suivantes ; les trois dernières (X sur les proportions, et XI et XII sur l'état de la peinture) datent de 1821-23, et l'ensemble fut publié de façon posthume en 1831. Son enseignement fut apprécié : son élève Haydon lui offrit au nom de la Royal Academy un vase en argent dû à Flaxman.
5. Voir à ce sujet R. Rosenblum, *Transformation in Late Eighteenth-Century Art*, Princeton, 1967, p. 21.
6. Sur ces concepts intermédiaires dans l'esthétique, voir M.-M. Martinet, «'The Sister Arts' et le sens du temps», *Actes du Congrès de Poitiers (1980) de la Société des Anglicistes de l'Enseignement Supérieur*, Paris, Didier, 1984, pp. 417-32, et «Indétermination, mimésis et expression dans l'histoire de l'esthétique anglaise», *Poétique(s)*, Lyon, Presses Universitaires de Lyon, 1983, p. 341-54.

7. *Cf.* R.W.Lee, *Ut Pictura Poesis*, New York, 1967 ; J.Hagstrum, *The Sister Arts*, Chicago, 1958.
8. Citée par Plutarque, *Moralia*, 346.
9. Terme employé à l'époque pour une capacité de l'imagination (susciter des images).
10. Voir notamment l'étude de la sympathie comme ressort de l'art dans la pensée d'Adam Smith, *Of the Nature of that Imitation which takes Place in what are called the Imitative Arts*, posthume, 1795.
11. Très probablement la statue dite *Torse du Belvédère*, au Vatican.
12. Contraste entre les arts et la langue hérité des XVIIe et XVIIIe siècles, développé par Addison dans *An Account of the Greatest English Poets*, 1694, et par Pope dans *An Essay on Criticism*, 1709.
13. Voir B.Cottret, préface de *Analyse de la beauté*, de William Hogarth, Paris, Ecole nationale supérieure des Beaux-Arts, 1991, p. 14-15.
14. Richard Payne Knight, *An Analytical Enquiry into the Principles of Taste*, Londres, 1805, 4e ed., 1808, II.ii.20. Sur cet auteur, voir Michael Clarke et Nicholas Penny, *The Arrogant Connoisseur : Richard Payne Knight 1751-1824*, Manchester, 1982.
15. Voir Léonard de Vinci, *Carnets*, ed. Edward McCurdy et tr. Louise Servicen, Paris, Gallimard, 1942, vol. II, ch. XXXII.
16. Sur cette théorie de la synesthésie, ses autres occurrences chez Füssli (*Aphorismes*)et son arrière-plan philosophique au XVIIIe siècle, voir Peter Tomory, *The Life and Art of Henry Fuseli*, Londres, 1972, p.118.
17. Terme conservé en anglais sous sa forme italienne, et transposé dans le vocabulaire pictural français en «morbidesse» (douceur, mollesse).
18. Sur le passage de l'esthétique de l'imitation à celle de l'expression, voir M. H.Abrams, *The Mirror and the Lamp : Romantic Theory and the Critical Tradition*, Oxford, 1953, et Harold Osborne, *Aesthetics and Art Theory : An Historical Introduction*, Londres, 1968.

INTRODUCTION

On ne saurait considérer comme superflu ou présomptueux de présenter au lecteur des conférences qui vont suivre une brève esquisse caractéristique des principales œuvres de documentation technique, anciennes et modernes, dont nous disposons : une esquisse, dis-je, car un panorama élaboré et méthodique, ou un plan correctement assimilé et rigoureusement suivi, exigeraient un volume entier. Ces observations, qui s'adressent moins à l'homme de lettres au goût éclairé qu'à l'étudiant qui souhaite s'informer de l'histoire et de l'évolution de son art, ont pour intention de l'orienter vers les sources dont je tire mes principes, pour lui permettre, en me confrontant à mes auteurs, de juger dans quelle mesure la théorie que j'expose peut être considérée comme fiable et authentique, ou mérite d'être rejetée comme erronée ou mensongère.

Les œuvres, ou fragments d'œuvres, en notre possession, relèvent soit de l'exposé des rudiments, soit de la critique historique, soit de la biographie, soit d'un mélange des trois. Pour ce qui est des exposés élémentaires, on trouve en tête du catalogue Léonard de Vinci et Albrecht Dürer, et c'est Gherard Lairesse qui en constitue le dernier exemple ; comme les principes qu'ils détaillent sont censés faire partie du bagage déjà assimilé par l'étudiant, ou s'entremêlent à l'occasion au sujet de ces conférences, je ne m'étendrai pas sur eux, et je passerai donc sans plus attendre aux auteurs de critique historique, représentés par tous les Anciens dont il nous reste des fragments, à l'exception de Pausanias.

Nous pouvons remercier le destin, dans le naufrage généralisé de l'art antique, d'avoir laissé un nombre suffisant de monuments, intacts ou mutilés, échapper à la sauvagerie enragée des invasions barbares, et à la main plus sauvage encore de la superstition, non seulement pour nous prouver que les principes que nous exposons constituaient bien déjà le corps de l'art antique, mais encore pour nous doter d'une norme de style. Car si nous ne pouvions compter pour en prouver l'existence que sur l'information historique et critique qui nous est parvenue, elle présente un tel chaos d'affirmations et de contradictions, un tel désordre chronologique et une telle discordance de dates, qu'il faudrait rien de moins qu'un miracle pour nous guider à travers ce labyrinthe, et l'ensemble revêtirait l'aspect d'un conte. Ajoutez à cela l'occupation et la personnalité des auteurs, dont aucun n'était artiste de profession. Pour ce qui est des règles édictées par Parrhasios, et des volumes de Pamphile, d'Apelle, de Métrodore, tous irrémédiablement perdus, nous devons nous fier aux compilations hâtives d'un guerrier ou aux remarques allusives d'un orateur, à savoir, respectivement, Pline et Quintilien. Pline, péremptoire dans ses verdicts, d'une détermination toute romaine, se souciait moins d'avoir une tête bien faite qu'une tête bien pleine ; le second au contraire se révèle homme d'un goût exquis, mais était trop préoccupé de son art pour accorder au nôtre plus qu'un coup d'œil rapide. Chez Pline, il est nécessaire, ce qui n'est guère difficile pour un artiste, de distinguer les passages où c'est lui qui s'exprime, des extraits de citations, si brefs soient-ils ; dans le premier cas, il ne parvient quasiment jamais à séparer le bon grain de l'ivraie ; il se montre crédule, déplacé, ridicule. Le *Jupiter* de Phidias, le *Doryphore* de Polyclète, l'*Aphrodite* de Praxitèle, le *Démos* de Parrhasios, la *Vénus* d'Apelle, ne provoquent pas chez lui une admiration plus intense que la corde tendue au-dessus des cornes et du mufle du taureau dans le groupe d'*Amphion, Zethos et Antiope*, les vrilles et les ondulations des serpents dans celui du *Laocoon*, l'effet de l'écume sur l'éponge de Protogène, la perdrix de son *Jalysus*, les raisins si ressemblants que les oiseaux pouvaient s'y méprendre, et le rideau qui trompa Zeuxis. Tel est Pline lorsqu'il exprime son opinion, ou peut-être les intuitions de quelque dilettante ; mais lorsqu'il cite un passage, les informations qu'il prodigue ne sont pas seulement importantes, voire essentielles, mais exprimées par les mots les mieux appropriés. C'est le cas de son exposé de la méthode de glacis d'Apelle, dans lequel, comme l'a observé Reynolds, il parle le langage d'un artiste ; c'est encore le cas lorsqu'il évoque la manière dont Protogène incarnait ses couleurs, quoiqu'il exige peut-être l'expérience pratique d'un artiste pour en pénétrer le sens. Aucun sculpteur n'aurait su mieux décrire, avec tous les mots du monde, comme il le fait en un mot, la manœuvre par laquelle Nicias conféra la ligne ferme de la justesse aux modèles de Praxitèle ; le mot *circumlitio*, qui signifie façonner, arrondir du doigt l'argile humide, est manifestement un terme de l'art. Ainsi, lorsqu'il décrit la méthode de Pausias, qui, en peignant un sacrifice, raccourcit le taureau et en projeta l'ombre sur une partie de la foule environnante, il projette sous nos yeux les profondeurs du décor et son clair-obscur énergique ; il n'est pas moins heureux, à mon sens du moins, lorsqu'il traduit l'aphorisme profond par lequel Eupompe enjoignit à Lysippe de recourir à la nature, et d'animer la forme rigide d'un air de vie.

Il se trompe rarement dans ses dates et parfois précise ou corrige les erreurs de la chronologie grecque quoiqu'avec une attention égale, car alors qu'il explique l'impropriété qu'il y a à attribuer à Polyclète une statue d'Héphestion, l'ami d'Alexandre qui vécut un siècle plus tard, il se croit obligé de répéter qu'Erynna, contemporain de Sapho, qui vécut presque autant d'années avant lui, célébra dans ses poèmes une œuvre de son ami et confrère l'érudit Myron d'Eleuthère. Son texte est en même temps si déplorablement mutilé qu'il défie souvent la conjecture comme l'interprétation. Cependant, à en juger par les passages authentiques, force est de reconnaître qu'il condense en une poignée de chapitres ce qui pourrait occuper des volumes entiers, et qu'il investit l'ensemble du domaine de l'art. Quoi qu'il raconte, qu'il s'agisse de la plus puérile des légendes ou du fait le mieux attesté, il le fait avec dignité.

Tout ce que nous possédons de Quintilien, dont les informations sont toutes relatives au style, c'est le dixième chapitre du douzième livre, un passage sur l'expression dans le onzième, et des fragments épars d'observations qui établissent des analogies avec son art d'orateur ; mais ses propos, inférieurs en volume à ceux de Pline, nous donnent envie d'en lire davantage. Son passage en revue des révolutions stylistiques en peinture, de Polygnote à Apelle, et en sculpture, de Phidias à Lysippe, est rapide et succinct, mais, tout rapide et succinct qu'il est, chacun de ses mots est pesé avec une précision caractéristique, et ne saurait être que le résultat d'une longue et judicieuse enquête, et peut-être même d'un examen minutieux. Ses théories et son goût ne sentent ni le collectionneur d'antiquités ni le dilettante ; il ne s'attarde pas avec une tendresse béate sur l'enfance de l'art, et ne dissout pas non plus ses principes solides et essentiels au creuset d'une exécution simplement curieuse ou voluptueuse.

D'un volume plus restreint encore, et moins encore voulues comme telles, on trouve des informations brèves mais importantes sur les principes de l'art et les âges du style éparpillées dans presque toutes les œuvres de Cicéron, mais avant tout dans son *Orateur* et ses *Institutions rhétoriques*. Certaines de ses préfaces à ces ouvrages pourraient fournir en figures le paysage classique de Poussin. Et s'il ne semble avoir eu spontanément que peu de goût pour la peinture et la sculpture, encore moins qu'il n'en avait pour la poésie, il avait sa conception de la nature ; et comparant, avec sa clairvoyance habituelle, les principes d'un art et d'un autre, il sema fréquemment des aperçus utiles ou des observations pertinentes. Il en devait peut-être d'ailleurs beaucoup à Hortensius, qui, quoique son rival en éloquence, comptait parmi ses familiers, et qui était un homme d'un goût affirmé, et l'un des premiers collectionneurs de son temps.

Pausanias de Cappadoce n'était certes pas un critique, et sa crédulité n'a d'égale que sa curiosité ; il dépasse rarement le stade de la nomenclature, et chronique sans discernement la tradition établie et les rumeurs les plus éhontées ; mais l'empressement minutieux et scrupuleux avec lequel il examinait ce qui lui tombait sous les yeux compense amplement son manque de méthode ou de jugement. Ses descriptions des tableaux de Polygnote à Delphes, et du *Jupiter* de Phidias à Olympie, sont peut-être supérieures à celles qu'auraient pu en faire des hommes aux capacités plus affirmées : ce sont des mines de renseignements, et un legs inestimable pour notre art.

Les *Héroïques* de Philostrate l'Athénien, et les *Eicones*, ou *Galeries de peinture*, des deux Philostrate, s'ils n'ont pas été écrits expressément pour l'artiste, mais plutôt pour amuser que pour instruire, ne sont pas suffisamment consultés par l'artiste épique ou dramatique. Les *Héroïques* exposent la norme des guerriers grecs et troyens en matière de forme et d'apparence, des Protésiens à Pâris et à Euphorbe, et celui qui souhaite se familiariser avec les limites que les Anciens prescrivaient à l'invention, et la latitude qu'ils accordaient à l'expression, ne saurait trouver meilleur guide que l'examen attentif des sujets exposés dans leurs galeries.

Telles sont les figures les plus éminentes de la critique antique, celles avec lesquelles nous aimerions que l'artiste se familiarise ; les innombrables allusions, maximes, anecdotes, descriptions dispersées chez Lucien, Elien, Athénée, Achille Tatios, Tatien, Pollux, et bien d'autres, peuvent être avantageusement consultés par l'homme de goût et le lettré, mais l'étudiant ne perdra pas grand-chose à les négliger.

Parmi les modernes qui ont écrit sur l'art, c'est Vasari qui occupe le premier plan, tout à la fois théoricien, artiste, critique et biographe. L'histoire de l'art moderne doit assurément beaucoup à Vasari ; il nous promène de son berceau à sa maturité avec l'empressement anxieux d'une nourrice, mais il en a aussi les négligences, car il tend moins à l'ampleur qu'au bavardage, et s'attache davantage à discerner les styles qu'à accumuler les descriptions. Epuisé par les superlatifs qu'il prodigue à des primitifs de second ordre, il ne trouve plus que des rhapsodies glaciales et des sornettes astrologiques pour rendre justice aux grands. Il jure par le saint nom de Michel-Ange. Il nous affirme lui-même qu'il a copié chaque figure de la chapelle Sixtine et des Stances de Raphaël ; et cependant sa mémoire était si infidèle[1], ou sa rapidité d'écriture si inconsidérée, que son compte rendu de ces deux œuvres n'est qu'une accumulation d'erreurs et de confusions impardonnables ; on serait tenté de croire qu'il n'a jamais mis les pieds au Vatican. Il nous en apprend moins sur le Corrège que sur Apelle. Même Bottari, éditeur érudit de son œuvre, son compatriote et son défenseur face aux récriminations d'Agostino Carrache et de Federigo Zucchero, a beau être toujours prêt à livrer combat pour lui, il est incapable de justifier ses bourdes. On l'a baptisé l'Hérodote de notre art ; mais si la simplicité essentielle de son récit, et le désir d'accumuler anecdote sur anecdote, justifient en quelque manière cette appellation, gardons-nous d'oublier que chaque jour apporte une preuve supplémentaire de l'authenticité de l'historien grec, alors que chaque jour fournit matière à mettre en question la crédibilité du Toscan.

Ce que nous ne trouvons pas chez Vasari, il est inutile de le chercher parmi les sottises de ses disciples ou contemporains, de Condivi à Ridolfi et jusqu'à Malvasia, dont la critique du style de Ludovico Carrache et de ses élèves dans le cloître de Saint-Michel-au-Bois, près de Bologne, ne constitue guère qu'une tonitruante litanie de métaphores creuses ou inopportunes et d'éloges extravagants, jusqu'à l'apparition de Lanzi, qui, dans sa *Storia Pittorica della Italia*, a fait usage de toute les informations disponibles à son époque, a corrigé la plupart de ceux qui avaient écrit avant lui, et quoique peut-être dénué d'une grande capacité de discernement, a accumulé plus d'anecdotes instructives, sauvé de l'oubli plus de noms dignes d'intérêt, et ouvert une perspective plus large sur l'art que tous ses prédécesseurs[2].

Les critiques français ont composé un système complet de règles. Du Fresnoy passa sa vie à composer et à réviser des aphorismes généraux, en vers latins classiques, fondés sur des principes parfois établis, parfois discutables, parfois erronés. S'il prit Horace pour modèle, il ne sut imiter ni le langage du poète ni sa méthode. De Du Fresnoy lui-même, nous n'apprenons pas ce qui est essentiel, ce qui est accidentel ou ce qui est plaqué en matière de style ; personne n'est jamais sorti de sa lecture plus éclairé sur la pratique picturale qu'il ne l'était avant d'ouvrir le livre : s'il présente une utilité quelconque, il la doit à la pénétration de son commentateur anglais ; les notes de Reynolds, un trésor d'observations pratiques, le rangent parmi ceux que nous pouvons lire avec profit. Ce qu'on peut apprendre de préceptes fondés sur une autorité normative plus que sur les verdicts de la nature est exposé dans les ouvrages de De Piles et Félibien ; c'est un système tel que l'ont suivi les anciens étudiants de leur académie, et que l'exportent vers leur institution académique à Rome les heureux prétendants au prix, pour en démontrer l'efficacité par la contemplation du style d'exécution romain. Les candidats timorés à la gloire, qui savent que les règles seront à leur retour la seule voie du succès, quelle que soit leur inclination individuelle, les adoptent implicitement, et la conséquence en est, comme on peut le supposer, cette égalité de technique qui confine à la médiocrité. Après un passage en revue fiévreux et enthousiaste des merveilles que renferme l'endroit, ils suivent tous un programme d'études identique. Six mois sont consacrés au Vatican, et sont partagés équitablement entre la *Fierté*[3] de Michel-Ange, et les grâces plus convenables de Raphaël ; les six mois suivants sont consacrés par périodes égales aux talents académiques d'Annibale Carrache et à la pureté de l'antique.

Vers le milieu du siècle dernier, les critiques allemands s'installèrent à Rome, se mirent à revendiquer le privilège exclusif de l'enseignement de l'art et à élaborer un système complet du style antique. Les verdicts de Mengs et de Winckelmann prirent valeur d'oracles pour les amateurs d'antiquités, les dilettantes, et les artistes depuis les Pyrénées jusqu'à l'extrême nord de l'Europe ; ils ont été détaillés et ne sont pas sans influence ici. Winckelmann était un parasite qui ramassait les miettes de conversation ou les tablettes de Mengs, profond et érudit, et mieux équipé pour commenter un classique que pour donner des cours d'art et de style : il se réfugiait dans des rêveries frigides et des rêves de beauté platoniques. Dans la mesure où il se soumettait au goût et aux préceptes de son tuteur, il est dans le vrai chaque fois qu'ils le sont ; et entre ses propres connaissances et l'enseignement de son maître, son histoire de l'art offre un système spécieux et une quantité prodigieuse d'observations utiles. Il n'a cependant pas, dans son ordonnancement des époques, distingué les styles et les maîtres avec la précision, l'attention et la clairvoyance que l'on aurait pu attendre des avantages de sa situation et de ses habitudes ; et il nous déçoit aussi souvent par son étroitesse, sa négligence et sa confusion, qu'il nous exaspère par ses dithyrambes laborieux et ampoulés sur les plus célèbres monuments de l'art. L'Allemagne lui doit les chaînes qui entravent ses artistes, et les limites étroites de leur ambition ; c'est de lui qu'ils ont appris à substituer les moyens aux fins, et, en une poursuite désespérée de ce qu'ils appellent la beauté, à perdre ce qui seul peut rendre la beauté intéressante : l'expression et l'esprit. Les œuvres de Mengs lui-même regorgent indéniablement des informations les plus utiles, d'observations profondes, et d'une critique souvent accomplie. Il a distingué et fait découler les principes des Modernes de ceux des Anciens ; et dans son examen comparatif du dessin, de la couleur, de la compositon et de l'expression chez Raphaël, le Corrège et le Titien, il a su dégager, avec profondeur et une clarté lumineuse, la suprématie ou l'infériorité de chacun. En tant qu'artiste, il constitue un exemple de ce que la persévérance, l'étude, l'expérience et l'encouragement peuvent accomplir pour suppléer l'absence de génie.

Quant aux critiques anglais dont les écrits ont précédé le travail que voici, que nous en considérions la solidité théorique ou l'utilité pratique, le dernier est assurément le premier. Comparer Reynolds à ses prédécesseurs serait déshonorant pour nous et mettrait en doute notre gratitude. Ses ouvrages ne sauraient être consultés sans profit, et l'étudiant ne devrait les laisser de côté que pour incarner dans la pratique les préceptes qu'il énonce et les méthodes qu'il expose.

Première Conférence

De l'art antique

Cela les sculpteurs, les peintres et les poètes l'ont accompli. Mais la grâce qui s'épanouit au-dessus de tout cela – ou plutôt toutes les grâces au complet et tous les amours, autant qu'ils sont, qui dansent autour d'elle – qui serait capable de les représenter ?

Lucien, *Images*, 9.

Introduction. La Grèce, mère légitime de l'art. Résumé des raisons géographiques et politiques. Conjectures sur le processus technique d'évolution de l'art. La période préliminaire, Polygnote, le style essentiel ; Apollodore, le style de caractère. La période de classicisme, Zeuxis, Parrhasios, Timanthe. La période de raffinement, Eupompe, Apelle, Aristide, Euphranor.

Les difficultés de la tâche qui m'est prescrite sont au moins égales, si elles ne l'outrepassent pas, à l'honneur qu'elle représente. Si l'entreprise n'est guère aisée de discourir d'un sujet quel qu'il soit, avec justesse, précision et clarté, devant un auditoire mêlé ou de fortune, devant des hommes qui ne sont ni versés dans la discipline, ni assez impatients de la connaître pour lui accorder une attention minutieuse, combien plus ardue encore ce doit être de faire un exposé systématique sur un art, devant un public choisi, composé de *professeurs* dont la vie se partage entre la théorie et la pratique, de *critiques* dont le goût s'est affiné par la contemplation et la comparaison, et d'*étudiants*, qui, engagés dans la même quête, recherchent la méthode la meilleure et toujours la plus concise pour en maîtriser les principes, afin d'en glaner profit et honneurs.

Ce sont eux que le présent orateur va instruire des principes de composition ; c'est leur goût qu'il va former à apprécier dessin et coloris ; il doit renforcer leur jugement, leur faire sentir les beautés et les imperfections des œuvres d'art les plus fameuses, notamment les hautes vertus et les insuffisances qui caractérisent les grands maîtres, et, enfin, les conduire sur les chemins les plus accessibles et les plus efficaces de l'étude[4] ». Si, Messieurs, ces instructions supposent chez l'étudiant un bagage suffisant de connaissances élémentaires, une familiarité parfaite avec les rudiments de l'art, une volonté déterminée (et non des vœux pieux) de se perfectionner, et un jugement sûr allié à une docilité sans défaut, que ne doivent-elles alors attendre de la personne choisie pour les instruire ! Un savoir fondé sur la théorie, étoffé et mûri par la pratique, une abondance d'exemples soigneusement choisis et assimilés, une netteté dans la méthode et une parfaite maîtrise des mots, une imagination suffisante pour présenter les choses sous une lumière inhabituelle, de la présence d'esprit, et cette détermination qui résulte d'une énergie lucide et qui ne se laisse pas aisément décontenancer lorsqu'elle ose corriger des erreurs. Dans la mesure où de telles exigences suffiraient à décourager des compétences bien supérieures aux miennes, mes espoirs d'approbation, si modérés qu'ils soient, devront donc dans une large mesure dépendre d'une indulgence qui concédera peut-être à ma bonne volonté ce qu'elle refuserait à mes capacités.

Avant d'en venir à l'histoire du style proprement dit, il me semble nécessaire de nous mettre d'accord sur les termes qui en qualifient l'objet et qui reviennent constamment dans son traitement, afin que mon propre lexique d'expressions techniques n'entre pas en conflit avec le dictionnaire de mon public ; le mien est presque identique à celui de feu votre président. Je m'en tiendrai pour l'heure à quelques-uns des plus importants : ce sont les termes de nature, de beauté, de grâce, de goût, de copie, d'imitation, de génie, de talent. Ainsi, par *nature* j'entends les principes permanents et généraux des objets visibles, lorsqu'ils ne sont ni défigurés par quelque accident, ni dénaturés par la maladie, ni modifiés par l'usage ou les coutumes locales. La nature est une idée collective, et, si son essence existe dans chaque individu de l'espèce, aucun objet donné ne saurait la contenir dans toute sa perfection. Pour ce qui est de la *beauté*, je ne tiens pas à m'embrouiller ni à vous embrouiller par des idées abstraites, et par les rêveries romanesques de la philosophie platonicienne, ni à examiner si elle est le résultat d'un principe simple ou complexe. En tant qu'idée particulière, la beauté est une princesse despotique et sujette à toute l'anarchie du despotisme, régnant un jour, détrônée le lendemain. La beauté que nous reconnaissons est ce tout harmonieux de la forme humaine, cet unisson enchanteur des parties vers un but unique, qui découle des normes fixées par les grands maîtres de notre art, les Anciens, et docilement confirmées par le verdict de l'imitation moderne. Par *grâce*, j'entends cet équilibre spontané entre le mouvement et le repos qui émane du caractère, se fonde sur la convenance, et ne manque jamais aux exigences de la nature sans pour autant en excéder la mesure. Appliqué à l'exécution artistique, le terme désigne cette faculté d'adresse qui dissimule les moyens par lesquels elle a été atteinte et les difficultés qu'elle a surmontées. Lorsque nous parlons de *goût*, nous n'entendons pas vulgairement la connaissance de ce qui est juste en art : le goût évalue les degrés d'excellence, et progresse par voie de comparaison de la justesse vers le raffinement. Notre langue, ou plutôt ceux qui l'emploient, tend à confondre, en parlant de l'art, *copie* et *imitation*, alors qu'elles présentent des différences essentielles dans leur fonctionnement et leurs implications. La première requiert un œil précis et une main docile, sans la moindre prétention à choisir ce qu'il faut garder et ce qu'il faut rejeter ; alors que le choix dicté par le jugement ou le goût constitue l'essence même de l'imitation, et peut à lui seul élever le copiste le plus adroit au noble rang d'artiste. L'imitation selon les Anciens était *essentielle*, *caractéristique*, *idéale*. La première qualité débarrassait la nature de tout accident, défaut ou excroissance ; la deuxième dévoilait le lien qui rattache le caractère à la forme centrale ; la troisième élevait le tout et les parties au plus haut degré d'unisson. Du génie je ne parlerai qu'avec réserve, car nul mot n'a été employé avec si peu de discrimination et tant de confusion ; par *génie*, j'entends le pouvoir d'élargir le cercle des connaissances humaines, de découvrir de nouveaux objets dans la nature, ou de combiner le familier et le nouveau, tandis que le *talent* arrange, cultive, raffine les découvertes du génie.

Guidés par ces préliminaires, nous pouvons à présent approcher cet heureux rivage où, d'un hiéroglyphe arbitraire destiné à pallier l'ignorance, d'un outil du despotisme, ou d'un monument écrasant au sommeil éternel, l'art a émergé à la vie, au mouvement, et à la liberté ; où la situation, le climat, le caractère national, la religion, les mœurs et le gouvernement ont contribué à l'élever sur ce fondement permanent qui, après la ruine de l'édifice proprement dit, subsiste et défie les ravages du temps ; aussi uniforme dans son principe que varié dans ses applications, l'art des Grecs renfermait en lui et a propagé, comme son objet de prédilection, l'homme, les germes de l'immortalité.

Je ne détaillerai pas ici les raisons et l'heureux concours de circonstances qui ont élevé les Grecs au rang d'arbitres de la forme[5]. Les normes qu'ils ont érigées, le canon qu'ils ont délimité, ne tombaient pas du ciel, mais comme ils s'imaginaient d'origine divine, et que la *religion* était le moteur premier de leur art, il était inévitable qu'ils s'efforcent d'investir leurs auteurs de la forme la plus parfaite ; et puisque l'homme en a la propriété exclusive, ils furent conduits à une étude intellectuelle complète de ses éléments et de sa constitution ; c'est cela, ajouté à leur *climat*, qui permit à cette forme de croître et de se montrer sous son meilleur jour ; à leurs institutions *civiles* et *politiques*, qui avaient établi et encouragé les activités et les mœurs les mieux conçues pour en développer les pouvoirs ; et par-dessus tout à cette simplicité d'intention, à cette unité dans la quête qui dans toutes ses ramifications remontait au grand principe dont elle procédait, et, telle une tige centrale, le faisait s'épanouir en une immense toile cohérente d'imitation harmonieuse ; telles sont, dis-je, les raisons qui ont permis aux Grecs de porter l'art à une dimension que nulle époque ou race postérieure n'a pu égaler ni même approcher.

Si grands que fussent ces avantages, il ne faut pas supposer pour autant que la nature se soit détournée, au profit des Grecs, de son cours progressif dans le développement des facultés humaines. La peinture grecque a connu ses balbutiements, mais ce sont les Grâces qui l'ont bercée, et l'Amour qui lui a appris à parler. Si jamais légende a mérité notre créance, le conte d'amour de la jeune Corinthienne qui, grâce à sa lampe secrète, dessinait les contours de l'ombre de son amant qui partait, incite notre sympathie à lui accorder foi, et par la même occasion nous conduit à faire quelques observations sur les premières tentatives techniques de peinture, et sur cette *méthode linéaire* qui, si elle est passée pratiquement inaperçue de Winckelmann, semble s'être maintenue comme fondement de l'exécution longtemps après que l'instrument pour lequel elle était avant tout conçue eut été mis de côté.

L'étymologie du mot employé par les Grecs pour désigner la *peinture* étant la même que celle du terme utilisé pour l'*écriture*, rend presque certaine la similitude d'outil, de support et de méthode. L'outil était un stylet ou une plume de bois ou de métal ; le matériau une planche, ou une surface aplanie de bois, de métal, de pierre ou d'une préparation composite ; la méthode, des lettres ou des lignes.

Les premiers essais en cet art furent les *skiagrammes*, de simples contours d'une ombre – semblables à ceux dont l'usage a été répandu auprès du vulgaire par les amateurs et autres parasites de la physionomie sous le nom de silhouettes – sans autre ajout de figure ou de trait que ce qu'autorisait le profil de l'objet ainsi délimité.

L'étape suivante de l'art fut le *monogramme*, délimitant les contours d'une figure sans lumière ni ombre, mais en y adjoignant certaines parties à l'intérieur des contours ; de là, on passa au *monochrome*, ou peinture d'une seule couleur sur planche ou tablette, apprêtée avec du blanc, puis enduite de ce qu'ils nommaient la cire punique, d'abord mélangée à un pigment résineux solide, généralement de couleur rouge, parfois brun sombre ou noire. C'est *dans* cette fine couche semblable à l'encre, ou plutôt *à travers* elle, que les contours étaient tracés avec un stylet ferme mais souple qu'ils appelaient *cestrum* ; si la ligne, une fois tracée, se révélait incorrecte ou fautive, on l'effaçait doucement avec le doigt ou avec une éponge, et une nouvelle la remplaçait aisément. Une fois établi l'ensemble du dessin, sans plus d'altérations prévues, on le laissait sécher, on l'enduisait d'un vernis brun à l'encaustique pour le rendre permanent, on retravaillait les points de lumière en les rendant plus brillants grâce à une pointe encore plus fine, selon une progression graduelle des simples contours à certains détails et enfin aux masses d'ombre et de lumière, et de là on en vint à l'invention du *polychrome* ou adjonction de différentes couleurs, où l'ajout du *pinceau* au stylet éleva le dessin en demi-teintes, ou dessin ombré au rang de peinture à part entière et produisit enfin cette *harmonie* tant vantée, la gamme magique de coloris grecque[6].

Si cette conjecture – car ce n'est là rien de plus – sur le processus de peinture linéaire, développée sur la foi et l'étude comparée de passages sans lien entre eux et souvent contradictoires, a quelque fondement dans la réalité, c'en sera fini du ravissement incrédule que suscitait la production, qu'on supposait spontanée, des danseurs d'Herculanum, et de ces figures représentées sur les vases de terre des Anciens ; ou plutôt, nous ne nous laisserons plus abuser par une soi-disant exécution dont l'impossibilité est tangible ; sur une surface de chaux aplanie ou d'argile de potier, aucune main humaine ne peut parvenir à la sûreté ou à la vélocité nécessaires pour guider un pinceau chargé du début à la fin avec autant d'égalité que nous en voyons à l'œuvre dans ces figures ; et le pourrait-elle, que jamais elle ne saurait fixer la ligne sur cette surface vitreuse sans qu'elle coule : pour rendre possible ce que nos yeux perçoivent, nous devons avoir recours au procédé linéaire décrit plus haut, et notre admiration aller plutôt à la persévérance, à la justesse des principes, à l'élégance du goût qui ont guidé la main de l'artiste, sans prétendre lui attribuer des pouvoirs contradictoires ; les figures qu'il a dessinées et que nous admirons ne sont pas le produit magique d'un pinceau ailé, mais le fruit d'améliorations progressives : des *monochromes* d'une exécution exquise.

Combien de temps le pinceau a été confiné à un rôle auxiliaire, de quand date son essor, quand enfin il a entièrement supplanté le cestrum, il est impossible de l'affirmer avec certitude, dans le doute où nous laissent des renseignements purement fortuits. On raconte qu'Apollodore, pendant la quatre-vingt-treizième olympiade, et Zeuxis pendant la quatre-vingt-quatorzième, en usaient avec liberté et maîtrise. Le *Combat des Centaures et des Lapithes*, que, selon Pausanias, Parrhasios peignit sur le bouclier de la Minerve de Phidias, pour qu'il soit travaillé en relief par Mys, ne pouvait être qu'un monochrome, et fut probablement tracé au cestrum, qui permettait une précision supérieure[7]. Apelle et Protogène, près d'un siècle plus tard, dessinaient leurs traits si controversés au pinceau : et cela suffit, tant ces traits se caractérisaient par leur délicatesse et leur subtilité évanescente, à donner une idée de l'excellence de leur technique. Et pourtant, en leur temps, le procédé *diagraphique*[8], qui ne fait qu'un avec le procédé *linéaire* que nous avons décrit, faisait partie d'une éducation libérale. Et lorsque Pausias de Sicyon, contemporain d'Apelle, et peut-être, parmi les Anciens, le plus grand maître en composition, fut engagé pour restaurer les peintures détériorées de Polygnote à Thespies, on jugea de l'avis général que sa tentative était un échec cuisant, parce qu'il avait substitué le pinceau au cestrum, et avait relevé un défi avec des armes qui n'étaient pas les siennes.

Il serait peut-être opportun de dire ici un mot de la méthode à l'encaustique employée par les Anciens, si ce sujet n'était, de par l'ambiguïté de l'expression et les différends entourant ces conjectures, si entaché d'obscurité qu'on désespère d'en restituer le processus avec quelque véracité : l'idée la plus probable que nous pouvons nous en former est qu'elle n'était pas sans analogie avec notre peinture à l'huile, et que le nom en avait été adopté en référence à l'emploi de matériaux inflammables ou préparés au feu dont la longévité supposée, qu'ils fussent appliqués chauds ou froids, autorisait les termes «il a peint à l'encaustique» et «il a imprimé par le feu».

Le premier grand nom de cette époque de la période préliminaire pour laquelle les faits semblent surpasser les conjectures est celui de Polygnote de Thasos, qui peignit le *pœcile* d'Athènes et la *lesché*, ou salle publique, de Delphes. De ces œuvres, particulièrement des deux grandes peintures de Delphes, qui représentaient des scènes qui avaient suivi le sac de Troie, et Ulysse consultant l'esprit de Tirésias aux enfers, Pausanias[9] offre une description minutieusement détaillée, qui nous amène à supputer que ce qu'on appelle aujourd'hui composition leur faisait totalement défaut, car il commence sa description par un bout du tableau et l'achève à l'extrémité opposée, méthode qui serait dénuée de sens si l'on supposait l'œil attiré par un groupe central, ou un personnage principal auquel le reste du tableau serait en quelque manière subordonné ; il apparaît tout aussi clairement qu'elles étaient dénuées de perspective, car la série de figures au deuxième plan, ou plan intermédiaire, est décrite comme située au-dessus de celles du premier plan, et celles de l'arrière-plan par-dessus le tout ; quant à l'honnête méthode adoptée par le peintre et consistant à accoler à la plupart de ses personnages leur nom écrit, elle relève de l'enfance de l'art. Nous devrions néanmoins nous garder d'imputer à la seule ignorance ou à une faiblesse intellectuelle ce qui repose peut-être sur les fondements solides d'un principe permanent. Le génie de Polygnote était supérieur à celui de tout autre artiste avant ou après lui, à la seule exception peut-être de Phidias : son génie était public, ses œuvres des monuments, et ces peintures mêmes les offrandes votives des Gnidiens. L'art parvenu à ce sommet où il exerce ses pouvoirs pour immortaliser les hauts faits, consacrer les actions, perpétuer les rites, répandre la religion, ou propager les doctrines particulières d'une nation, sans tenir compte des règles prescrites à des talents inférieurs et à des desseins plus humbles, revient à ses éléments premiers, excède les strictes limites du possible, associe à des causes lointaines des effets immédiats, relie des lieux éloignés et unit des moments distincts : la simplicité, le parallélisme et la juxtaposition supplantent la variété, le contraste et la composition. Telle était la *lesché* peinte par Polygnote ; et si l'on considère la diversité de talents et d'effets qui caractérisait mainte de ses parties, on est enclin à attribuer la disposition primitive de l'ensemble à la volonté et à la sublime simplicité de l'artiste plutôt qu'à un défaut de compréhension : la nature l'avait doté de cette justesse du goût qui dans l'individu met à jour l'essence de l'espèce ; son style de dessin était donc *essentiel*, et comportait des éclairs de *grandeur*[10] et de beauté idéale. Polygnote, dit Aristote, *améliore* son modèle. Son invention embrassait la conception d'un être indéfini en la personne du démon Eurynome ; comblait les lacunes de la description de Thésée et de Pirithoüs, d'Ariane et de Phèdre ; et renchérissait en terreur avec le spectre de Tityos ; tandis que la couleur, d'auxiliaire devenait dans sa main un organe d'expression ; telle la rougeur prophétique qui *empourprait* encore les joues de sa Cassandre du temps de Lucien[11]. Ces progrès de la peinture que lui attribue Pline, comme d'avoir couvert la tête de ses personnages féminins de voiles aux nuances variées et de *bandeaux*, et de les avoir vêtues de drapés translucides, de leur avoir délicatement ouvert les lèvres, d'avoir donné un aperçu de leurs dents, et d'avoir adouci la monotonie qui affectait le visage, de tels progrès, dis-je, étaient certainement l'aspect le plus insignifiant d'un don auquel l'époque d'Apelle et celle de Quintilien rendirent pareillement hommage ; et l'estime que nous lui portons ne peut guère être encore accrue par ce que nous dit Pline, à savoir qu'il y avait, sur le portique de Pompée, une peinture de lui représentant la figure d'un guerrier dont l'attitude était si énigmatique qu'on n'aurait su dire s'il montait ou descendait. Une telle figure ne saurait être le fruit que d'une insuffisance mentale ou technique, dût-elle ressembler à une célèbre représentation de Diomède tenant d'une main le palladium, de l'autre un glaive, sur l'intaille portant, je crois, le nom de Dioscoride.

C'est avec cette simplicité de manière et de matière que l'art semble avoir progressé à partir de Polygnote et en passant par Aglaophon, Phidias, Panainos, Colotès, et Evenor, père de Parrhasios, tout au long d'une série d'Olympiades plus ou moins controversées, jusqu'à l'apparition d'Apollodore l'Athénien, qui appliqua les principes essentiels de Polygnote à la représentation détaillée de l'espèce, en étudiant les formes majeures qui distinguent les diverses catégories des qualités et des passions humaines. L'acuité de son goût l'amena à découvrir qu'autant tous les hommes sont liés par une forme commune, autant chacun se distingue par une force prédominante qui fixe son caractère et le rattache à une classe ; et que plus cette force spécifique procède de particularités individuelles, plus elle s'éloigne de sa part dans le système harmonieux qui constitue la nature, et consiste en un juste équilibre de toutes ses parties ; c'est dans cette direction qu'il développa son imitation et personnifia la forme essentielle de la classe à laquelle appartenait son objet, et à laquelle s'adjoignait sans être absorbé le reste de ses qualités : l'agilité n'était pas autorisée à détruire la fermeté, la solidité ou le poids, ni la force et le poids, l'agilité ; l'élégance ne dégénérait pas à en devenir efféminée, pas plus que la grandeur ne se faisait massive ; tels étaient les principes de son style, et sa force d'expression les étendait à l'esprit, si l'on en juge par les deux sujets que mentionne Pline, et dans lesquels il semble avoir personnifié les traits de la dévotion et de l'impiété ; *celle-là* dans la figure d'un prêtre en adoration, peut-être Chrysès, exprimant sa gratitude au sanctuaire du dieu dont les traits ont vengé ses affronts et lui ont rendu sa fille ; et *celle-ci* en la figure d'Ajax naufragé et lançant son défi vers le ciel ténébreux depuis son rocher battu par les flots. Comme aucun de ces deux sujets ne peut venir à l'esprit d'un peintre sans faire entrer en contraste les tonalités de couleur les plus étonnantes et terrifiantes, invoquer la magie des oppositions entre ombre et lumière, et réclamer une maîtrise illimitée des outils de son art, on se rangera à l'avis de Pline et de Plutarque pour considérer Apollodore comme le premier champion du pinceau, le premier coloriste de son temps, et l'homme qui ouvrit les portes de l'art pour y laisser entrer Zeuxis d'Héraclée[12].

A partir du style de Polygnote, qui traitait des essences, et de la distinction par espèce d'Apollodore, Zeuxis, en comparant ce qui procédait du genre et ce qui relevait de la classe, cerna enfin cette forme idéale, qui dans son opinion constituait le degré suprême de beauté humaine, ou, en d'autres termes, en incarnait la possibilité, en unissant les forces diverses mais homogènes dispersées parmi tant d'objets en un seul, à une fin unique. Un tel système, s'il trouvait son origine dans le génie, était le résultat réfléchi d'un goût affiné par la persévérance sans faille avec laquelle il avait observé, consulté, comparé et sélectionné les formes, dispersées mais en affinité, de la nature. Nos idées sont le fruit de nos sens, nous ne sommes pas plus capables de créer la forme d'un être que nous n'avons pas vu sans nous référer à un autre que nous connaissons, que nous ne sommes à même de créer un nouveau sens. Celui dont l'imagination a conçu une idée de la forme la plus belle doit l'avoir composée à partir de la réalité existante, et lui seul peut saisir ce qui fait défaut à un degré de beauté pour devenir égal à un autre, et enfin superlatif. Celui qui trouve le joli élégant prendra l'élégance pour de la beauté, et s'imaginera avoir rencontré une forme idéale alors qu'elle n'est qu'élégante, tandis que celui qui a comparé la beauté à la beauté pourra progresser de forme en forme jusqu'à parvenir à une image parfaite ; telle était la méthode de Zeuxis, qu'il avait apprise chez Homère, dont selon Quintilien il prenait pour modèle le mode de composition idéal. Chaque individu homérique forme une classe, exprime, et est délimité par, une qualité unique de puissance héroïque ; seul Achille unit leurs énergies diverses quoiqu'en affinité. La grâce de Nirée, la dignité d'Agamemnon, l'impétuosité d'Hector, la grandeur et les prouesses constantes d'Ajax le Grand, la vélocité de l'autre Ajax, la persévérance d'Ulysse, l'intrépidité de Diomède, sont autant d'émanations d'énergie qui se rassemblent en un centre radieux fixé autour d'Achille. Ce modèle d'unisson de forces homogènes exposées en *action successive* par le poète, le peintre, stimulé sans aucun doute par la contemplation des œuvres de Phidias, l'a greffé sur son art propre en lui conférant sa substance par la *forme*, lorsqu'il choisit les affinités des beautés de Crotone pour composer une forme féminine parfaite. A l'instar là encore de Phidias, il semble avoir été moins pathétique que sublime, et, jusque dans ses formes féminines, plus auguste et majestueux qu'élégant ou séduisant : son principe était épique, ce qu'Aristote ne prit pas en considération ou ne sut pas concevoir, lorsqu'il lui dénia la faculté d'exprimer un caractère dans l'action et les traits. Jupiter sur son trône entouré de l'assemblée céleste, et Hélène, l'arbitre de Troie, contenaient probablement les principaux éléments de son style ; mais il a su inscrire en Alcmène l'angoisse d'une mère, et en Pénélope les affres de l'amour conjugal.

Sur ces pouvoirs d'invention qui étaient les siens, et que Lucien rapporte dans le mémoire qui porte le nom de Zeuxis, je réserve mes observations pour un moment plus opportun. De son coloris nous savons peu de chose, mais il n'est pas déraisonnable de supputer qu'il égalait les beautés et la grandeur de son dessin ; et l'on peut supposer qu'il étendit aux masses l'ombre et la lumière, si l'on considère sa méthode singulière de peindre des monochromes sur fond noir, et d'ajouter les lumières en blanc[13].

La rectitude de Parrhasios succéda au génie de Zeuxis. Il circonscrit l'ampleur de son style, et par une subtile étude des contours établit ce modèle des formes divines et héroïques qui lui conféra l'autorité d'un législateur dont les décisions étaient sans appel. Il fit pour les figures divines et héroïques en peinture ce que Polyclète avait fait pour la figure humaine en sculpture avec son *Doryphore*, véritable canon de la proportion. Phidias avait découvert dans le signe d'assentiment du Jupiter homérique la caractéristique de la majesté, *l'inclinaison de la tête* : cela lui donna l'idée d'une surélévation de la nuque, d'une proéminence plus hardie de la face, et d'une verticalité accrue du profiérieur, et au-delà ce qui sort de l'ordinaire. De la tête, déduire les proportions de la nuque, des membres, des extrémités ; du père, la race des dieux, tous fils d'un seul, Zeus ; le tout dérivé d'une source de tradition, Homère ; défini par un artiste, Phidias ; et à partir de lui mesuré et fixé par Parrhasios. C'est à la simplicité de cette règle, à laquelle adhérèrent toutes les ères postérieures, que tiennent le progrès ininterrompu et l'inaccessible supériorité de l'art grec. Partant de ce principe, qui suppose évidemment une connaissance profonde autant que générale des parties, comment pouvons-nous le concilier avec les critiques adressées aux parties intermédiaires de ses figures, jugées inférieures aux contours de l'ensemble ? Et comment Winckelmann, contredisant ses propres principes, pouvait-il l'expliquer par un défaut de connaissances anatomiques[14] ? Comment est-il possible de supposer que celui qui fixait ses contours avec tant d'intelligence qu'ils semblaient émaner de l'atmosphère même, et qui définissait les parties invisibles à l'œil, n'ait pas été au fait de leur contenu ? Nous devons plutôt supposer que le défaut attribué aux formes intermédiaires de ses corps, si défaut il y a, consistait en une affectation de moelleux à la limite de l'insipide, en une sorte de volupté efféminée, qui absorbait leur caractère et l'idée d'une vigueur élastique ; et c'est cela qu'Euphranor semble avoir suggéré lorsqu'en comparant son propre Thésée à celui de Parrhasios, il déclarait que celui du Ionien s'était nourri de roses, mais le sien de chair[15] : une mollesse émasculée n'était pas à ses yeux l'accompagnement approprié de ces contours, ni la fraîcheur fleurie du coloris un digne substitut des teintes plus austères de la forme héroïque.

Nul parmi les Anciens ne semble avoir réuni ni souhaité combiner, en tant qu'homme et en tant qu'artiste, plus de qualités apparemment incompatibles que Parrhasios. La volubilité et l'insolence ostentatoire d'un Asiatique mêlée à la simplicité et à l'urbanité des manières athéniennes ; une justesse pointilleuse jointe à des coquetteries de traitement et à la luxuriance des coloris, et une conception pathétique et sublime associée à une imagination lascivement badine[16]. S'il n'en fut pas l'inventeur, il fut assurément le plus grand maître de l'allégorie, en supposant qu'il ait réellement incarné en des signes universellement admis cette image du *Démos* ou peuple athénien, dont elle devait combiner et exprimer à la fois les qualités contradictoires. Peut-être des branches divergentes remonta-t-il jusqu'à la source, ce principe moral originel du caractère athénien, qu'il rendit intuitif. Seule cette supposition permet de jeter une lueur de plausibilité sur ce qui autrement apparaît comme impossible. Nous savons que la personnification du *Démos* athénien était un objet de sculpture, et que les images qu'en ont offertes Lyson et Léocharès[17] étaient exposées en public ; mais aucun indice ne nous permet d'établir si elles ont précédé ou suivi l'invention de Parrhasios, qui fut répétée par Aristolaüs, fils de Pausias.

Les formes déterminées de Parrhasios, Timanthe le Cythnien, son rival en gloire, s'efforça de leur insuffler de l'esprit et de les animer de passions. Aucun tableau de l'Antiquité n'a été plus célébré que son *Immolation d'Iphigénie à Aulis*, peinte, nous informe Quintilien, en rivalité avec Colotès de Téos, peintre et sculpteur de l'école de Phidias, couronnée de succès lors de l'exposition des œuvres en compétition, et depuis objet de louanges sans réserves de la part des orateurs et des historiens de l'Antiquité, même si la solidité et l'équité de leurs éloges, au regard de notre art, ont pu être mises en question par la critique moderne. Sur ce sujet, qui non seulement renferme une gamme d'émotions qui va des liens d'humanité les plus distants aux plus étroits, mais encore me paraît offrir le plus bel exemple des limites que la théorie des Anciens prescrivait à l'expression du pathétique, il me semble de mon devoir de m'étendre avec d'autant plus de détails que la condamnation prononcée contre la méthode de Timanthe a été entérinée par la plus haute autorité sur les questions d'art, celle de feu votre président, dans son huitième discours de remise du prix académique décerné au meilleur tableau peint précisément sur ce thème.

Comment Timanthe l'avait-il traité ? Iphigénie, victime désignée par l'oracle pour que son sacrifice garantisse le succès de l'expédition des Grecs contre Troie, était représentée se tenant prête à être immolée sur l'autel, avec à ses côtés le prêtre et les instruments du trépas, et, assemblés autour d'elle, les acteurs et témoins les plus importants de la terrible cérémonie, d'Ulysse, qui l'avait soustraite à l'étreinte de sa mère à Mycènes, jusqu'à ses plus proches parents mâles, son oncle Ménélas et son propre père Agamemnon. Lorsque Timanthe, rapportent Pline et Quintilien en une étonnante coïncidence d'expression, eut épuisé par degrés toutes les images du malheur à la portée de l'art, depuis le prêtre infortuné jusqu'à l'affliction plus profonde d'Ulysse et à la douloureuse compassion que dictaient à Ménélas les liens du sang, alors, incapable d'exprimer *avec dignité* la douleur d'un père, il jeta un voile, ou, si l'on préfère, un manteau sur sa face... Ce manteau, cible de toutes les objections, mais copié sans discernement, comme on peut s'en douter, par tous les prétendants au prix, s'est attiré le cortège de critiques qui suit :

« Avant de conclure, je ne puis m'empêcher de faire une remarque sur les tableaux qui se trouvent sous nos yeux. J'ai observé que tous les candidats ont imité l'invention tant vantée de Timanthe et consistant à dissimuler dans son manteau le visage d'Agamemnon ; cette idée, à la vérité, a fait l'objet de louanges si dithyrambiques, et ce de la part des hommes du plus haut caractère en matière de savoir critique – Cicéron, Quintilien, Valère Maxime et Pline – dont se sont faits depuis l'écho presque tous les Modernes ayant écrit sur les arts, qu'on ne peut guère s'étonner ni vous blâmer de l'avoir adoptée. Elle semble à présent si étroitement attachée au sujet que le spectateur risquerait d'être déçu de ne pas trouver associé dans le tableau ce qu'il a toujours associé dans son esprit, et considéré comme partie intégrante et indispensable du sujet. Mais l'on peut observer que ceux qui louent cette présentation n'étaient pas peintres. Ils ne s'en servent que pour illustrer leur art propre ; elle servait leur dessein, et ils ne se préoccupaient assurément pas d'aborder les objections qui s'y opposent dans un autre art. Je crains que *nous* n'ayons que des moyens bien maigres d'exercer sur l'imagination ces pouvoirs qui constituent une part si considérable et si raffinée de la poésie. Pour ma part, je doute même que nous devions seulement le tenter. La principale, sinon la seule occasion qu'ait le peintre de recourir à cet artifice se produit lorsqu'il serait inconvenant de représenter plus complètement le sujet, soit au nom de la décence, soit pour éviter un spectacle déplaisant ; et il ne s'agit pas là d'éveiller ou d'attiser les passions, ce qui est la raison qu'on donne à cette pratique, mais au contraire d'en atténuer les effets.

M. Falconet a observé, dans une note sur ce passage de sa traduction de Pline, que le geste de voiler la face d'Agamemnon n'était sans doute pas le résultat de quelque belle intuition du peintre – qu'il considère comme une invention des critiques – mais un plagiat pur et simple de la description du sacrifice qu'on trouve chez Euripide.

Les termes dont on suppose le tableau inspiré sont les suivants : *Agamemnon vit Iphigénie s'avancer vers l'autel fatal ; il gémit, il détourna la tête, il versa des pleurs, et se voila la face de sa tunique.*

Falconet ne s'associe absolument pas à l'éloge qu'on décerne à Timanthe ; non seulement parce que l'invention n'est pas de lui, mais parce qu'il n'a que mépris pour cet artifice de dissimulation, sauf dans des circonstances sanglantes dont les objets seraient trop horribles pour la vue ; mais, dit-il, "c'est chez un père affligé, chez un roi, chez Agamemnon, que vous, un peintre, me dissimulez le détail le plus intéressant, pour me confondre par des sophismes et par un voile. Vous êtes (ajoute-t-il) un piètre peintre, dépourvu de ressources : vous ne possédez pas même celles de votre art. Je me moque de quel voile il s'agit, mains jointes, bras levés ou tout autre geste qui me dissimule la physionomie du héros. Vous avez idée de voiler Agamemnon ; vous ne faites que dévoiler votre propre ignorance".

Aux propos de Falconet, nous pouvons ajouter qu'à supposer même que cette méthode, qui consiste à laisser à l'imagination l'expression de la douleur, fût, comme on le croyait, une invention du peintre, et qu'elle méritât tous les éloges qu'on lui a décernés, elle n'en est pas moins un stratagème qui ne saurait servir qu'une fois ; quiconque y recourrait une seconde fois perdrait non seulement l'attrait de la nouveauté, mais serait à juste titre soupçonné d'employer un artifice pour éluder la difficulté.

Si la difficulté vaincue représente une grande part du mérite de l'art, la difficulté éludée ne mérite guère de louange.»

A ce cortège de remarques, je me permets timidement d'ajouter les observations suivantes :

Le sujet de Timanthe était l'immolation d'Iphigénie ; Iphigénie en était la figure principale, et sa représentation, sa résignation, ou ses souffrances la tâche primordiale du peintre ; la figure d'Agamemnon, si importante qu'elle soit, est purement secondaire, et n'est pas plus nécessaire pour rendre le sujet parfaitement tragique que celle de sa mère Clytemnestre, non plus que celle de Priam pour nous remplir de compassion à la mort de Polyxène. Le critique français est donc malvenu de qualifier Agamemnon de «héros» du sujet.

Ni le critique français ni son collègue anglais ne me paraissent avoir saisi le véritable mobile de Timanthe, tel que l'expriment les mots *decere*, *pro dignitate*, et *digne*, dans les passages de Cicéron, de Quintilien, et de Pline[18] ; ils attribuent à l'impuissance ce qui était un renoncement délibéré du jugement ; Timanthe avait les sentiments d'un père : il n'a pas dissimulé le visage d'Agamemnon parce qu'il était hors de portée des possibilités de son art, ou parce qu'il en excédait les *capacités*, mais parce qu'il excédait la *dignité* de l'expression, parce que les traits qu'en un tel moment inspiraient l'affection paternelle, et le geste qui devait nécessairement l'accompagner, eussent soit ruiné la grandeur du personnage et la solennité de la scène, soit fait encourir au peintre, auprès de la plupart de ses juges, l'accusation d'insensibilité. Il aurait dû soit le représenter en larmes, soit révulsé par l'éclair du poignard levé, oubliant le prince pour le père, soit le montrer en proie au désespoir, et dans cet état de stupeur qui égalise les traits et abolit toute expression ; il eût pu certes choisir un quatrième procédé, en le montrant pâmé et paralysé dans les bras de ses suivants, en une confusion des caractères masculins et féminins qui lui eût valu les acclamations de tous les théâtres parisiens. Mais Timanthe avait un sens trop juste de la nature pour exhiber les sentiments d'un père ou «déchirer une passion en lambeaux, en haillons» ; et les Grecs n'avaient pas encore appris de Rome à tremper leurs expressions dans l'acier. S'il a montré Agamemnon supportant son malheur en homme, il ne l'en a pas moins fait le ressentir en homme. Il seyait au chef des Grecs de sanctionner la cérémonie de sa présence, il ne seyait pas au père de voir sa fille à la pointe du couteau : la même nature qui couvrit d'un manteau bien réel la face de Timoléon lorsqu'il assista au châtiment de son frère instruisit Timanthe de voiler d'un autre, imaginaire celui-là, celle d'Agamemnon ; ce qu'il visait, ce n'était ni la hauteur ni la profondeur, mais la *convenance* de l'expression.

Le critique concède que l'expédient de Timanthe peut être permis dans des «circonstances sanglantes», car en soutenir la vue transformerait un spectacle de compassion et de terreur en spectacle d'abomination et d'horreur, qu'il conviendrait toujours d'exclure du domaine de l'art, en poésie comme en peinture : mais n'est-ce pas là l'effet qu'aurait eu, dévoilé, le visage d'Agamemnon ? La scène à laquelle il aurait dû assister n'était-elle pas sanglante ? Et quel sang devait être versé ? Celui de sa propre fille – et quelle fille ? Jeune, belle, sans défense, innocente, résignée – l'idée même de la résignation chez une telle victime aurait dû ou bien immanquablement inciter à lui porter secours, ou alors jeter un voile sur le visage d'un père.

Seul un homme déterminé à se faire le champion de l'esprit aux dépens du cœur pouvait qualifier un tel expédient de ridicule – «aussi ridicule, poursuit M. Falconet, que le serait un poète qui, dans une situation pathétique, au lieu de satisfaire mon attente, dirait, pour être quitte de l'affaire, que les sentiments de son héros sont tellement au-delà de tout ce que l'on pourrait dire à cette occasion qu'il n'en dira rien». Et Homère lui-même, s'il ne nous dit pas cela, n'a-t-il pas suivi un principe similaire ? Lorsqu'Ulysse aborde Ajax aux enfers, de la manière la plus pathétique et la plus conciliante, au lieu de lui fournir une réponse, ne lui a-t-il pas fait garder un silence indigné durant ces propos, avant de se détourner et de s'éloigner ? La voix universelle d'une critique véritable ne nous a-t-elle pas dit, avec Longin, et si elle ne l'avait fait, la voix même de la nature ne nous dirait-elle pas, que ce silence était caractéristique, que, prévenant, englobant, et excédant infiniment toute réponse, il condamnait à jamais Ulysse au sentiment de son infériorité ? Et il n'est point besoin, pour achever de rendre méprisable une telle critique, de rappeler le silence de Didon chez Virgile, ou la Niobé d'Eschyle, qui entre voilée et demeure muette tout au long de sa présence sur scène.

Mais en dissimulant le visage d'Agamemnon, Timanthe perd donc les honneurs de l'invention, puisqu'il est l'imitateur d'Euripide qui l'a fait avant lui[19] ? Je n'ai pas l'intention, à coup d'arguments chronologiques, de déterminer si c'est Euripide ou Timanthe qui étaient contemporains, à l'époque de la guerre du Péloponnèse, qui a eu le premier l'idée de cet expédient ; quoique le silence de Pline et de Quintilien sur ce point semble pencher en faveur du peintre, car ni l'un ni l'autre ne pouvaient ignorer le célèbre drame d'Euripide, et n'auraient sciemment permis que l'honneur de ce coup de maître d'un art dont ils étaient bien plus familiers que de la peinture fût attribué à un autre qu'à son auteur véritable, si le poète avait pu en revendiquer la primeur : je ne soutiendrai pas non plus que le tableau de Timanthe ait pu être couronné des lauriers de la victoire par ceux qui avaient coutume d'assister quotidiennement aux drames d'Euripide, sans que ce verdict fût disputé par Colotès ou par ses amis, qui n'eussent pas manqué de faire valoir une preuve aussi flagrante d'infériorité que ce manque d'invention dans l'œuvre de leur rival : non, je me contenterai de poser la question, qu'est-ce que l'invention ? Si c'est la combinaison du moment le plus décisif d'un événement et des effets les plus variés de la passion dominante sur les personnages représentés – alors l'invention de Timanthe consistait à montrer, dans la gradation de cette passion sur les visages de l'assistance en deuil, la *raison pour laquelle celui du personnage principal était caché.* C'est cela qu'il a accompli, et c'est cela que le poète, qu'il soit son prédécesseur ou son successeur, n'a pas fait, ne pouvait faire, le laissant, en un muet appel, à notre réflexion et à notre imagination.

Si j'ose être en désaccord, quant à la convenance du mode d'expression dans le tableau de Timanthe, avec la respectable autorité que j'ai citée, loin de moi l'idée d'invalider ses remarques, aussi pertinentes que pénétrantes, sur les dangers qu'il y aurait à l'imiter, même si je suis fermement persuadé que cela reste strictement du domaine de notre art. Si c'est là un «truc», c'en est un qui a assurément «servi plus d'une fois». Nous le voyons employé pour exprimer la douleur d'une admirable figure de femme d'un bas-relief autrefois au palais Valle à Rome, et conservé dans l'Admiranda de San Bartoli ; Michel-Ange y recourt, quoiqu'à sa manière originale, pour le personnage d'Abijam, pour restituer un malheur ineffable ; Raphaël, pour montrer qu'il y voyait le meilleur moyen possible d'exprimer le remords et le plus profond sentiment de repentir, l'a emprunté à Masaccio, sans aucune altération, dans son *Expulsion du Paradis terrestre* ; et comme lui a chassé un Adam au visage caché dans ses mains. Et comment a-t-il représenté Moïse au buisson ardent, pour exprimer la stupeur terrifiée de la nature humaine face à la présence visible de la nature divine ? Par une double répétition du même expédient ; une première fois au plafond d'une loge, puis de nouveau dans la loggia du Vatican, les deux mains devant le visage, ou plutôt plongeant son visage dans ses mains. Comme nous ne saurions soupçonner le maître de l'expression du mobile indigne de ne recourir à ce moyen que pour éluder une difficulté, ni pour marquer la splendeur insupportable de la vision, ce qui était loin d'être le cas, puisque même Moïse, selon les Écritures, fit un détour pour examiner ce brasier sans consumation, nous devons en conclure que c'est la nature elle-même qui lui avait dicté cette méthode comme étant supérieure à tout ce qu'il aurait pu exprimer par les traits ; et qu'il avait reconnu ce même impératif chez Masaccio, qu'on ne peut pas plus soupçonner d'avoir connu le précédent de Timanthe que Shakespeare celui d'Euripide, lorsqu'il fait dissimuler à Macduff son visage sous son chapeau.

Masaccio et Raphaël partaient de son principe, mais Gherard Lairesse ne faisait que copier l'image de Timanthe, et encourt peut-être par là l'accusation de ce que Longin appelle *parenthyrsos*, soit l'application mal à propos du suprême pathétique à une fin inappropriée. Agamemnon est présenté se voilant la face de son manteau à la mort de Polyxène, fille captive de Priam, sacrifiée aux mânes d'Achille, son amant et fiancé, traîtreusement assassiné en pleine cérémonie nuptiale par le frère de Polyxène, Pâris. La mort de Polyxène, dont les charmes avaient conduit au plus grand désastre qui pût advenir à l'armée grecque, ne pouvait sans doute provoquer chez son chef suprême des émotions semblables à celles qu'il avait éprouvées à la mort de sa propre fille : il faut bien cependant convenir que la figure du chef est également digne et pathétique, et que, en introduisant le spectre d'Achille lors de l'immolation de sa dame à ses mânes, l'imagination de l'artiste a en quelque mesure expié le manque de discernement du praticien.

Tels furent les artistes qui, selon les données les plus fiables, fixèrent le style de la seconde période, qui assigna le but et établit les limites de l'art, fondement solide sur lequel s'éleva l'édifice luxuriant de la troisième période, dite période du raffinement, qui ajouta la grâce et l'éclat à des formes qu'elle ne pouvait surpasser ; l'agrément ou la justesse à des tons qu'elle ne pouvait fortifier ; la magie et l'art de la transition imperceptible à une abrupte division des masses ; qui conféra à la composition rondeur et profondeur ; au sein même de la nature «saisit les passions à leur éveil», et rendit l'expression familière. Ce fut la période d'Apelle, de Protogène, d'Aristide, d'Euphranor, de Pausias, élèves de Pamphile et de son maître Eupompe, dont l'autorité obtint ce qui avait été refusé à son glorieux prédécesseur et compatriote Polyclète, l'établissement de l'école de Sicyon[20].

Le principe moteur d'Eupompe peut être dégagé du conseil qu'il donna à Lysippe (tel que nous le rapporte Pline), qui, le consultant sur un modèle d'imitation, se vit renvoyer à la contemplation de la diversité humaine dans la multitude des personnages qu'on peut rencontrer, selon cet axiome : «c'est la nature elle-même qui doit être imitée, non un artiste». C'est l'excellence, dit Eupompe, qui est ton but, la même excellence que celle de Phidias et de Polyclète ; mais elle ne s'obtient pas par l'imitation servile des œuvres, si parfaites soient-elles, si l'on ne remonte au principe qui les a élevées à de tels sommets ; ce principe, applique-le à ton dessein, fixe là ton but. Celui qui, ayant autant qu'un autre liberté d'accès à la nature, se contente de l'approcher par l'entremise de cet autre artiste, abjure à la fois son droit de naissance et son originalité ; son style, ce sera la manière de son maître. Si Phidias et Polyclète ont découvert la substance et établi le principe permanent de la forme humaine, ils n'ont pas pour autant épuisé la diversité des apparences humaines et du caractère de l'homme ; s'ils ont extrait les formes de la majesté et celles de la beauté, la nature, comparée à leurs œuvres, te montrera une grâce qui t'a été réservée ; s'ils ont accaparé l'homme tel qu'il *est*, à toi de lui donner l'air avec lequel il *apparaît*[21] effectivement.

Tel était le conseil d'Eupompe : moins élevé, moins ambitieux que ce qu'eût dicté l'époque révolue du génie, mais mieux adapté aux temps nouveaux comme à l'esprit de son élève. Lorsque le sens de la liberté délaissa l'esprit public de la Grèce, la grandeur en quitta l'esprit privé ; soumis par Philippe, les dieux d'Athènes et d'Olympie avaient émigré vers Pella, et Alexandre était devenu le représentant de Jupiter ; pourtant, ceux qui en avaient perdu la substance caressaient l'ombre de la liberté ; la rhétorique singeait les tempêtes de l'art oratoire, la sophistique et le débat métaphysique cette philosophie qui avait guidé la vie, et le goût majestueux qui avait dicté à l'art son style monumental, donné aux dieux forme humaine et élevé les individus au rang de héros, commençait à céder la place aux nuances raffinées de l'évaluation des degrés d'élégance ou de ressemblance dans l'imitation ; toutefois, le conseil d'Eupompe, loin de supposer l'abolition de l'ancien système, rappelait son élève à l'examen du grand principe sur lequel il avait établi son excellence, et aux ressources qu'offrait sa variété inépuisable pour de nouvelles combinaisons.

Que Lysippe l'ait considéré à cette lumière, sa dévotion au *Doryphore* de Polyclète, connue même de Cicéron, le prouve assez. Cette figure, dotée des pures proportions de la vigueur juvénile, s'offrait d'elle-même à ces raffinements supplémentaires de variété, de caractère, et de charmes charnels, qui constituaient le fondement de son invention : en elle la symétrie, orientant ses recherches parmi le jeu insinuant des charmes accidentels et les exigences de la grâce immanente, ne souffrait jamais que l'imitation se dévoyât en incorrection ; tandis que sa beauté compacte et fondamentale se fondait en formes plus familières pour l'œil, et d'objet d'admiration froide devenait celui, éclatant, d'une communion de l'âme. Telle fut sans doute la méthode élaborée par Lysippe à partir du conseil d'Eupompe, rendu plus confus qu'éclairé par le condensé superficiel et l'allusion rapide fournis par Pline.

C'est par la méthode du statuaire que nous pouvons nous faire une idée de celle du peintre. La doctrine d'Eupompe fut adoptée par Pamphile l'Amphipolitain, le plus scientifique des artistes de son temps, qui la communiqua à son élève Apelle de Cos, ou, selon la version de Lucien, d'Ephèse[22], avec qui, si l'on en croit la tradition, la nature offrit, *pour une fois*, un spécimen de ce qu'elle pouvait produire, combinée à l'éducation et à des circonstances favorables. Le nom d'Apelle est chez Pline synonyme d'excellence inégalée et inaccessible, mais l'énumération de ses œuvres révèle les modifications que nous devrions faire subir à cette supériorité ; elle n'englobe ni le sublime exclusif de l'invention, le discernement le plus aigu de caractère, la sphère de compréhension la plus vaste, la composition la plus judicieuse et la mieux équilibrée, ni le plus profond pathétique de l'expression : son grand apanage consistait davantage dans l'unisson que dans l'étendue de ses talents ; mieux que tout autre artiste il savait ce qu'il pouvait faire, ce qui devrait être fait, à quel point il pouvait parvenir, et ce qui demeurait hors de sa portée. Ses éléments étaient la grâce de la conception et le raffinement du goût, et allaient de pair avec la grâce de l'exécution et le goût dans la finition ; lesquels, détenus séparément, sont puissants, et irrésistibles une fois réunis : qu'il ait bâti les deux sur la base solide de l'ancien système et non sur son renversement, son fameux concours de lignes avec Protogène, qui n'est pas une histoire légendaire mais un fait bien attesté, en offre une preuve irréfutable : ce qu'étaient ces lignes, dessinées en différentes couleurs avec une subtilité quasi miraculeuse, l'une sur l'autre ou plutôt l'une à l'intérieur de l'autre, il serait aussi vain qu'inutile d'essayer de le savoir ; mais les conclusions que nous pouvons tirer de cette joute sont évidemment que les écoles de la Grèce reconnaissaient toutes un principe élémentaire unique : que la finesse et la fidélité de l'œil, la docilité de la main forment la précision ; la précision, la proportion ; la proportion, la beauté ; que c'est ce «petit peu en plus ou en moins», imperceptible à l'œil du vulgaire, qui constitue la grâce et établit la supériorité d'un artiste sur un autre ; que la connaissance des degrés des choses, qui est le goût, présuppose une connaissance parfaite des choses elles-mêmes ; que la couleur, la grâce et le goût sont des ornements, non des substituts, de la forme, de l'expression et du caractère, et que, si elles en usurpent le titre, elles se dégradent en fautes splendides.

Tels étaient les principes sur lesquels Apelle façonna sa *Vénus*, ou plutôt la personnification de la grâce féminine, merveille de l'art, désespoir des artistes, dont les contours défiaient toute tentative d'amendement, tandis que l'imitation était découragée par la pureté, la force, la brillance, les nuances évanescentes de ses coloris[23].

Les raffinements de l'art, Aristide de Thèbes les appliqua à l'esprit. Les passions que la tradition avait ordonnées pour Timanthe, Aristide les saisit naissant du sein ou s'échappant des lèvres de la nature elle-même ; l'homme était son livre de chevet, la société sa scène : il dessinait les subtiles distinctions de l'esprit à chaque stade de la vie, les soupirs, le simple cri de la passion et ses accents les plus complexes. Tel, nous dit l'histoire, était le suppliant, dont on eût cru entendre la voix, tels les yeux à demi éteints, la poitrine oppressée de son homme malade, telle Byblis expirant dans les souffrances de l'amour, et telle, par-dessus tout, la mère à moitié morte tremblant que son enfant avide ne suçât le sang de son sein palpitant. Ce tableau se trouvait sans doute à Thèbes lorsqu'Alexandre mit la ville à sac ; ce que furent ses sentiments lorsqu'il le vit, nous pouvons le deviner au fait qu'il l'expédia à Pella. L'expression qui s'y trouve, en équilibre entre les angoisses de l'amour maternel et les affres de l'agonie, offre à la compassion une image que ne suscitent ni l'enfant qui caresse pitoyablement sa mère assassinée, dans le groupe d'Epigone[24], ni le regard perdu de sa Niobé, ni la lutte du Laocoon. Timanthe avait marqué les bornes qui distinguent la terreur de l'excès d'horreur ; Aristide traça la limite qui la sépare du dégoût. Son sujet est de ceux qui touchent aux confins ambigus d'une sensation délicate. Le goût et l'odorat comme sources d'émotion tragique et, en conséquence de leur pouvoir, déterminant le geste, paraissent difficilement admissibles en art ou au théâtre, car poussés à l'extrême, ils ont plus d'affinités avec le dégoût et des idées de répulsion ou de ridicule, qu'avec la terreur. La transe prophétique de Cassandre, qui flaire les préparatifs du meurtre d'Agamemnon au seuil de la chambre fatale ; le gémissement désespéré de Lady Macbeth voyant la tache surnaturelle, restée ineffacée, souiller sa main, sont des images arrachées au giron de la terreur – mais qui cesseraient promptement de l'être, si l'artiste ou l'actrice grossissait le terrible indice par des expressions ou des gestes immodérés. Ceci, qu'Aristide avait parfaitement compris, fut non moins parfaitement négligé par ses imitateurs, Raphaël[25] dans le *Morbetto*, et Poussin dans sa *Peste chez les Philistins*. Dans le groupe d'Aristide, notre sympathie est immédiatement éveillée par la mère, encore en vie quoique mortellement blessée, impuissante, si belle, et oubliant son propre sort dans son inquiétude pour son enfant, dont la situation autorise encore l'espoir à se mêler à ses craintes ; il ne fait qu'approcher le sein de sa mère. Dans le groupe de Raphaël, la mère, morte de la peste, d'objet d'indifférence est rendue objet de dégoût par le geste de l'homme qui, penché sur elle, arrache d'une main, à bout de bras, l'enfant accroché à son sein, tandis que de l'autre, il se bouche les narines contre les relents de mort. Nos sentiments, qui se désintéressent de la mère, arrivent trop tard même pour l'enfant, dont la langueur trahit déjà les symptômes mortels du poison que lui a transmis le cadavre de sa mère. Il est curieux d'observer la permutation d'idées qui se produit lorsque l'imitation s'éloigne de ses sources naturelles : Poussin, non content d'adopter la composition de Raphaël, répète une nouvelle fois cette scène atroce dans le même tableau ; il a oublié, dans son ardeur à rendre plus intimement sensible encore l'idée de contamination, qu'il s'aliénait nos sentiments par des idées de dégoût.

Le disciple d'Aristide, Euphranor l'Isthmien, alla encore plus loin dans le raffinement de l'expression ; il excellait aussi bien comme peintre que comme sculpteur, autant que l'on puisse en juger par le Thésée qu'il présenta contre celui de Parrhasios, et par la figure en bronze de *Pâris Alexandre*, dans lequel, dit Pline[26], on peut retrouver l'arbitre des beautés divines, l'amant d'Hélène, et jusqu'au meurtrier d'Achille. Ce jugement, qui est évidemment une citation de Pline et n'engage pas l'opinion du connaisseur, a été traduit avec une insistance qu'il n'appelait pas, pour démontrer qu'une tentative d'exprimer à la fois diverses qualités ou passions dans le même objet tendent naturellement à oblitérer les effets spécifiques de chacune d'entre elles. «Pline, dit notre critique, observe que dans une statue de Pâris par Euphranor, on peut découvrir trois personnages différents à la fois : la dignité de l'arbitre des déesses, l'amant d'Hélène, et le vainqueur d'Achille. Une sculpture dans laquelle on entreprend d'unir la dignité majestueuse, l'élégance juvénile et l'austère valeur ne doit assurément posséder à un degré éminent aucune de ces qualités.» Il faut d'abord observer que c'est cette paraphrase qui attribue à Pline ces mélanges qu'elle désapprouve ; c'est en vain que nous chercherions cette alliance de «dignité majestueuse, d'austère valeur, et d'élégance juvénile», dans le Pâris qu'il décrit lui-même : le meurtrier d'Achille n'était point son vainqueur. Mais la dignité, l'élégance, et la valeur, ou tout autre qualité qui ne soit point inconciliable, ne peuvent-elles être visibles à la fois dans une figure sans détruire le trait dominant de son caractère, ni en gâcher l'expression ? Référons-nous à l'Apollon. N'est-ce pas une figure exemplaire de caractère et d'expression, et ne possède-t-il pas les trois qualités mentionnées au plus haut degré ? Serait-ce insinuer une médiocrité de conception ou une confusion de caractère que de dire que sa physionomie, son attitude et sa forme combinent une majesté divine, une grâce enchanteresse, et une noble indignation ? Ce n'est pourtant pas d'elles trois séparément, mais d'un tout idéal que rayonnait l'esprit de l'artiste qui a conçu cette effigie de la divinité. Il a assurément privilégié l'expression de l'action dans laquelle le dieu est engagé, ou plutôt dont il délaisse l'achèvement avec une noble et dédaigneuse aisance. Telle est la première impression qu'il désirait nous communiquer : mais quelle contemplation s'en tiendrait là ? Qu'est-ce qui nous retiendrait, lorsque nous considérons la beauté de ces traits, l'harmonie de ces formes, d'y trouver le condensé de toutes ses autres qualités, de parcourir toute l'histoire de ses accomplissements ? Nous le voyons se joindre à l'assemblée céleste, et tous les dieux se lever à son auguste apparition[27] ; nous le voyons battre la plaine à la poursuite de Daphné ; précéder Hector en brandissant l'égide et disperser les Grecs ; frapper Patrocle de sa paume et décider de son destin. Et cette figure est-elle froide parce que la grandiose idée que l'on s'en fait est inépuisable ? Ne pourrions-nous en dire de même de l'*Hercule enfant* de Zeuxis ou de Reynolds ? N'est-ce pas l'idée de l'homme à venir qui a inspiré la main qui façonna le puissant enfant ? Sa stature, sa poigne de fer, sa volonté énergique, ne sont que le germe, le prélude de cette puissance qui purgea la terre de ses monstres, et que poursuit notre esprit. Tel était sans nul doute le *Pâris* d'Euphranor : il en a tellement nourri le caractère, que ceux qui en connaissaient l'histoire pouvaient y déceler l'origine de tous ses futurs exploits, tout en étant d'abord impressionnés par l'expression correspondant à la qualité et au moment dominants. Le juge attentif, l'élégant arbitre de la forme féminine, recevant avec une immobile dignité le gage tant disputé, ou le présentant avec une ardeur enamourée à celle qui arbitrerait sa destinée, était sans doute l'idée dominante de cette figure ; alors que l'époux volage d'Œnone, le suborneur d'Hélène, l'archer rusé, le futur meurtrier d'Achille, perçaient sous le sourcil insidieux, et dans le regard pénétrant du mignon, de l'élu de la beauté. Tels me sont apparus le caractère et l'expression du *Pâris* assis dans son voluptueux habit phrygien, naguère dans le cortile du palais Altheims, à Rome. Figure quasi colossale, que nombre d'entre vous se rappellent peut-être, et dont on peut se faire une faible idée à partir d'une des gravures de la collection publiée par le Musée Clémentin. Œuvre, selon moi, du style le plus haut, et bien digne d'Euphranor, sans vouloir toutefois me risquer à y voir une reproduction en marbre de son bronze.

A partir de ces observations sur les beautés annexes et inespérées qui rayonnent nécessairement de l'expression première de toute grande idée, on ne me soupçonnera pas j'espère de prétendre nier la nécessité de son unité, ni de me faire l'avocat d'une subdivision pédante. Une telle division amoindrit toujours, et toujours de tels mélanges entravent la simplicité et la clarté de l'expression : dans le groupe du *Laocoon*, les froids transports de la critique allemande ont cru déceler de la pitié, flottant comme une vapeur dans les yeux du père ; on le voit supprimer dans un gémissement à la pensée de ses enfants le cri de sa propre détresse – ses narines se dressent pour exprimer l'indignation d'une injuste souffrance, tandis qu'en même temps il est censé implorer une aide céleste. Ajoutez à cela les effets foudroyants du serpent venimeux, les convulsions du corps, les spasmes des membres : l'organisation miraculeuse d'une telle expression, Agésandre, sculpteur du *Laocoon*, était trop sage pour la revendiquer. Sa figure est un type, elle caractérise toutes les beautés d'une virilité mûrissante ; on peut y voir le prince, le prêtre, le père, mais, absorbés dans l'homme, ils ne servent qu'à conférer à la victime la dignité d'une *unique* expression de grandeur ; malgré l'équilibre voulu par l'artiste, si nous appliquons le compas au visage de Laocoon, nous y mesurerons les fluctuations de la vague dans la tempête : ce front d'orage, ce nez contracté, ces yeux enfoncés, et par dessus tout cette bouche distendue, sont, séparément et combinés, le siège des convulsions dernières, les traits de la nature luttant dans les griffes de la mort.

Deuxième Conférence

De l'art des modernes

(...) Quels étaient les guides et les chefs des Athéniens. La foule des soldats je ne saurais la dire, ni les nommer même si j'avais dix langues, dix bouches, une voix que rien ne brise (...).

Homère, *Iliade*, II, 487

Introduction, les diverses orientations de l'art. Le style des précurseurs, Masaccio, Léonard de Vinci. Le style classique, Michel-Ange, Raphaël, le Titien, le Corrège. Le style du raffinement et de la dégradation. Les écoles, toscane, romaine, vénitienne, lombarde. L'école éclectique, les mécanistes. L'école allemande, Albrecht Dürer. L'école flamande, Rubens. L'école hollandaise, Rembrandt. Observations sur l'art en Suisse. L'école française. L'école espagnole. L'Angleterre. Conclusion.

Dans le cours précédent, je me suis efforcé de vous inculquer les caractéristiques générales de l'art antique dans ses différentes périodes : celle des précurseurs, celle du classicisme, celle du raffinement. Nous arrivons maintenant à l'époque de sa restauration, au XVe siècle de notre ère, lorsque la religion et la richesse, produisant une émulation, en entretinrent la puissance, mais donnèrent à leurs efforts une direction différente. L'église régnante se retrouva en effet dans la nécessité de donner plus de splendeur aux temples et aux édifices destinés à recevoir les fidèles, d'apprivoiser leurs sens par le charme d'images appropriées et la présentation des événements et des actions qui pourraient stimuler leur zèle et enflammer leur cœur : mais les mystères sacrés de l'Etre divin, la méthode adoptée par la Révélation, les devoirs qu'imposait sa doctrine, les vertus qu'elle exigeait de ses disciples, la foi, la résignation, l'humilité, les souffrances, substituèrent un moyen artistique aussi inférieur sur le plan physique aux ressources du paganisme qu'il leur est incomparablement supérieur sur le plan spirituel.

Ces coutumes publiques, qui peut-être tendaient aussi bien à répandre les infections du vice qu'à faciliter les moyens de l'art, n'existaient plus, l'héroïsme du chrétien et sa beauté étaient intérieurs, et les formes puissantes et exquises ne l'unissaient plus exclusivement à son Dieu. Le répertoire essentiel de l'artiste, les archives sacrées, fournit en effet une cosmogonie sublime, des scènes de simplicité patriarcale et un courant poétique qui compensaient largement la perte d'une mythologie païenne. Mais le corps de la nation, dont l'histoire reste le thème exclusif, s'il abondait en personnages et en forces appropriés à la manifestation des passions, ne fourmillait pas de formes suffisamment exaltées pour édifier l'artiste et élever l'art. Les éléments d'un alliage plus vil se mélangeaient à la matière de la grandeur et de la beauté. La légende monastique et le genre martyrologique réclamaient plus que leur part légitime des labeurs du pinceau et du burin, et faisaient de la nudité l'apanage exclusif des ermites émaciés et de la vieillesse décrépite ; et si l'on permettait à un torse viril de dénuder sa vigueur, ou à la beauté de dégager sa gorge, des antidotes de terreur et d'horreur se tenaient prêts à endiguer la contagion tant redoutée de leurs charmes.

Si nous ajoutons à cela la souche hétérogène sur laquelle se greffait le système des arts renaissants, une race habitant certes sous des cieux cléments mais elle-même un déchet de la barbarie, vestige des aventuriers gothiques, que seule la croix rendait humains, moisissant parmi les ruines des temples qu'ils avaient démolis, et les fragments ravagés des images détruites par leur rage, si nous y ajoutons cela, dis-je, nous nous étonnerons moins de la lenteur de l'essor et du progrès de l'art moderne que de la vigueur avec laquelle il adapta et rehaussa des matériaux si impropres et insuffisants d'une part, si contaminés d'autre part, au système magnifique que nous allons contempler.

La sculpture avait déjà produit des exemples respectables de ses pouvoirs renaissants avec les bas-reliefs de Lorenzo Ghiberti, certaines œuvres de Donatello, et le *Christ* de Philippo Brunelleschi[28], quand apparurent les premiers symptômes de l'imitation dans les fresques de Tommaso da San Giovanni, communément appelé Masaccio en raison du complet négligé de son allure et de sa personne[29]. C'est Masaccio qui le premier conçut l'idée que les parties doivent constituer un tout ; que la composition doit avoir un centre ; l'expression, une vérité ; et l'exécution, une unité. Son trait mérite attention, et même si ses sujets ne l'amenèrent pas à faire des recherches sur les formes, et que sa courte vie l'empêcha de développer ces éléments que Raphaël, près d'un siècle plus tard, porta à leur perfection, il est suffisamment glorieux pour Masaccio d'avoir été plus d'une fois copié par ce grand maître en expression et d'avoir à un certain degré annoncé son style : Masaccio vit encore davantage par le style des traits de Paul prêchant sur l'Aréopage, dans le célèbre dessin demeuré en notre possession, et sous les traits empruntés d'*Adam chassé du Paradis*, dans la loggia du Vatican, que dans ses propres vestiges mutilés ou retouchés.

Andrea Mantegna[30] tenta d'unir la forme aux recherches de Masaccio en matière d'imitation et d'expression, poussé par la contemplation de l'antique dont il dissémina ambitieusement les fragments à travers ses œuvres. Bien que Lombard et né avant la découverte des plus belles statues antiques, il semble avoir bénéficié d'une certaine familiarité avec divers types, dont les formes nous rappellent Apollon, Mercure ou Méléagre, et jusqu'aux faunes et autres satyres. Mais son goût était trop grossier, son imagination trop grotesque, et son entendement trop faible pour dépasser les parties subsistantes et aller au tout qui les avait inspirées. C'est pourquoi, dans sa figuration de la dignité et de la beauté, nous voyons non seulement les maigres formes de modèles communs, mais même leurs défauts plaqués sur des torses idéaux ; et ses faunes, ses satyres, au lieu de la luxuriance originelle de la nature et des attributs badins de leur être composite, sont ornés d'excroissances héraldiques et d'absurdes arabesques. Ses triomphes sont connus de vous tous ; il ne sont qu'un copieux inventaire de matériau classique, rassemblé avec plus de zèle que de goût, mais abondant en éléments de valeur. L'expressivité ne lui était pas inconnue : son *Enterrement du Christ* fournit à Raphaël la composition, ainsi que plusieurs traits et attitudes de la toile du palais Borghèse qu'il peignit sur le même thème ; la figure de saint Jean, toutefois, négligée par Raphaël, prouve que Mantegna confondait parfois intensité de la douleur et simple grimace. Ses huiles ne dépassent guère le tourment élaboré des peintures de missel ; ses fresques, détruites lors de la construction du musée Clémentin, faisaient preuve de fraîcheur, de liberté, et de sens de l'imitation.

A Luca Signorelli, de Cortone[31], la nature fit plus qu'expier l'absence de ces avantages que l'étude de l'antique avait offerts à Andrea Mantegna. Il semble avoir été le premier à contempler son objet d'un œil critique, à distinguer l'accidentel de l'essentiel, à équilibrer l'ombre et la lumière, et à déterminer le mouvement de ses figures. L'audace de ses raccourcis n'avait d'égale que leur intelligence, et c'est sans doute pour cette raison que Vasari s'imagine avoir découvert dans le *Jugement dernier* de Michel-Ange des traces d'imitation de la *Lunetta* peinte par Luca dans l'église de la Madone à Orvieto ; mais les forces qui l'animaient alors, comme auparavant à Arezzo, ne sont plus visibles dans le salmigondis gothique dont il couvrit deux compartiments de la chapelle de Sixte IV à Rome.

Telle était l'aube de l'art moderne, lorsque Léonard de Vinci[32] surgit avec une splendeur qui surpassa ses prédécesseurs les plus brillants. Formé de tous les éléments qui constituent l'essence du génie, avantagé par l'éducation et les circonstances, oreille universelle, œil universel, compréhension universelle ; peintre, poète, sculpteur, anatomiste, architecte, ingénieur, chimiste, mécanicien, musicien, homme de science et parfois empiriste[33], il s'empara de toutes les beautés du cercle enchanté, mais, au lieu de s'attacher exclusivement à l'une d'elles, les abandonna chacune tour à tour. Davantage doué pour semer des indices que pour enseigner par l'exemple, il gaspilla sa vie, insatiable, en expérimentations. A une capacité de pénétrer en même temps le principe et le but véritable de l'art, il associa une imagination inégale qui lui donnait des ailes pour partir à la poursuite de la beauté, pour l'instant d'après le jeter au sol à ramper en quête de la difformité : on lui doit le clair-obscur dans toute sa magie, on lui doit la caricature dans toutes ses disproportions. Son sens de la finition la plus élaborée n'avait d'égal que son manque de persévérance, qui seul explique l'abandon de ses croquis destinés à la grande chambre du conseil de Florence, et dont le célèbre concours de cavaliers ne constituait qu'un groupe ; car pour lui qui pouvait arranger une telle composition, Michel-Ange aurait dû être un objet d'émulation plutôt que de crainte ; et qu'il en eût été capable, il suffit pour en être certain d'en voir l'esquisse laissée inachevée dans l'*Etruria Pittrice*, ou davantage encore l'admirable gravure d'Edelinck d'après un dessin de Rubens, grand admirateur de Léonard, et dont les propos ont beaucoup fait pour nous pénétrer des beautés de sa *Cène* au réfectoire des dominicains de Milan, seule des grandes œuvres qu'il ait menée à son terme, dans toutes ses parties, de la tête du Christ au moindre détail : l'œuvre périt peu après lui, et nous n'avons pour évaluer cette perte que les copies qui lui ont survécu.

Bartolomeo della Porta, ou di San Marco, dernier grand maître de cette période[34], fut le premier à donner un dégradé aux couleurs et aux formes, une masse aux drapés, et une dignité grave, jusqu'alors inconnue, à l'exécution. S'il n'était pas doué de la variété de talent et de l'ampleur des intérêts de Léonard, ses principes étaient moins entachés de matière vile et moins à même de l'induire en erreur. Membre d'un ordre religieux, il se cantonna dans des thèmes et des personnages pieux ; mais les quelques nus qu'il se permit de représenter suffisent à démontrer son intelligence et plus encore son style ; ses raccourcis possédaient justesse et audace, et chaque fois que la forme le permettait, c'est par le drapé qu'il communiquait la forme du membre qu'il revêtait. Il fut le vrai maître de Raphaël, que son enseignement affranchit de l'étroitesse du Pérugin, et ouvrit la voie au style puissant de Michel-Ange Buonarroti.

La sublimité de conception, la grandeur de la forme, et l'ampleur de l'exécution constituent le style de Michel-Ange[35]. C'est à partir de ces principes qu'il sélectionnait ou rejetait les objets à représenter. Peintre, sculpteur, architecte, il s'efforça, et y parvint plus que tout autre, d'unir à la magnificence de l'ensemble et à l'infinie variété des parties subalternes la plus grande simplicité et la plus grande ampleur. Son trait est uniformément grandiose : personnage et beauté n'étaient tolérés que dans la mesure où ils pouvaient servir la grandeur. Enfant, femme, bassesse, difformité, étaient tous sans distinction marqués du sceau de la grandeur. Le mendiant se dressait sous sa main en patriarche de la pauvreté ; la bosse de son nain est empreinte de dignité ; ses femmes sont le creuset de l'enfantement ; l'homme palpite en ses nouveau-nés ; et ses hommes sont une race de géants. C'est là la *terribil via* à laquelle faisait allusion Agostino Carrache, quoique les Bolonais l'aient peut-être aussi peu compris que les plus aveugles de ses admirateurs toscans, Vasari à leur tête. Donner l'apparence d'une parfaite aisance à la plus grande des difficultés était la force de Michel-Ange. Il est l'inventeur de la peinture épique, dans ce cercle sublime qu'est la chapelle Sixtine, qui décrit les origines, le progrès, et l'établissement final de la théocratie. Il a personnifié le mouvement dans les groupes de ses croquis sur le sujet pisan ; sut incarner le sentiment dans les monuments de saint Laurent, dévoiler les traits de la méditation dans les prophètes et les sibylles de la chapelle Sixtine ; et dans le *Jugement dernier*, avec chacune des attitudes qui modifie le corps humain, il inscrivit le trait majeur de chaque passion qui puisse agiter le cœur de l'homme. Même si en tant que sculpteur il sut exprimer le caractère de la chair plus parfaitement que tout autre avant ou après lui, jamais il ne s'abaissa à copier d'après modèle, à la seule exception de Jules II ; encore en représenta-t-il moins la personne que la passion dominante[36]. En peinture, il se contenta d'une couleur négative, et, lorsqu'il peignit le genre humain, se refusa à tout ornement clinquant[37]. La matière de Saint-Pierre de Rome, fragmentée en une infinité de parties divergentes par Bramante et ses successeurs, fut pour lui un objet de concentration ; il en suspendit la coupole, et conféra au plus complexe des édifices l'allure du plus simple. Tel fut, considéré dans son ensemble, Michel-Ange, le sel de l'art. Certes, il eut parfois ses moments de déréliction, s'égarant dans le maniérisme, ou compliquant la majesté de ses formes par un souci anatomique futile et ostentatoire : deux défauts qui ont suscité une pléthore d'imitateurs ; et son destin a voulu qu'il soit condamné pour les excès de ces derniers.

A l'œuvre inspirée de Michel-Ange succéda le génie plus modeste de Raphaël Sanzio[38], père de la peinture dramatique ; peintre de l'humanité, moins élevé, moins vigoureux, mais plus pénétrant, plus proche du chemin de nos cœurs, maître chaleureux de notre compassion. Est-il un effet du commerce des hommes, un trait de l'esprit, de l'émotion la plus délicate à l'éclat le plus fervent de la passion, qui n'ait été observé et marqué de la griffe caractéristique de cet étudiant passionné de l'homme ? Michel-Ange était venu à la nature ; la nature vint à Raphaël – qui en restitua les traits avec la clarté d'un miroir, sans tache, sans retouche. C'est avec un timide respect que nous admirons Michel-Ange, tremblant à la vue des sommets auxquels il nous fait accéder ; nous adoptons Raphaël, nous le suivons où qu'il nous mène. C'est l'énergie, jointe à la convenance de caractère et à une grâce modeste, qui équilibre son trait et détermine sa justesse. Ce n'est pas la beauté humaine parfaite qu'il a représentée ; aucun visage de Raphaël n'est parfaitement beau ; aucun de ses personnages, pris abstraitement, n'est doté des proportions dignes de le faire accéder au rang de modèle d'imitation : la forme était pour lui le véhicule du caractère ou du pathos, auxquels il l'adaptait d'une manière et avec une vérité qui rendent vaine toute tentative pour l'amender. Son invention combine les limites extrêmes du possible et le plus haut degré de plausibilité, d'une façon qui étonne notre imagination autant qu'elle convainc notre jugement et touche notre cœur. Sa composition s'empresse toujours d'aller au point le plus nécessaire, qu'elle place en un point essentiel, à partir duquel elle répartit tous les points secondaires, qui en rayonnent et y ramènent. Le groupement des figures, la forme et le contraste sont subordonnés à l'événement, et le lieu commun rigoureusement exclu. Son expression, déterminée par la caractérisation du personnage et à l'unisson avec elle, qu'elle soit calme, animée, agitée, tourmentée, ou absorbée par la passion qui l'inspire, pure et sans mélange, jamais ne contredit sa cause, et échappe à la tiédeur comme à la grimace : le moment qu'il choisit ne souffre pas que l'action stagne ou expire ; c'est le moment de transition, de crise, gros du passé et portant en germe l'avenir. Si, pris isolément, le trait de Raphaël a été surpassé en justesse, en élégance et en énergie, son coloris largement distancé en ton, en vérité et en harmonie, ses masses en moelleux et son clair-obscur en puissance d'effet – en tant qu'instruments du pathétique, ils n'ont jamais été égalés ; et pour ce qui est de la composition, de l'invention, de l'expression, et du pouvoir du conteur, nul n'a pu même s'en approcher.

Tandis que les principes supérieurs de l'art recevaient le tribut de la Toscane et de Rome, le charme inférieur mais plus séduisant de la couleur commençait à exercer sa fascination à Venise, à partir de la palette de Giorgione da Castel Franco[39], et à hypnotiser irrésistiblement tous les regards confrontés à la magie du Titien[40]. Aucun coloriste avant ou après lui n'a vu la nature se dévoiler à lui avec la digne familiarité dans laquelle elle apparaissait au Titien. Son œil universel et également approprié à toutes les manifestations de la nature en sut rendre les apparences les plus simples comme les plus complexes avec une pureté et une véracité égales. Il sut pénétrer l'essence et le principe général des substances offertes à ses yeux, à partir desquels il établit sa théorie de la couleur. Il inventa cette gamme de coloris de détail que nulle imitation n'a su égaler, et exprima le premier la nature négative de l'ombre : c'est à lui qu'appartiennent les charmes du glacis, et le mystère des reflets, grâce auxquels il détachait, enveloppait, reliait ou enrichissait son objet. Son harmonie doit moins à la force des jeux d'ombre et de lumière, ou aux artifices du contraste, qu'à un juste équilibre des couleurs, aussi éloigné de la monotonie que du barbouillage. Ses arrière-plans semblent dictés par la nature. C'est lui qui marque l'origine du paysage, qu'il soit considéré comme la restitution d'un lieu, la riche combinaison d'objets en sympathie mutuelle, ou le théâtre d'un événement ; il est le père du portrait, de la ressemblance formelle, de la dignité de la caractérisation, et de la subordination du costume à l'ensemble.

Il est un autre charme qui attendait de compléter le cortège de l'art : l'harmonie. Elle apparut avec Antonio Laeti[41], dit le Corrège, dont elle habite les œuvres tel un esprit enchanté. L'harmonie et la grâce du Corrège sont proverbiales : l'effet de matière qui unit, par la gamme des nuances, deux principes opposés, la combinaison de l'ombre et de la lumière par d'imperceptibles transitions, sont l'élément essentiel de son style. Voilà ce qui confère à ses figures une grâce qui lui reste subordonnée ; c'est conformément à ce principe impérieux que les attitudes les plus convenables, les plus élégantes étaient adoptées, rejetées, voire sacrifiées aux plus ingrates ; c'est pour le respecter que des parties disparaissaient, étaient absorbées, ou au contraire réémergeaient. Cet unisson d'un tout domine ce qui nous reste de lui, de la grandeur de ses coupoles à la plus modeste de ses huiles.

L'harmonie du Corrège, malgré la présence de teintes exquises, était entièrement indépendante de la couleur : son grand outil était le clair-obscur en son sens le plus large ; comparés à l'espace où il plane, les effets de Léonard de Vinci ne sont guère plus que les rayons mourants du couchant, et les éclairs condensés de Giorgione d'une brusquerie discordante. La douce lumière centrale d'un globe, glissant imperceptiblement, par demi-teintes translucides, vers des ombres aux riches reflets, est ce qui constitue la magie du Corrège, et qui nous affecte des douces émotions d'un rêve délicieux.

Tels étaient l'ingénuité qui a préfiguré, et le génie qui a élevé à ses sommets, la matière de l'art moderne. Avant d'en venir à l'époque suivante, permettons-nous d'abord une observation.

Ne formez pas votre jugement d'un artiste à partir des exceptions que peut offrir sa production, des manifestations d'une vigueur accidentelle, des digressions sur d'autres voies, ou de caprices improvisés de son imagination, mais des règles dominantes de son système, du principe général de ses œuvres. Le trait et le style du dessin du Titien prennent parfois l'expansion de celui de Michel-Ange. Dans son Abraham empêché de sacrifier Isaac, son David prosterné au-dessus du tronc gigantesque de Goliath, son moine fuyant dans la forêt le meurtrier de son compagnon, le sublime de la conception et le style du dessin le disputent à la puissance des couleurs et à l'audace de l'exécution. Les têtes et les groupes des fresques et des portraits de Raphaël brillent et palpitent quelquefois des coloris du Titien, ou s'assemblent en masses harmonieuses et ondulent avec des grâces supérieures à celles du Corrège, lequel de son côté atteignit un jour au plus haut sommet de l'invention, lorsqu'il incarna le silence et personnifia les mystères de l'amour dans le voluptueux groupe que forment Jupiter et Io ; et une autre fois, son expressivité surpassa tous ses rivaux dans les traits divins de son *Ecce Homo*. Mais ces rayonnements soudains, ces éclairs de puissance ne sont que des exceptions à leurs principes habituels ; le pathétique et la caractérisation trouvent en Raphaël leur maître, la couleur demeure l'apanage du Titien, et l'harmonie la maîtresse souveraine du Corrège.

La ressemblance qui marquait les deux premières périodes de l'art ancien et moderne s'efface complètement lorsque nous étendons notre regard à l'examen de la troisième, celle du raffinement, et de l'origine des écoles. La prééminence de l'art antique, nous l'avons vu, était moins le fait de capacités supérieures que d'une simplicité de buts et d'une uniformité de dessein. Les écoles helladique et ionienne semblent avoir orienté parallèlement leur instruction vers les grands principes de la forme et de l'expression : tel était le fil qu'elles tissèrent en une immense toile où tout était lié. Les talents qui succédèrent au génie employèrent et appliquèrent leurs efforts et leur brillance à orner le système établi, fait de raffinements de goût, de grâce, de sentiment, de coloris, de beauté décorative, de grandeur et d'expression. Les écoles toscane, romaine, vénitienne et lombarde, que ce soit par incapacité, manque d'éducation ou d'encouragement digne ou approprié, étroitesse de vue, ou pour toutes ces raisons, substituèrent très vite, chacune de leur côté, les moyens aux fins. Michel-Ange put voir de son vivant le choc électrique que son dessin et son style avaient communiqué à l'art, propagé par les écoles toscane et vénitienne, devenir le véhicule ostentatoire de piteuses subtilités et d'allégories contournées, ou la compensation d'une pompe vide et d'une luxuriance de couleur dégénérescente. Il fut copié, mais non imité par Andrea Vannucchi dit del Sarto, qui dans sa série de tableaux sur saint Jean-Baptiste préféra adopter le style dépouillé d'Albrecht Dürer. L'artiste qui se révèle avoir le plus profondément pénétré dans son esprit fut Pellegrino Tibaldi de Bologne[42], connu comme peintre des fresques de l'institut académique de sa ville natale, et comme architecte de l'Escurial sous Philippe II. Les compositions, groupes et figures isolées de l'institut trahissent un mélange singulier d'une vigueur extraordinaire et d'une faiblesse de conception puérile, de caractère et de caricature, de style et de maniérisme. Polyphème tâtonnant à l'entrée de sa caverne à la poursuite d'Ulysse, et Eole lui accordant des vents favorables, offrent respectivement des exemples frappants de ces deux tendances : jamais Michel-Ange lui-même ne conçut une forme d'une plus sauvage énergie que le Cyclope de Tibaldi, ni à l'attitude et aux membres mieux assortis, alors que le dieu des vents est réduit à une maigre et ridicule parodie de Thersite, et Ulysse et ses compagnons travestis sous les allures et les costumes à demi barbares de l'ère de Constantin et d'Attila ; le maniérisme de Michel-Ange fut le style de Pelegrino Tibaldi, à la suite duquel Golzius, Hemskerk, et Spranger adoptèrent ce condensé des bizarreries du Toscan.

Michel-Ange cependant ne semble pas avoir connu ce talent considérable, mais, par cette inexplicable faiblesse présente chez les plus grands maîtres, dont elle trahit sans pitié la vanité, il devint le mentor et le tuteur du Vénitien Sebastiano[43] et de Daniel Ricciarelli, de Volterra[44] ; le premier, en dépit d'un œil exquis pour le détail, n'avait aucun sens de la couleur idéale, tandis que le second gâchait jusqu'à l'inutilité un empressement indéniable et une vaste érudition anatomique par la pauvreté du trait et la stérilité des idées. Que Michel-Ange ait pleinement réussi à les initier tous deux à ses principes, les fameuses peintures qu'a faites le premier de la *Résurrection de Lazare*, autrefois dans la cathédrale de Narbonne et depuis étudiées par nous tous au Lyceum tout près d'ici[45], et la fresque de la *Descente de croix* que peignit le second, en l'église de la Trinité-du-Mont à Rome, suffisent amplement à le prouver : tableaux qui combinent les principes les plus hétérogènes. Le groupe de Lazare, dans le tableau de Sebastiano del Piombo, et celui des femmes entourant la figure du Christ chez Daniel Ricciarelli, sont animés non seulement de la sublime conception qui les inspira, mais de la main de maître qui leur donna forme : enfantés par Michel-Ange lui-même, modèles d'expression, de style et d'ampleur, ils confèrent à tout le reste un air d'infériorité et ne servent qu'à prouver l'incongruité d'une collaboration entre des talents inégaux ; cette infériorité est toutefois respectable, quand on la compare aux corruptions du style de Michel-Ange par le reste de l'école toscane, surtout celles de Giorgio Vasari[46], l'artiste le plus superficiel et le maniériste le plus complaisant de son temps, mais le plus fin observateur des hommes et le plus adroit flatteur des princes. Il noya les palais des Médicis et des papes, les couvents et les églises d'Italie sous un déluge de médiocrité que ne recommandaient que la rapidité et la virtuosité éhontée de son trait ; il fit à lui seul plus d'œuvres que tous les artistes de Toscane réunis, et c'est à lui que l'on peut légitimement appliquer ce qu'il eut l'insolence de dire du Tintoret : qu'il avait transformé l'art en jouet de garçonnet.

Tandis que Michel-Ange fut condamné à déplorer la perversion de son style, la mort épargna à Raphaël d'assister à la dégradation progressive du sien. La fécondité exubérante de Julio Pipi dit Jules Romain[47], et le goût moins éclectique mais classique de Polydore de Caravage s'écartaient des normes fixées par leur maître, mais avec une dignité et une ampleur de palette qui méritent le respect. C'est moins à partir de ses œuvres vaticanes, exécutées dans les règles, que de ses créations colossales, allégories pathétiques ou sublimes et rêveries voluptueuses qui font le charme du Palazzo del Te, à Mantoue, que nous devons former notre jugement des capacités de Jules ; elles eussent été de taille à défier toute concurrence s'il avait su joindre la pureté du goût et la délicatesse d'âme à l'énergie et à la hauteur de la pensée ; telles quelles, elles ressemblent à un fleuve puissant, qui parfois coule en un flot plein et limpide, mais le plus souvent troublé par les alluvions. Il a laissé des exemples de composition qui vont du plus sublime au plus extravagant ; à une simplicité de conception primitive dans ses sujets mythologiques, qui nous ramène à l'âge d'or d'Hésiode, il allie une passion furieuse pour le grotesque, à une puissance d'expression hors du commun un attachement déterminé au difforme et au grimaçant, et à l'imagerie la plus chaleureuse et la plus aimable les couleurs les plus ingrates.

D'une fécondité sans égale mais encore plus hétérogène, le Primatice[48] diffusa le style et les conceptions de son maître Jules sur le versant français des Alpes, et, avec la collaboration de Nicolo, appelé, à cause de lui, dell'Abbate, peupla les palais de François Ier d'œuvres mythologiques et allégoriques, en des fresques d'une énergie et d'une profondeur de ton inconnues jusqu'alors. C'est à eux que l'on doit le cycle de peintures inspirées de l'*Odyssée* d'Homère à Fontainebleau, mine d'éléments classiques et pittoresques : elles sont aujourd'hui perdues, et l'on peut mesurer l'ampleur de cette perte, même sous les oripeaux des gravures médiocres et maniérées de Theodore Van Tulden.

Le style dense de Polydore de Caravage[49], formé à celui des Anciens, tel qu'il se manifeste dans les meilleures séries de bas-reliefs militaires romains, est plus monumental qu'imitatif ou attaché à la caractérisation. Mais la vigueur virile de son goût, le mouvement passionné de ses groupes, la simplicité et l'ampleur de ses drapés, d'une élégance et d'une vraisemblance inégalées, le puissant clair-obscur de ses compositions, nous font regretter l'étroitesse de la voie où il choisit d'engager son talent.

Nul peintre jamais ne peignit selon sa vision avec autant de puissance que Michelangelo Amerighi, surnommé le Caravage[50]. Nul ne vit la nature lui fixer des limites d'une main plus déterminée. Ce sont les ténèbres qui lui donnaient la lumière ; dans sa cellule mélancolique n'entrait qu'un rayon pâle et furtif, comme à regret, ou bien la lumière éclatait comme des éclairs par une nuit d'orage. Il rendait acceptables les formes les plus vulgaires par un sens idéal de l'ombre et de la lumière, et une extraordinaire ampleur de traitement.

Les buts et le style de l'école romaine ne méritent guère qu'on lui consacre plus de place ici jusqu'à l'apparition de Nicolas Poussin[51]. Français, mais qui s'était greffé sur la branche romaine. Eduqué par Quentin Varin, médiocre peintre français, il découvrit à son arrivée en Italie qu'il avait plus à désapprendre qu'à suivre des préceptes de son maître, renonça à son caractère national, et non seulement embrassa le style antique avec la dernière ardeur, mais se laissa complètement absorber par lui. Son attachement aux Anciens était tel qu'on peut dire qu'il en imita moins l'esprit qu'il n'en copia les vestiges, peignant de la sculpture ; le costume, la mythologie, les rites de l'Antiquité étaient son élément ; ses décors, ses paysages sont un terrain purement classique. Il a laissé des exemples qui montrent qu'il fut quelquefois sublime, et souvent pathétique au plus haut degré, mais c'est la peinture d'histoire au sens strict qui fut son domaine, et c'est là qu'il faut le suivre. A dire vrai, ses personnages ne font qu'une apparition, il sont subordonnés à l'événement. Il tenta parfois de raconter une histoire qui ne peut l'être : son célèbre cycle des *Sacrements* offre un exemple frappant de sa dignité d'historien, la vision qu'il attribua à *Coriolan*, de son sens du sublime, *Pyrrhus enfant*, de sa puissance de pathétique, et le *Testament d'Eudamidas*, de ses vains efforts pour exprimer en figures ce que les mots seuls peuvent dire. Son œil, quoiqu'impressionné par les coloris, l'ampleur et le talent d'imitation du Titien, ne l'incita que rarement à charmer par la couleur ; ses effets sont souvent défigurés par des taches et une certaine crudité des couleurs. Il se montre inégal dans son style de dessin ; parfois la compréhension lui fait défaut ; il confère, à l'instar de Pietro Testa, des têtes et des torses idéaux à des membres et des extrémités copiés sur le modèle. Que ce soit par choix ou incapacité, il est rare qu'il ait exécuté ses œuvres sur une échelle plus large que celle qui porte son nom, et qui, autant peut-être que son mérite, a contribué à faire de lui l'enfant chéri de son pays.

La sauvagerie de Salvator Rosa[52] présente un contraste puissant avec la régularité classique de Poussin. Impressionnant et grandiose dans ses restitutions de la nature inanimée, il fut réduit à tenter de masquer sous la hardiesse de sa main son incapacité à en exprimer les passions ou la dignité de caractère ; son trait est vulgaire. Ses visions magiques, fondées moins sur des principes de terreur que sur le caprice et une mythologie de bas étage, sont aux combinaisons possibles de la nature ce que les paroxysmes de la fièvre sont aux élans d'une imagination saine. Ses bandits, tant vantés, si ambitieusement copiés qu'ils soient, sont un composé bâtard de modèles affamés, de pièces éparses d'armure de son bric-à-brac d'accessoires, sur lequel seule l'audace du pinceau parvient à attirer notre attention. Salvator était satiriste et critique, mais il eût mieux fait d'employer la verge qu'il eut l'insolence de brandir contre les nus de Michel-Ange et les anachronismes de Raphaël à sanctionner ses propres insuffisances.

Les principes du Titien, moins purs en eux-mêmes et moins déterminés dans leur objet d'imitation, souffrent moins que les deux maîtres précédents d'une adoption plus ou moins appropriée par ses successeurs. La couleur, une fois parvenue à un très haut degré, dédaigne toute obédience et absorbe l'ensemble. Les semblables s'attirent, le corps tend vers le corps comme l'esprit vers l'esprit, et celui qui a su conquérir la maîtrise totale de l'œil aura du mal à se résigner à solliciter l'approbation plus farouche du jugement de quelques réfractaires plutôt que celle du plus grand nombre. Ajoutez à cela le génie du lieu et la nature des encouragements prodigués aux artistes vénitiens. Venise était le centre marchand, le dépôt des richesses du globe, la somptueuse boutique de jouets de son temps : ses principaux habitants étaient des négociants princiers, ou une caste de patriciens élevés à la noblesse par l'accumulation de biens commerciaux ou les exploits navals ; la masse du peuple, des ouvriers ou des artisans veillant sur les moyens de ce luxe, dont le produit les faisait vivre à leur tour. D'un tel système, l'art pouvait-il être autre chose que le parasite ? La religion avait troqué sa solennité contre la séduction de l'œil et de l'oreille, et même la sainteté dégoûtait si elle n'était agrémentée par la main de la mode. Tel était, tel sera toujours le berceau, le théâtre de la couleur ; et il faut plutôt s'étonner des réticences durables qu'eurent les premiers coloristes, les plus grands, à transgresser la modestie de la nature dans l'emploi de cet instrument séduisant, que de leur abandon progressif à ses sollicitations somptueuses[53].

Les principes du Corrège s'éteignirent avec lui, quoique, pris isolément, ils aient suscité de nombreux imitateurs. Après lui, nul œil n'a pu concevoir cette ampleur avec laquelle la sensibilité voluptueuse de son esprit avait su disposer et enchanter toute la nature visible. Sa grâce, tant vantée, si mal comprise, fut adoptée et améliorée en élégance par Francesco Mazzuoli, dit le Parmesan[54], mais au lieu d'en faire la mesure de la convenance il la dégrada en affectation : chez les personnages du Parmesan, l'action n'est que l'épithète de la posture, un accident de la pose ; ils «se transforment en air, où ils s'évanouissent». Ce jeu détaché sur les formes délicates, la *sveltezza* des Italiens, est l'apanage du Parmesan, mais presque toujours il l'obtient aux dépens de la proportion. Sa majesté, aussi consciente que sa grâce, sacrifie le motif à la manière, la simplicité au contraste : son *Saint Jean* perd en orateur la ferveur de l'apôtre, son *Moïse* en sauvage la dignité du législateur. Par une vigueur incroyable de clair-obscur, il combina des effets ternes et des teintes fascinantes, mais leur dégradation fréquente nous enseigne une importante leçon : que les mélanges qui anticipent sur les beautés du temps portent en eux les germes d'un délabrement prématuré.

Tel était l'état de l'art lorsqu'au soir du XVIe siècle, Ludovico Carrache[55] et ses cousins Agostino[56] et Annibale fondèrent à Bologne cette École éclectique qui, en sélectionnant les beautés, corrigeant les fautes, palliant les insuffisances et évitant les extrêmes des différents styles, tenta de former un système parfait. Mais comme leur seul objet en était la part technique, ils ne se rendirent pas compte que l'union qu'ils projetaient était incompatible avec le principe moteur de chacun des maîtres. Ecoutons leur dessein tel qu'Agostino Carrache lui-même le coucha en un sonnet[57] sur les ingrédients requis pour faire un peintre parfait, si l'on peut qualifier de sonnet ce qui s'apparente plutôt à une prescription médicale. «Prenez, dit Agostino, le dessin de l'école romaine, les ombres et le mouvement des Vénitiens, la dignité de ton des coloris lombards, la manière terrible de Michel-Ange, la justesse symétrique de Raphaël, la fidélité à la nature du Titien, et la pureté souveraine du style du Corrège ; ajoutez-y le décorum et la fermeté de Tibaldi, l'invention érudite du Primatice, et un peu de la grâce du Parmesan ; mais pour vous épargner tant d'étude, de labeur fastidieux, appliquez-vous à imiter les œuvres que nous a léguées notre cher Nicolo.» De tels conseils qui oscillent entre le ton d'une éducation régulière et les clichés de l'empirisme, que pouvait-il résulter ? L'excellence ou la médiocrité ? Qui a jamais imaginé qu'une multitude de fils dissemblables pût constituer une texture uniforme, la dissémination de points former des masses, ou un peu de chaque chose produire un tout à part entière ? Imitation sans discrimination n'est que ruine du caractère, qui finit en médiocrité – le degré zéro de l'art.

Les Carrache furent-ils ainsi ? Il faut séparer les préceptes de la pratique, et l'artiste du professeur ; et les Carrache bénéficient de mon respectueux hommage. Ludovico, loin de souscrire implicitement aux édits d'un maître, restait fidèle à l'école de la nature. A un style de modestie formelle, à une simplicité éminemment appropriée aux sujets d'une religieuse gravité que privilégiait son goût, il sut ajouter la solennité de teinte, la sobriété crépusculaire, l'air de méditation monacale que vous avez si souvent entendu préconiser comme la tonalité qui convient à la couleur historique. Il se contenta trop souvent de cultiver les grâces les plus humbles de ses sujets, ne cherchant que rarement les faveurs de l'élégance, mais chaque fois avec un succès enviable. Aujourd'hui encore, malgré leur état quasi-évanescent, les trois nymphes de la scène de jardin de Saint-Michel-au-Bois semblent modelées à la main, animées par le souffle même de l'amour. Agostino, avec cette singulière modestie qui le poussa à propager, par le biais de son burin, la gloire d'autres artistes plutôt que, par des exercices réguliers, de compter sur son propre talent pour immortaliser son nom, alliait à une certaine culture un goût éclairé, de la justesse – quoique dénuée d'élégance de forme – et un coloris digne du Corrège. Annibal, supérieur à tous deux en puissance d'exécution et en virtuosité académique, leur était également inférieur tant en goût qu'en sensibilité et en jugement ; je trouve l'exemple le plus frappant de son infériorité dans son chef-d'œuvre, l'œuvre sur laquelle repose sa gloire, la galerie du Palais Farnèse : œuvre dont la vigueur uniforme d'exécution n'a d'égales que la faiblesse et l'incongruité de conception. S'il fallait fixer en une définition l'impropriété d'ornementation, on pourrait en citer les figures de la Galerie Farnèse comme les exemples les plus frappants. La critique a tenté de bannir Véronèse et le Tintoret du domaine de l'histoire légitime, sous le qualificatif méprisant de peintres d'ornement, non qu'ils aient peint des sujets inappropriés aux palais publics ou privés, aux églises et aux couvents qu'ils étaient chargés de décorer, mais parce qu'ils les traitaient parfois sans égard pour la vraisemblance du costume, ni la simplicité qui convient aux sujets sacrés, historiques ou allégoriques : si cela était, où devrions-nous ranger celui qui, ayant devant les yeux la chapelle Sixtine et le Vatican, remplit la demeure de l'austérité religieuse et de la dignité épiscopale d'un cortège chaotique de clichés mythologiques et de bacchanales déchaînées, dénués de portée allégorique, vides de références, pour satisfaire uniquement au plaisir puéril d'exhiber une exécution sans faille et une vigueur académique ? Si l'éloge conféré à une œuvre n'est pas toujours applicable à son auteur ; si, selon le mot de Milton, «d'aucuns célèbrent l'œuvre, et d'autres l'architecte», alors admirons la splendeur, l'exubérance, la concentration des talents déployés dans la Galerie Farnèse, tout en déplorant le mauvais usage qu'en fait Annibale Carrache.

Les principes hétérogènes de l'École éclectique entraînèrent bientôt leur propre dissolution : les grands talents qui avaient eu les frères Carrache pour mentors suivirent bientôt leur propre pente, et s'abandonnèrent à leur goût propre. Schidone mourut prématurément en 1615. Bartolomeo Schidone, Guido Reni[58], Giovanni Lanfranco, Francesco Albani, Domenico Zampieri, et Francesco Barbieri, dit le Guerchin, furent aussi dissemblables dans le choix de leurs objets d'imitation que dans leur patronyme. Schidone, dont tout l'esprit était dans l'œil, embrassa l'harmonie et la couleur du Corrège en les appliquant souvent à des sujets plus vils, alors que Lanfranco s'appliquait, mais en vain, à suivre ses traces dans l'espace de sa création et de ses masses picturales. C'est la grâce qui attirait le Guide, mais la grâce étudiée des théâtres : ses formes féminines sont des condensés de beauté antique, dotés d'attitudes languissantes, parés d'atours voluptueux. Ses formes masculines, copiées sur des modèles, tels qu'on en trouve sous des climats favorables, sont tantôt de nobles exemples de dignité virile ou de ferveur apostolique, tels ses *Pierre et Paul*, autrefois au palais Sampieri de Bologne ; tantôt majestueux, courtois, insipides, tel son *Pâris aux côtés d'Hélène*, qui a plus l'air d'être là en ambassadeur, par procuration, que de l'enlever avec la fougue d'un amant. Son *Aurore* eût mérité d'ouvrir la voie d'un soleil plus majestueux, et d'heures moins gauches ; sa couleur varie selon son style, tantôt aimable et harmonieuse, tantôt vigoureuse et sévère, tantôt plate et insipide. Albani, attiré essentiellement par de pâles joliesses mythologiques, façonnait ses Néréides et ses Oréades sur le modèle de plantureuses Vénitiennes, opposant leurs tons nacrés aux teintes rosissantes des amours, à la sève brune des faunes et à la richesse d'un décor marin ou sylvestre. Le Dominiquin, plus docile que les autres envers ses maîtres, visait à la beauté de l'antique, à l'expression de Raphaël, à la vigueur d'Annibale, à la couleur de Ludovico, et, mêlant un peu de chacun, échoua à en atteindre aucun ; alors que le Guerchin débordait comme un torrent toutes les règles académiques, et, en proie à la démangeaison incontrôlable d'imiter tout ce qui se trouvait sur son chemin, sacrifiait l'esprit, la forme et le costume aux effets de couleur, à la violence du clair-obscur, et à une main téméraire.

Tel était l'état de l'art lorsque l'obsession de la machinerie, asservie aux vanités et à l'orgueil de parvenu du népotisme papal, détruisit ce qui restait de signification ; lorsque l'équilibrage, le contraste, le groupement absorbèrent la composition, et déversèrent un joyeux déluge de lieux communs sur les plafonds, les panneaux et les coupoles des palais et des temples. Ceux qui ne pouvaient concevoir une figure isolée éparpillèrent des multitudes ; compter, c'était être pauvre. L'arc-en-ciel et les saisons se faisaient piller leurs teintes, et chaque œil devint tributaire des talents considérables mais dévoyés de Pierre de Cortone, et de la facilité fascinante mais vide et corrompue de Luca Giordano[59].

La même révolution de l'esprit qui avait présidé à l'organisation des arts italiens s'étendit, sans communication visible, à l'Allemagne, et, vers le crépuscule du XVe siècle, aux tentatives grossières de Martin Schön, de Michael Wolgemuth et d'Albrecht Altdorfer succédèrent le poli plus délicat et la méthode plus adroite d'Albrecht Dürer. Nulle part peut-être l'emploi sans discrimination des termes génie et talent n'a provoqué plus de confusion que dans la hiérarchisation des artistes. Albrecht Dürer fut à mes yeux un homme d'une grande ingéniosité, mais non un génie. Il étudia et, dans les limites de sa pénétration, fixa certaines proportions de la forme humaine, mais il n'inventa pas un style : chacune de ses œuvres est la preuve qu'il lui manquait la faculté d'imitation, de déduire de ce qu'il voyait ce qu'il ne voyait pas, et qu'il copiait au lieu de les sélectionner les formes qui l'entouraient, juxtaposant sans remords la difformité et la maigreur à la plénitude et parfois à la beauté[60]. Tel était son dessin : en matière de composition, d'une abondance sans goût, nerveusement précis dans les détails, mais insouciant de l'ensemble, il nous a plutôt montré ce qu'il faut fuir que ce qu'il faut suivre. Il connut parfois un éclair de sublime, mais ce ne fut qu'un éclair : la souffrance intense du *Christ au Mont des Oliviers*, ou la conception mystique de sa figure de la *Mélancolie*, sont des pensées qui s'élèvent au sublime, même si l'expression de la seconde est affaiblie par le fatras épars dont il l'a entourée. Son *Chevalier, la Mort et le diable* est plus capricieux que terrible ; et ses *Adam et Eve* sont deux modèles communs enfermés dans un cachot rocheux. S'il a jamais confiné au génie dans un aspect de l'art, ce fut par la couleur. Elle alla bien au-delà de son époque, et surpassa autant en vérité, en ampleur et en traitement la couleur des huiles de Raphaël que Raphaël le surpassa à tous autres égards. Je parle ici de ses tableaux de chevalet – son drapé est ample quoique par trop anguleux, et plutôt jeté que drapé. Dürer est surnommé le père de l'école allemande, quoiqu'il n'ait jamais formé d'élèves ni été imité par les artistes allemands de son siècle ni du suivant. Le fait que l'exportation de ses œuvres en Italie ait suscité un changement temporaire dans les principes de certains Toscans qui avaient étudié Michel-Ange, d'Andrea del Sarto, et de Jacopo da Pontormo, prouve simplement que les esprits peuvent à certaines époques être sujets à l'influence d'épidémies, au même titre que les corps.

Lucas de Leyde[61] fut l'imitateur hollandais de Dürer ; mais les formes d'Aldegraver, de Sebald Beheim, et de George Pentz semblent avoir été le résultat d'une étude attentive des gravures de Marc Antonio d'après Raphaël, dont Pentz fut probablement l'élève ; et avant longtemps le style de Michel-Ange, tel que l'avaient adopté Pellegrino Tibaldi et diffusé le burin de Giorgio Mantuano, suscita des caravanes d'étudiants allemands, hollandais et flamands, qui, de retour d'Italie, introduisirent dans les cours de Prague et de Munich, en Flandre et en Hollande, ce maniérisme absurde, excroissance boursouflée de cerveaux malades, qui dans la forme humaine ne laissait rien d'humain, défigurait l'action et le geste par une affectation démentielle, et habillait des babioles d'enfant de formes colossales ; le style de Golzius et de Spranger, de Heynz et d'Ab Ach : mais si l'enveloppe du dessin toscan suffisait à les rassasier, c'est de Venise qu'ils absorbèrent la couleur, diffusant les éléments de cette excellence qui distingua plus tard les écoles de Flandre et de Hollande.

Cette frénésie de pélerinage en Italie cessa avec l'apparition de deux météores de l'art, Pierre Paul Rubens[62] et Rembrandt van Rijn, qui tous deux, dédaignant d'observer les lois qui habituellement régissent l'accès au temple de la renommée, en forgèrent leurs propres clés, y entrèrent, et prirent chacun possession d'une place de choix, par la seule force de leur talent. Rubens, né à Cologne, en Allemagne, mais élevé à Anvers, qui était alors la plaque tournante du commerce occidental, une école d'enseignement religieux et classique, et le siège des pompes de la superstition autrichienne et espagnole, sut exploiter ces avantages avec une ardeur et une réussite dont les esprits ordinaires ne peuvent se faire une idée, si l'on compare la période où il est censé s'être appliqué sérieusement à la peinture sous la tutelle d'Otho Van Veen, à la puissance qu'il avait acquise sur les instruments de son art à son départ pour l'Italie, puisqu'on y découvre immédiatement non l'élève, mais l'heureux rival des maîtres dont il avait choisi les œuvres comme objets d'émulation. Doté d'une pleine compréhension de son propre caractère, il ne perdit pas un instant à acquérir une excellence incompatible avec la ferveur de celui-ci, mais courut au centre de son ambition, Venise, et y développa bientôt, à partir de la splendeur de Véronèse et de l'éclat du Tintoret, ce système orné, tout de magnificence maniérée, qui est l'élément de son art et le principe de son école. Il développa d'abord cette palette idéale, qui réduisait à ses critères la diversité de la nature, et, une fois fixée en une méthode que mettait au point son esprit, écourta ou supplanta l'imitation d'après modèle. Ses élèves, si dissemblables fussent-ils les uns des autres, voyaient avec l'œil de leur maître ; l'œil de Rubens était devenu le substitut de la nature : cependant, seul l'esprit qui avait équilibré ces teintes et pesé leurs pouvoirs pouvait les appliquer à leur objet et en déterminer l'emploi dans l'exhibition pompeuse des magnificences historiques et allégoriques ; c'est pour *cela* qu'elles avaient été choisies, pour *cela* qu'enflait le somptueux bouquet. Mais lorsque, avec l'évolution d'une pratique dévoyée, elles se réduisirent à n'être que les palliatifs d'une impuissance intellectuelle, les représentant vides d'elles-mêmes, purs supports de formes malhabiles et de complications plus malhabiles encore, on ne peut les considérer que comme de splendides impropriétés, comme les substituts de besoins qu'aucune couleur ne saurait pallier, aucune teinte satisfaire.

Dans cette condamnation, je ne saurais être soupçonné d'inclure ni l'illustre nom de Van Dyck[63], ni celui d'Abraham Diepenbeck. Van Dyck, plus élégant, plus raffiné, alliait, à des grâces que le génie de Rubens dédaignait de flatter, ce goût exquis qui, tout en suivant les principes généraux de son maître, en nuançait et en adaptait l'application à ses propres recherches. Sa sphère était le portrait, et l'imitation du Titien lui assura la deuxième place en ce domaine. La vision de Diepenbeck, quoique moins exubérante, si je ne m'abuse, surpassa en sublime l'imagination de Rubens : ses œuvres, le *Bellérophon*, les *Dioscures*, *Hippolyte*, *Ixion*, *Sisyphe*, ne craignent pas de concurrence parmi les productions de son maître.

Rembrandt[64] fut à mon sens un génie de premier ordre sur tout ce qui ne relève pas de la forme. En dépit de la difformité la plus frappante, et sans parler du charme que jette son clair-obscur, tels étaient ses talents naturels, la grandeur, le pathétique ou la simplicité de la composition, de la disposition la plus élevée ou la plus vaste à la plus pauvre et modeste, que l'œil le plus exercé, la sensibilité la plus pure, et le goût le plus raffiné s'attardent sur eux, tous également envoûtés. Shakespeare excepté, nul n'a su combiner avec une excellence aussi transcendante tant de fautes impardonnables chez d'autres hommes, et nous réconcilier avec elles. Il détenait le pouvoir absolu sur l'ombre et la lumière, et toutes les teintes qui flottent entre ces deux limites : il trempait son pinceau avec un égal bonheur dans la fraîcheur de l'aube, les rayons de midi, l'éclair livide, le crépuscule évanescent, et il pouvait rendre les ténèbres visibles. Quoiqu'il fût fait pour jeter un regard sur les phénomènes les plus hardis de la nature, il n'en savait pas moins la suivre jusque dans ses demeures les plus calmes, donner de l'intérêt à l'insipide et au stérile, et cueillir une fleur dans chaque désert. Nul jamais comme Rembrandt n'a su métamorphoser un accident en beauté, ou donner de l'importance à un détail. S'il eut jamais un maître, il n'eut pas en tout cas de disciples ; la Hollande n'était pas faite pour contenir son talent. L'école de coloristes qui lui succéda se contenta de donner à la chaumière, au hameau, au rustre, au pot de bière, à l'abattoir, et à la brume d'hiver une touche de perle, ou bien l'éclat des soleils couchants d'été.

Tournons notre regard vers la Suisse pour y découvrir de grands talents sans grand nom, exception faite de Hans Holbein[65] et de Francis Mola. Mais la précision scrupuleuse, la qualité du fini, et la couleur, digne du Titien, de Hans Holbein, ne représentent que les moindres de ses qualités pour qui a vu ses dessins de la Passion, et cette série de groupes emblémаtiques connue sous le nom de *Danse de la Mort* de Holbein. De Belinzona à Bâle, l'invention apparaît comme la caractéristique de l'art helvétique : les œuvres de Tobias Stimmer, Christopher Murer, Jost Amman, Gotthard Ringgli, sont des mines d'invention, et témoignent d'un style de dessin à égale distance de la sécheresse émaciée d'Albrecht Dürer et de la corpulence boursouflée de Golzius.

Les germes de médiocrité que les Carrache avaient tenté de semer en Italie trouvèrent un terrain plus favorable et produisirent une abondante moisson en France : concocter un mélange d'un peu de chaque réussite au catalogue de l'art, tel était le principe de leur théorie et le but de leur exécution. C'est en France qu'on mit pour la première fois en cause le droit de Michel-Ange au titre de peintre. A leurs yeux, son trait farouche, comme ils le qualifient, la pureté de l'antique, et la caractérisation des formes de Raphaël ne sont que la voie menant à la vigueur académique et au style balancé d'Annibale Carrache, et c'est à partir de là qu'ils en appellent au modèle ; en composition, ils s'attachent plus à l'artifice de la répartition, du contraste et de l'opulence, qu'au sujet ou à la convenance ; leur expression est dictée par le théâtre. A l'uniformité de ce processus, il serait injuste de ne pas reconnaître que l'école française offre des exceptions respectables : sans mentionner à nouveau le nom de Poussin, les œuvres d'Eustache Le Sueur[66], de Charles Le Brun, de Sébastien Bourdon, et quelquefois de Pierre Mignard renferment des beautés originales et de riches textures. La série des tableaux de Le Sueur aux Chartreux manifeste tous les traits de la piété contemplative, d'une pureté de style et d'une sereine ampleur de manière qui vont droit au cœur. La dignité de son *Martyre de saint Laurent*, et son *Incendie des livres magiques à Ephèse*, sont traversés du souffle de Raphaël. La puissante capacité d'embrasser un tout, que seul égale le feu qui envahit de toutes parts les *Batailles d'Alexandre* de Charles Le Brun, lui vaudraient le plus haut rang dans la peinture d'histoire, si seulement ses personnages étaient moins maniérés, et qu'il n'avait confondu les Argyraspides et la phalange macédonienne avec les légionnaires massifs de la colonne Trajane, et s'il avait distingué les Grecs des Barbares par la forme et les traits nationaux plutôt que par l'accoutrement et la cuirasse. Les *Sept œuvres de charité* de Sébastien Bourdon regorgent d'images étonnantes, pathétiques et toujours inattendues ; et dans le *Fléau de David*, de Pierre Mignard, notre compassion est éveillée par une énergie de terreur et des combinaisons de malheurs hors de portée de Poussin et de Raphaël lui-même.

C'est l'obstination de l'orgueil national[67], plus peut-être que la négligence du gouvernement ou le poids désapprobateur de la superstition, qui a enfermé les travaux de l'école espagnole, de ses origines sévillanes obscures à sa période la plus brillante, dans les limites étroites de l'imitation d'après modèle. Mais le degré de perfection atteint par Diego Velasquez, Joseph Ribera et Murillo, poursuivant le même objet par des moyens aussi dissemblables qu'efficaces, nous pénètre d'un profond respect pour la diversité de leurs talents.

Il n'apparaît pas que le grand style ait jamais reçu l'hommage du génie espagnol ; ni Alfonso Berruguette, ni Pellegrino Tibaldi n'ont eu de postérité ; mais l'on serait surpris que des yeux et un goût nourri de la substance de Spagnuoletto et de Murillo aient pu sans réticence se soumettre à la gaieté volatile de Luca Giordano et à la futilité ostentatoire de Sebastian Conca, si l'on ne voyait les mêmes principes poursuivis avec succès dans les plafonds d'Antonio Raphaël Mengs, le peintre de la philosophie, comme le qualifie son biographe D'Azara. Les cartons des fresques peintes pour le palais royal de Madrid, qui représentent l'*Apothéose de Trajan* et le *Temple de la Renommée*, relèvent moins du style de Raphaël dans ses *Noces de l'Amour et de Psyché*, à la Farnésine, que de l'agitation capiteuse mais vide de Pierre de Cortone.

A partir de ce panorama de l'art continental, jetons à présent un regard sur notre pays, de l'ère d'Henri VIII à la période actuelle. Aujourd'hui comme alors, la Grande-Bretagne n'a cessé de déverser des caravanes entières de nobles pèlerins fortunés en Italie, en Grèce et en Ionie, pour y pratiquer leurs dévotions aux sanctuaires de la *virtù* et du goût : non contents d'en adorer les idoles obscures, ils en ont mis à sac les temples, et nul n'est revenu sans une part du butin : de plâtre ou de marbre, sur toile ou en pierreries, les arts de Grèce et d'Italie ont été acheminés en Angleterre, et l'on peut dire de Londres ce que Pétrone disait de Rome : qu'il est plus facile d'y rencontrer un dieu qu'un homme. Sans vouloir étudier de près les causes permanentes ou accidentelles de l'inefficacité de ces efforts quant au goût et au soutien publics pour l'art, on peut observer que pendant que François Ier était accaparé non à accumuler des monceaux de trésors peints et ciselés pour la seule gratification de sa propre vanité, et la contemplation égoïste, avare et stérile, mais pour disséminer en France les germes du goût, en appelant, en employant, en enrichissant Andrea del Sarto, Rustici, Rosso, le Primatice, Cellini, Nicolo ; en Angleterre, Holbein et Torregiano sous Henri VIII, Federigo Zucchero sous Elisabeth étaient condamnés aux œuvres gothiques et au portrait. Certes, Charles Ier fit appel à Rubens et à ses élèves pour communiquer leur étincelle à la peinture anglaise, mais les effets en furent contrariés par sa destinée tragique. Son fils, détenteur des cartons de Raphaël, et ayant sous les yeux la magnificence de Whitehall, laissa Verio contaminer les murs de ses palais, ou dévoya Lely jusqu'à lui faire peindre les Cymon et les Iphigénie de sa cour, tandis que sous ses successeurs le maniérisme de Kneller balaya ce qui pouvait rester de goût ; tel était l'état, aussi méprisable que pitoyable, de l'art anglais avant que le génie de Reynolds ne commence par sauver son propre domaine de la corruption maniérée des étrangers pour bientôt étendre ses vues aux plus hautes sphères de l'art, et finalement se joindre à ce corps d'artistes choisis à qui notre royal Fondateur prêta une oreille toujours ouverte, un esprit toujours attentif, lorsqu'ils lui soumirent la première idée de cette institution. Ses bienfaits lui donnèrent bientôt un emplacement et un nom, un patronage auguste, une caution, et un encouragement personnel : le mérite, accru d'année en année, de trente expositions tenues en ces lieux, ainsi que celles, parallèles, provoquées par la spéculation commerciale, en disent assez les résultats étonnants : une masse de talents autodidactes ou éduqués éclata au regard du public, et proclama sans équivoque au monde ce qu'on pouvait attendre du concours des encouragements publics - dans quelle mesure ce dernier point a été ou peut être garanti ou retiré, n'est pas ici de mon ressort : les projets récemment adoptés, et qui organisent désormais en ces murs la digne propagation et le soutien de l'art, sous l'impulsion des grands ou par une énergie propre, décideront bientôt de ce que peut produire l'unisson du génie et du talent britanniques, et si l'école des peintres de cette nation qui revendique les honneurs les plus hauts de la poésie moderne, et qui a produit, outre Reynolds, Hogarth, Gainsborough et Wilson, acceptera de se contenter d'une place subalterne parmi les écoles que nous avons énumérées.

Troisième Conférence

De l'invention - I

Pourquoi refuses-tu à l'aède fidèle de nous chanter au gré de son esprit. Non, les aèdes ne sont pas causes du malheur mais Zeus qui, au gré de sa volonté donne aux hommes mangeurs de pain à chacun son lot.

Homère, *Odyssée*, I, 346-349.

Introduction. Distinction de la poésie et de la peinture. Conception générale de l'invention, son droit à sélectionner un sujet dans la nature elle-même. *Visiones*, Théon, Agasias. Le *Carton* pisan. L'incendie du Borgo. Conception spécifique de l'invention : les sujets épiques, Michel-Ange. Les sujets dramatiques, Raphaël. Les sujets historiques, Poussin, etc. L'invention a le droit d'adopter des idées, exemples. L'ambiguïté du sujet et de la circonstance est inadmissible. La *Transfiguration* de Raphaël.

La brillante antithèse attribuée à Simonide, selon laquelle «la peinture est une poésie muette, et la poésie une peinture parlante», ne faisait, je présume, pas partie des systèmes techniques de l'antiquité : nous pouvons étayer cette thèse par la pratique courante de ses artistes, et avec plus de certitude encore par la distinction philosophique de Plutarque[68], qui nous dit que si poésie et peinture se ressemblent en ce qu'elles s'adressent pareillement aux sens, pour l'impression qu'elles veulent communiquer à notre imagination et par elle à notre esprit, elles diffèrent de façon non moins essentielle dans leurs matériaux et leurs modes d'application, qui sont déterminés par la disparité des organes qu'ils visent, respectivement l'oreille et l'œil. Le déroulement en succession de l'action, communiqué par les sons, et le temps, sont le moyen d'expression de la poésie ; la forme déployée dans l'espace, et l'énergie instantanée, sont l'élément de la peinture.

S'il est juste de supposer que la représentation distincte de la continuité d'une action est déniée à un art qui ne peut exprimer la succession régulière de ses moments, même dans une série de sujets, que par un effort mental supposé de la part de l'esprit du spectateur, il devient dès lors évident qu'au lieu de tenter de nous impressionner par l'usurpation sans discrimination d'un principe hors de sa portée, il devrait compter avant tout pour produire ses effets sur ses grandes caractéristiques, l'espace et la forme, séparément ou associés. C'est dans les formes seules que l'idée de l'existence peut être rendue permanente. Les sons s'évanouissent, les mots périssent ou deviennent obsolètes et obscurs, les couleurs même se fanent, seules les formes ne peuvent être ni annihilées ni mal interprétées ; c'est seulement en les rapportant à leur modèle que la description en devient intelligible et distincte. Ainsi l'idée effective de beauté physique ne peut-elle exister strictement que dans les arts plastiques ; car puisque la notion de beauté naît du plaisir que nous éprouvons à la coopération harmonieuse et simultanée des diverses parties d'un objet agréable en vue d'une fin, elle suppose leur coexistence immédiate dans la masse qu'elles constituent ; elle ne peut donc être directement perçue et communiquée à l'esprit que par l'œil, ainsi la représentation de la forme dans la figure est-elle l'élément physique de l'art.

Mais comme les corps existent dans le temps aussi bien que dans l'espace ; que le plaisir que procure la simple symétrie d'un objet est aussi fugace qu'il est instantané ; que l'harmonie des parties, si le corps est l'agent d'une puissance interne, dépend pour être attestée de leur application, il s'ensuit que la présentation exclusive de la forme inerte et en friche serait prendre un moyen pour une fin, et que la caractérisation ou l'action est nécessaire pour en faire un objet intéressant d'imitation. Et c'est là l'élément moral de l'art.

Ce sont donc ces moments importants qui présentent *d'un seul coup* l'action combinée de la forme et du caractère en un objet unique ou associé à des êtres coexistants, et qui nous offrent, de manière aussi prompte que prenante, un aperçu du passé tout en guidant notre œil vers ce qui suit, qui fournissent les matériaux véritables des capacités techniques qui sélectionnent, orientent et fixent les objets d'imitation à leur centre.

La plus éminente de ces facultés, reconnue explicitement comme telle par toutes les époques, et implicitement par le témoignage muet de chaque cœur, est l'invention. Celui dont l'œil, traversant la surface rugueuse du rocher, pénètre la composition de ses constituants, et découvre une mine d'or, est assurément supérieur à celui qui après lui adapte le métal pour l'usage. Colomb, concluant par déductions physiques et astronomiques à l'existence d'une terre ferme dans l'autre hémisphère, fut certainement supérieur à Amerigo Vespucci, qui prit possession de ce continent ; et lorsque Newton, enrichissant l'accident par la réflexion, découvrit et établit les lois de l'attraction, les qualités projectives et centrifuges du système, il communiqua ainsi la clef à tous ceux qui après lui l'appliquèrent aux diverses branches de la philosophie, et fut de fait le véritable auteur de tous les bienfaits résultant de leur application à la société. Homère, lorsqu'il veut donner le principal trait distinctif de l'homme, l'appelle inventeur (*alphestes*).

Il ressort clairement de ce que nous venons de dire que le terme d'invention ne devrait jamais être mal interprété au point de le confondre avec celui de création, incompatible avec nos notions de finitude, idée de pure stupéfaction, et acceptable uniquement lorsqu'il est question d'omnipotence ; inventer, c'est découvrir : découvrir quelque chose présuppose son existence quelque part, latente ou patente, dispersée ou dans une masse ; je n'aurais même pas osé m'étendre ainsi sur un mot à la signification aussi évidente, s'il n'avait été, s'il n'était encore chaque jour, et dans la bouche même d'autorités à la mode, confondu avec le terme de création.

La forme, dans son acception la plus large, c'est-à-dire l'univers visible qui enveloppe nos sens, et sa contrepartie l'invisible, qui agite notre esprit de visions dont l'imagination féconde les sens, voilà l'élément et le royaume de l'invention ; elle découvre, sélectionne, combine le possible, le probable, le connu, d'une manière qui frappe par son air simultané de véracité et de nouveauté. Le possible désigne strictement un effet dérivé d'une cause, un corps composé d'éléments, une coalition de formes, dont l'union ou l'action conjointe n'impliquent en elles-mêmes aucune absurdité ni contradiction ; appliqué à notre art, il revêt une dimension plus large : il désigne la représentation d'effets dérivés de causes, ou les formes constituées d'éléments, hétérogènes et incompatibles entre eux, mais rendus si plausibles pour nos sens que la transition d'une partie à l'autre semble justifiée par une allure d'organisation, et que l'œil glisse imperceptiblement, voire avec satisfaction, de l'une à l'autre jusqu'à parcourir l'ensemble : nous pouvons supposer avec quelque plausibilité que telles étaient les conditions auxquelles, et les limites entre lesquelles seules les Anciens permettaient à l'invention de représenter ce qui était au sens strict impossible, si l'on considère le tableau de Zeuxis, décrit par Lucien dans le mémoire qu'il a intitulé du nom du peintre, lequel fut sans doute l'un des premiers à s'aventurer dans cette variété de représentation. Zeuxis avait peint une famille de centaures ; la mère en était, jusqu'à la taille, une belle femme, tandis que ses parties inférieures adoptaient progressivement, avec fluidité, les formes les plus exquises d'une jeune jument de Thessalie, à demi allongée en une attitude de repos espiègle, et frappant doucement de ses sabots le sol de velours ; elle offrait un sein humain à un petit centaure, tandis qu'un autre tétait avec avidité la mamelle animale inférieure, tous deux levant les yeux vers un lionceau tenu au-dessus d'eux par le centaure mâle, leur père, dont la silhouette s'élevait au-dessus du tertre sur lequel reposait la femelle, les traits sévères, mais d'une férocité quelque peu tempérée par un sourire.

Le décor, le coloris, le clair-obscur, le fini de l'ensemble en étaient sans nul doute égaux au style et à la conception. L'artiste exposa ce tableau, attendant de la clairvoyance du public cette justice que méritait le génie qui lui avait appris à donner de la plausibilité à un composé de formes hétérogènes, à leur insuffler une âme appropriée, et à imiter les lois de l'existence ; il se trompait. La nouveauté de la trouvaille éclipsa l'art qui lui avait donné corps, l'artiste fut englouti par le sujet, et les éloges sans frein qui lui furent prodigués étaient ceux d'une curiosité vaine et insatiable, enfin satisfaite. Repus des dieux et des déesses, des demi-dieux et des simples combinaisons humaines, les Athéniens ne vibraient plus que pour ce qui était nouveau. L'artiste, non moins hautain qu'irritable, ordonna qu'on retirât son tableau : «Recouvre-le, Micchion, dit-il à son assistant, recouvre-le et rapporte-le à la maison, car cette populace ne s'attache qu'à l'argile de notre art.» Telles étaient les limites assignées à l'invention par les Anciens ; bien à l'abri entre leurs bornes, elle défiait le ridicule qui recouvre cette agglutination grotesque que dévoile Horace ; sous leur protection, leur mythologie a disséminé ses métamorphoses, fait découler d'elles chaque élément, et nous en a transmis le privilège, dans des conditions égales : leur Scylla et la gardienne des enfers, leurs démons et nos spectres, l'ombre de Patrocle et le fantôme d'Hamlet, leurs naïades, nymphes et oréades, et nos sylphes, gnomes et autres fées, leurs furies et nos sorcières, diffèrent moins en essence que par des transformations locales, passagères, sociales ; leur origine commune fut l'imagination, travaillant les matériaux de la nature, assistée par la tradition légendaire et la curiosité inhérente qui nous pousse à plonger dans l'invisible[69] ; et on leur permet, voire on les encourage à se mêler ou à présider aux événements réels, à proportion de l'analogie que nous leur découvrons avec nous-mêmes. Si Pindare loue Homère, c'est moins pour ce «pouvoir ailé» qui enchaîne les incidents aux incidents avec une telle rapidité qu'absorbés par l'ensemble et détournés de l'impossibilité des éléments isolés, nous gobons un conte trop grossier pour être cru même en rêve, que pour le pouvoir bien plus noble qui lui a permis de rattacher sa création imaginaire aux réalités de la nature et des passions humaines[70] ; sans lui, la fiction du poète et du peintre nous laissera plutôt abasourdis par son impudence qu'impressionnés par sa puissance, et ne sera considérée que comme un genre amélioré de prestidigitation, une ingéniosité employée en pure perte, sans but adéquat.

Avant d'en venir au processus et aux méthodes de l'invention, il n'est pas superflu d'aborder une question qui est souvent posée, et à laquelle d'aucuns ont répondu par la négative : est-il ou non du domaine de l'artiste de trouver ou de combiner un sujet par lui-même, sans avoir recours à la tradition ou au vivier de l'histoire et de la poésie ? Pourquoi pas, tant que le sujet, bien qu'ayant échappé jusque-là à l'observation, demeure dans les limites de l'art et des combinaisons de la nature ? Les sentiers avoisinants de l'esprit, ouverts à tous ses observateurs, du poète au romancier, ne seront-ils fermés qu'à l'artiste ? Sera-t-il réduit à recevoir d'eux en aumône ce qu'il a le droit de partager comme une propriété commune ? En d'autres termes, en vertu de telles assertions, le Laocoon ne devrait qu'à son nom l'impression qu'il nous fait, et si la tradition n'avait pas transmis une histoire, que Pline ne l'avait pas incorporée à son œuvre, qu'un artiste conçût un père et ses fils surpris et étouffés par deux serpents au tréfonds d'une caverne ou d'un vallon désolé, eût été inadmissibles et transgressées les lois de l'invention. Ou je me trompe fort, ou bien, loin de perdre, avec la caution de la tradition, son pouvoir sur nous, il ne ferait alors qu'éveiller plus impérieusement notre compassion et en rendre le sujet plus proche encore de notre cœur, s'il ne fallait le considérer que comme la représentation d'un incident advenu communément à l'humanité. Les Anciens étaient si convaincus de leur droit à cette prérogative controversée qu'ils lui assignaient sa classe propre, et Quintilien, que nul ne saurait accuser ou soupçonner de confondre les limites des arts, mentionne Théon de Samos dans sa liste de peintres primordiaux, comme devant sa célébrité à son sens intuitif des mouvements soudains de la nature, que les Grecs nommaient *phantasias*, les Romains *visiones*, et nous pourrions englober sous le terme de «conceptions non préméditées» la reproduction d'idées similaires ; il explique ce qu'il entendait par là dans le passage qui suit, appliqué à sa propre profession, la rhétorique[71] :

«Nous donnons, dit-il, le nom de visions à ce que les Grecs appellent des fantaisies : le pouvoir par lequel l'esprit se représente les images des choses absentes avec la même énergie que les objets qui évoluent sous nos yeux ; celui qui sait les concevoir justement sera un maître des passions ; car il possède cette imagination bien tempérée qui peut se figurer les choses, les voix, les actions comme elles existent réellement, pouvoir qui dépend peut-être pour une large mesure de notre volonté. Car si ces images nous poursuivent lorsque nos esprits sont au repos, ou nourris et bercés d'espoirs, ou perdus en une sorte de rêve éveillé, au point qu'il nous semble voyager, naviguer, combattre, haranguer la foule, ou disposer de richesses que nous ne possédons pas, le tout avec une apparence de réalité, pourquoi ne ferions-nous pas usage de ce vice de l'esprit ? Supposons que je doive plaider la cause d'un homme assassiné, pourquoi ne pas laisser chaque circonstance plausible de cet acte flotter devant mes yeux ? Ne verrai-je pas le meurtrier fondre sur lui à son insu ? En vain il tente de s'échapper – voyez comme il devient pâle – n'entendez-vous pas ses hurlements, ses supplications ? Ne le voyez-vous pas qui s'enfuit, qu'on frappe, qui tombe ? Son sang, son visage couleur de cendre, ses gémissements, le râle de son dernier souffle, ne s'emparent-ils pas de mon esprit ?»

Permettez-moi d'appliquer un instant cet instrument de l'orateur à la démarche du poète : c'est en ravivant ainsi avec éclat ces associations d'idées, ébullitions spontanées de la nature, choisies par l'observation, précieusement conservées par la mémoire, classées par la sensibilité et le jugement, que Shakespeare est devenu le maître suprême des passions, le tyran de nos cœurs ; c'est ainsi qu'il a incarné Falstaff et Shylock, Hamlet et Lear, Juliette et Rosalinde. C'est ce pouvoir qui lui fit voir Warwick dévoiler le cadavre de Gloster, et jurer de son assassinat et de sa lutte pour la vie ; c'est par lui qu'il fit apparaître à Banquo les trois sorcières surgissant de terre dans un gargouillis, puis se dissipant comme la nuée qu'elles étaient ; c'est là la main qui agita la cloche lorsque le breuvage de Macbeth fut prêt, et qui chassa de sa chambre sa femme perdue dans son rêve pour comploter une fois de plus le meurtre de son hôte.

Tel était le pouvoir de Théon[72] ; telle était cette conception spontanée qui lui inspira l'idée de ce guerrier qui selon l'expression d'Elien, semblait incarner les grâces terribles et la fureur enthousiaste du dieu de la guerre. Il se ruait impétueusement pour repousser la soudaine incursion ennemie, jetant son bouclier en avant, brandissant haut son glaive ; son pas dans son élan semblait dévorer le sol : son œil jetait des éclairs de défi ; on imaginait entendre sa voix, son allure promettait la ruine et le massacre sans merci. Cette figure, isolée et sans autres signes accompagnateurs de guerre que ce que laissait deviner le chaos distant, Théon l'estimait suffisante pour communiquer l'impression qu'il désirait donner à ceux qu'il avait choisis pour ce spectacle. Il la laissa voilée jusqu'à ce qu'une trompette prévue à cet effet, et précédée d'un prélude de symphonies martiales, soufflât tout d'un coup à son commandement, avec une fureur renforcée, le signal de l'attaque – le rideau tomba, la terrible figure sembla jaillir de la toile, attaquant sans résistance possible les regards stupéfaits de l'assistance.

Pour démontrer que le récit d'Elien n'a rien d'une légende ni d'une hyperbole, je n'ai pas besoin d'insister sur l'effet magique que produit nécessairement sur les sens l'union de deux arts jumeaux : de ce que notre art à lui seul, sans assistance, peut accomplir, ces murs renferment la preuve la plus indiscutable ; vos yeux, vos sentiments et votre imagination l'attendent depuis longtemps, car qui n'a pas à présent à l'esprit cette merveille de figure, appelée improprement le gladiateur d'Agasias, dont l'énergie extraordinaire personnifie chacun des éléments constitutifs du mouvement, tandis que sa dignité de caractère et son pathétique lui attirent des sympathies que sollicite en vain la férocité sans fard du guerrier de Théon ? Mais cette même illumination qui avait fait voir le soldat à Théon montra le chef à Agasias : Théon vit la passion, Agasias[73] sa règle.

Mais l'exemple le plus convaincant du rang éminent qui revient à cette faculté d'intuition parmi les principaux organes de l'invention, c'est cette illustre réussite, qui, comme en témoignent unanimes les auteurs contemporains autant que les traces évidentes d'imitation disséminées parmi les œuvres des artistes de son temps, contribua davantage à elle seule à la restauration de l'art et à la révolution du style que tous les efforts réunis des deux siècles précédents : je veux parler de cet extraordinaire dessin communément appelé le *Carton pisan*, œuvre de Michel-Ange Buonarroti, entrepris en rivalité avec Léonard de Vinci, et achevé par intermittences à Florence. Cette œuvre, dont la célébrité faisait encourir à ceux qui ne l'avaient pas vue le mépris dédaigneux de ceux qui avaient eu plus de chance ; qui était le centre d'attraction commun à tous les amateurs de Toscane et de Romagne, de Raphaël Sanzio à Bastian da San Gallo, surnommé Aristotile parce qu'il ne tarissait pas d'éloges sur ses beautés ; cette œuvre inestimable est elle-même perdue, et il n'apparaît que trop vraisemblable que sa destruction soit imputable à la mesquine perfidie de Baccio Bandinelli, dont on dit qu'étant en possession de la clef de l'appartement qui l'abritait, au cours des troubles révolutionnaires qui agitaient la République florentine, il en fit l'usage qu'il en jugea approprié avant de la déchirer et de la mettre en pièces. Nous pouvons néanmoins nous faire une idée de ses principaux groupes d'après des gravures et des dessins anciens ; et de sa composition d'après une copie réduite qui existe encore à Holkham, et dont les contours ont été récemment gravés à l'eau-forte. Si grossiers, faibles ou travestis que soient ces spécimens, ils se révéleront de meilleurs guides que les rhapsodies mal informées de Vasari, le maigre compte rendu d'Ascanio Condivi, et meilleurs que le verdict purement anatomique de Benvenuto Cellini, qui nie que les talents qui s'exercèrent plus tard à la chapelle Sixtine arrivent à «la moitié de l'excellence de cette œuvre[74].»

L'œuvre représente un épisode imaginaire relatif à la guerre menée par les Florentins contre Pise ; elle nous montre un groupe de guerrier nombreux se baignant dans l'Arno, qui sursautent au signal soudain d'une trompette et se précipitent pour prendre les armes. On peut affirmer sans exagération que cette composition incarne avec une variété inégalée ce mouvement qu'Agasias et Théon avaient personnifié en des figures individuelles ; lorsqu'il a imaginé ce moment de passage d'un état de repos à un état d'énergie, les idées de mouvement, pour reprendre l'audacieuse métaphore de Dante, semblent s'être abattues comme un déluge dans l'esprit de l'artiste. Partant du chef, qui se tient presque au centre, précédant et accompagnant de la voix la trompette, tous les âges de la vivacité humaine, toutes les attitudes, tous les traits de l'inquiétude alarmée, la hâte, la précipitation, l'effort, l'impatience, éclatent en autant de rayons, telles les étincelles que fait voler le marteau. Beaucoup d'entre eux ont atteint la rive rocheuse, certains y grimpent hardiment, d'autres bondissent jusqu'à elle ; ici, deux bras émergeant de l'eau se collettent à la roche, là deux mains appellent à l'aide, et leurs compagnons se penchent ou accourent pour leur porter assistance ; souvent imitée, à jamais inimitable, l'expression ardente du vétéran sévère dont chaque tendon peine pour imposer les vêtements à ses membres dégoulinants, alors qu'en grinçant des dents il pousse du pied à travers l'habit qui se déchire. Il contraste avec l'élégance svelte d'un jeune homme à demi tourné, qui, tout en fixant fiévreusement la cuirasse à sa cuisse, rend sa hâte méthodique ; un autre balance haut par-dessus l'épaule son haubert, tandis qu'un second, aux allures de chef, sans souci de tenue, prêt au combat et brandissant son trait, en renverse un troisième, accroupi pour saisir une arme ; un autre encore, nu, boucle la cotte de mailles de son compagnon, lequel de son côté, tourné vers l'ennemi, semble piétiner le sol d'impatience. L'expérience et la rage, la vigueur de l'âge, l'agilité de la jeunesse, exacerbées ou contractées, rivalisent en manifestations d'énergie. Il est pourtant, dans ce tableau tumultueux, un motif qui anime l'ensemble, l'ardeur à l'engagement dans la soumission au commandement ; c'est là ce qui préserve la dignité de l'action, et qui d'une cohue désordonnée transforme les personnages en hommes dont le combat légitime rallie nos suffrages.

Ce sens intuitif des pures émanations de la nature, Raphaël Sanzio le possédait à un degré des plus enviables, depuis le conflit extrême des passions jusqu'au cortège enchanteur des émotions plus douces, et aux nuances presque imperceptibles de l'esprit et du caractère. C'est à cela qu'il a voué l'extraordinaire décor de cette fresque magnifique que vous connaissez tous sous le nom de l'*Incendie du Borgo*, dans lequel il a sacrifié la part historique et mystique de son sujet à l'effusion des diverses passions qu'éveillent les terreurs soudaines d'une conflagration nocturne. Ce n'est pas vers la faible apparence de miracle qui se profile, en la personne du pontife et de sa suite, à l'arrière-plan, que Raphaël attire notre regard ; ce sont le bouleversement, l'urgence du moment, l'espoir, la peur, le danger, les affres et les efforts des sentiments à la lutte avec les éléments enragés du vent et du feu, qu'il déploie au premier plan, qui fournissent les motifs pathétiques qui agissent sur notre cœur. Cette mère qui, encore dans un demi-sommeil, ou mieux dans une transe de somnambule, pousse instinctivement ses enfants devant elle ; cette femme prostrée, que cache à moitié le flot de sa chevelure, et qui, les bras levés, implore le ciel ; cette autre qui, par-dessus les flammes qui dévorent son logis, sans souci de son propre péril tant elle est abîmée dans l'angoisse maternelle, se penche hardiment pour lancer son enfant dans les bras tendus de son père ; ce fils de la nature comme tant d'autres, qui, sans se soucier du malheur d'autrui, et préoccupé de son seul salut, accomplit un bond depuis le mur en feu ; le jeune homme robuste qui, suivi de sa vieille mère, porte sur ses épaules son père paralysé loin des ruines qui s'écroulent ; la grâce agile de ces femmes sans défense qui s'efforcent vainement de porter secours : tels sont les objets véritables des intentions de l'artiste, à côté desquels le pontife et le miracle, avec chandelier, cloche et clergé, passent inaperçus dans la distance.

Je ne m'attarderai pas pour l'heure à retrouver, à partir de cette source, les combinaisons inédites d'émotions grâce auxquelles Raphaël est parvenu à nous intéresser à sa production répétée de *Madones* et de *Saintes Familles*, choisies dans les effusions les plus chaleureuses de l'attendrissement domestique, ou, pour reprendre l'expression de Milton, parmi «toutes les charités du père, du fils et de la mère». Je ne retracerai pas non plus sa descendance plus impure, qui aboutit à ces représentations de coutumes locales et de modifications nationales de la société, dont nous admirons par exemple chez Hogarth les distinctions de caractère et la joyeuse exubérance, mais que, telles les passions fugitives du jour, chaque instant contribue un peu à effacer, que le temps rend bien vite incompréhensibles, ou qui dégénèrent en caricature, en chronique scandaleuse, ce livre d'histoire du vulgaire.

L'invention en son sens plus spécifique reçoit ses sujets de la poésie ou d'une tradition établie ; ils sont *épiques*, ou sublimes, *dramatiques*, ou passionnés, *historiques*, ou délimités par la vérité. Les premiers étonnent ; les seconds émeuvent ; les troisièmes instruisent.

Le but du peintre épique est de communiquer une idée générale, une grande qualité de la nature ou modalité de la société, quelque grande maxime, sans descendre dans ces subdivisions que prescrit le détail de caractère ; il peint les éléments avec leur simplicité propre, leur hauteur, leur profondeur, le vaste, le grand, l'ombre, la lumière ; la vie, la mort ; le passé, le futur ; l'homme, la pitié, l'amour, la joie, la peur, la terreur, la paix, la guerre, la religion, le gouvernement ; et leurs agents visibles ne sont que des instruments pour imposer une seule idée irrésistible à l'esprit et à l'imagination, de même que la machinerie d'Archimède ne servait qu'à opérer la destruction, et que les engrenages d'une montre ne servent qu'à donner l'heure.

Tel est le sens premier et général de ce qu'on appelle la substance *sublime*, épique, allégorique, lyrique. Homère, pour communiquer une idée irrésistible de la guerre, de ses origines, de son déroulement, et de sa fin, a mis en œuvre d'innombrables dispositifs de diverses tailles, mais il n'en est aucun qui ne tende à imposer cette idée et elle seule ; dieux et demi-dieux ne sont que des acteurs, et la nature qu'un décor de la guerre ; aucun caractère n'est particularisé sans que cette particularisation ne dévoile un nouvel aspect de la guerre ; aucune passion ne surgit qui ne soit soulevée par le souffle de la guerre, et aussi vite absorbée dans son embrasement universel : de même que dans un incendie, nous ne voyons illuminés des tours, des flèches et des temples que pour propager les horreurs de la destruction, de même au fil des pages de tempête d'Homère, nous ne voyons ses héroïnes et ses héros qu'à la lumière qui les foudroie.

Tel est le principe de la divine série de fresques dont, sous le pontificat de Jules II et de Paul III, Michel-Ange orna les caissons élevés de la chapelle Sixtine, sans toutefois, modestie ou orgueil que nous n'aurons de cesse de déplorer, occuper la totalité de ses vastes flancs. Son sujet est la théocratie ou empire de la religion, considérée comme génitrice et souveraine de l'homme ; l'origine, le progrès et l'octroi final de la providence, tels que nous en instruisent les Saintes Écritures. Parmi toute cette représentation d'une simplicité primordiale, dont le seul objet est la relation de la race à son Fondateur, rechercher une caractérisation minutieuse des personnages serait inverser le principe de l'invention de l'artiste : ici il n'y a que Dieu, accompagné de l'homme. Le voile de l'éternité est déchiré ; le temps, l'espace et la matière pullulent dans la création des éléments et de la terre ; la vie jaillit de Dieu et l'adoration de l'homme, lors de la création d'Adam et de sa compagne ; la transgression de l'interdit sous l'arbre de la connaissance se révèle l'origine du mal, et du bannissement d'un commerce immédiat avec Dieu ; l'économie de la justice et de la grâce débute dans les bouleversements du Déluge, et l'alliance conclue avec Noé ; et les germes du caractère social se retrouvent dans la scène qui s'ensuit entre lui et ses fils ; l'impressionnant synode de prophètes et de sibylles réunit les hérauts du Rédempteur, et le cortège des patriarches la généalogie du fils de l'homme ; le serpent d'airain et la chute d'Aman, le géant vaincu par le gringalet – David et Goliath – et le conquérant détruit par la faiblesse féminine en la personne de Judith, sont des types de son mystérieux parcours, jusqu'à ce que Jonas le proclame immortel ; et la magnificence du *Jugement Dernier*, en dévoilant le Sauveur dans le juge de l'homme, résume le tout, et réunit le Fondateur et son peuple.

Tel est l'esprit de la chapelle Sixtine, telles sont les grandes lignes de son invention générale en ce qui concerne le cycle de ses sujets – dans la mesure où par leur choix ils conduisent l'un à l'autre sans gouffres intermédiaires dans la transition ; où chaque fois celui qui précède prépare et oriente la conduite du suivant, et ce dernier le suivant ; et où la variété intrinsèque de chacun conspire à la simplicité d'une fin glorieuse et unique. L'invention spécifique des tableaux pris séparément, en ce que chacun constitue un tout autonome, mérite ensuite notre attention ; chacun a son centre, d'où il répartit et où il ramène tous les points secondaires, disposés, dissimulés ou exhibés selon qu'ils sont plus ou moins des éléments organiques du plan qui les inspire ; chacun est rigoureusement circonscrit par son caractère générique ; aucune beauté inférieure, de pure convention, passagère, locale, ou hétérogène, si séduisante soit-elle, n'est admise ; chacun enfin gravite autour de ce moment éphémère, moment de suspension, lourd du passé, et gros de l'avenir ; nulle part l'action n'expire, car l'action et l'intérêt prennent fin ensemble. Ainsi, dans la *Création d'Adam*, le Créateur, porté par un groupe d'esprits à son service, personnification des pouvoirs de l'omnipotence, s'avance vers sa dernière, sa meilleure œuvre, seigneur de sa création : l'étincelle immortelle, jaillissant de son bras tendu, électrise l'être nouvellement formé, qui, animé d'une vie tremblante, à demi dressé, à demi étendu, se hâte de rencontrer son créateur. Dans la formation d'Eve, l'étonnement de la vie fraîchement organisée est absorbé par le sentiment plus sublime de l'adoration ; parfaite, quoiqu'elle ne soit pas entièrement dégagée du flanc de son compagnon perdu dans ses rêves, elle s'avance, les mains jointes, avec une humble dignité, vers la forme majestueuse dont la main à demi levée l'attire – quels mots sauraient exprimer la vélocité aussi aimable qu'irrésistible de cet être mystérieux, qui forme le soleil et la lune, et, déjà passé, laisse la terre, entièrement formée, derrière lui ? La juxtaposition est ici le symbole de l'immensité[75].

Délaissant ces exemples d'une invention qui s'exerce dans les compositions les plus abondantes de ce cycle sublime, permettez-moi d'attirer votre attention pendant quelques instants sur les talents qu'elle déploie dans les figures individuelles des prophètes, ces instruments du sentiment incarné : leur expression et leur attitude, tout en manifestant unanimement les marques reconnaissables de la contemplation inspirée, et en imprimant à chacun son caractère avec une variété, une énergie et une délicatesse égales, donne à voir dans l'occupation du moment présent les traces du passé et les indices du futur. Isaïe, image de l'inspiration, sublime et élevé, dans une attitude qui exprime l'extase sacrée où l'a plongé la méditation sur le Messie, sursaute à la voix d'un génie subalterne, qui semble prononcer les mots : «Un enfant nous est né, un fils nous est donné». Daniel, image plus humble de l'empressement ardent, recopie un volume que lui présente un garçonnet, du geste naturel de ceux qui, absorbés par le cours de leur sujet, sont insoucieux de leur confort ; sa posture révèle qu'il vient d'étudier le volume dont il se détourne à présent, et qu'il va tout de suite y revenir. Zacharie personnifie la considération ; il vient de lire, et médite sur ce qu'il lit. C'est le désir de savoir qui passe dans la dignité des gestes de Joël, qui s'empresse d'ouvrir un parchemin sacré et d'en comparer les écritures. Ezéchiel, le visage fervent de l'imagination, prophète de la résurrection, représenté alors que sur le champ parsemé des ossements des morts, il pointe son doigt vers le bas et demande : «Ces os peuvent-ils donc vivre ?», et que l'ange qui l'accompagne, porté par le vent qui agite ses boucles et les vêtements du prophète, le bras et le doigt levés, proclame : ils se relèveront ; enfin, Jérémie, vaincu par l'affliction et épuisé par les lamentations, sombre dans une douleur silencieuse sur les ruines de Jérusalem. Quant aux sibylles, ces oracles féminins, elles ne sont pas moins expressives, moins dessinées comme individus – elles sont l'écho, le pendant des prophètes ; ce sont la vigilance, la méditation, l'instruction, la divination personnifiées. S'il faut dire à l'artiste qui, absorbé par la puissance uniforme et la grandeur de l'exécution, ne verrait dans leurs figures que l'ampleur et la nature, qu'il n'a découvert que la moindre de leurs excellences, alors le critique qui les taxe d'affectation ne peut qu'être congédié avec mépris.

Sur l'immense plaine du *Jugement Dernier*, Michel-Ange a marqué le terme de la destinée de l'homme, considéré simplement comme sujet de la religion, loyal ou rebelle, et d'une manière générique a distribué bonheur et misère ; ce sont les traits généraux des passions qui sont donnés, et rien de plus. Mais si Raphaël avait médité ce sujet, il eût sans aucun doute fait appel à nos sentiments de compassion pour le choix de son imagerie ; il eût combiné toutes les émotions possibles avec la diversité maximale de caractères probables ou réels : un père qui retrouve son fils, une mère arrachée à sa fille, des amants se jetant dans les bras l'un de l'autre, des amis à jamais séparés, des enfants accusant leurs parents, des ennemis réconciliés ; des tyrans traînés devant le tribunal par leurs sujets, des conquérants se cachant de leurs victimes massacrées ; l'innocence reconnue, l'hypocrisie démasquée, l'athéisme confondu, le mensonge découvert, la résignation triomphante ; les traits les plus éclatants des liens conjugaux, fraternels, consanguins. En un mot, les éléments dominants de cette infinie variété que Dante a minutieusement disséminée tout au long de son poème – toutes les relations domestiques, politiques, religieuses ; tout ce qui n'est pas particulier dans la vertu et dans le vice ; et le sublime du plus grand de tous les événements, n'eussent servi qu'à communiquer les sympathies et les passions[76].

Si les avis sont partagés sur les avantages et les inconvénients respectifs de ces deux manières, s'il devait apparaître à certains – quoiqu'en considérant le plan qui guidait Michel-Ange je sois loin de souscrire à leurs impressions que le décor du *Jugement dernier* eût peut-être davantage gagné à l'introduction dramatique d'une variété de scènes pathétiques qu'il n'eût perdu à la ruine de sa simplicité générique, il ne peut, me semble-t-il, n'y avoir qu'un seul avis en ce qui concerne la méthode adoptée respectivement par lui et par Raphaël dans l'invention de l'épisode qui caractérise la création d'Eve ; les deux artistes s'en remirent pour cela à leur seul esprit, mais avec un succès inégal ; l'élévation de l'âme de Michel-Ange, inspirée par l'opération même de la création, lui fournit aussitôt le trait qui imprime à la nature humaine sa plus glorieuse prérogative ; tandis que la subtilité, plutôt que la sensibilité, caractéristique de l'esprit de Raphaël, ne lui offrit en l'occurrence qu'un glacial succédané ; symptôme qui arrive à tous les hommes, lorsqu'une fois apaisée la stupéfaction qui accompagne un événement sublime et soudain, l'esprit rassemble ses facultés et l'évalue en échafaudant à son sujet des hypothèses pleines de curiosité. Chez Michel-Ange, toute considération de soi est absorbée par le sublime du sentiment que produit l'auguste Présence qui attire Eve ; «Sa présence à elle, terrestre, subjuguée par la Sienne céleste», suivant l'expression de Milton, s'épanche en adoration : tandis que dans l'inimitable tournure de la figure d'Adam, nous décelons la trace de ce moment de demi-conscience où le sommeil commença à faire place à la vivacité du rêve inspiré. Chez Raphaël, la création est achevée. Eve est présentée à Adam, désormais éveillé, mais ni les charmes nouveau-nés, la grâce docile et la pureté virginale de cette image de beauté, ni la présence imposante de Celui qui la présente, ne l'arrachent à son extase mentale pour le plonger dans des effusions d'amour ou de gratitude ; confortablement allongé, désignant lui-même des doigts sa nouvelle compagne, il semble exposer la méthode de l'événement stupéfiant qui s'est produit durant son sommeil, et murmurer les mots «chair de ma chair».

C'est ainsi, mais de façon bien mieux appropriée, que Raphaël a personnifié le dialogue, animé les lèvres du soliloque, ridé ou déridé les traits et disposé les membres et le geste de la méditation, dans ses tableaux du *Parnasse* et de l'*École d'Athènes*, éléments de l'immense drame allégorique qui remplit les chambres et exhibe le plus radieux ornement du Vatican ; immortel monument élevé à l'ambition démesurée, à la protection illimitée, et au goût raffiné de Jules II et de Léon X, ce cycle représente l'origine, le développement, l'expansion, et le triomphe final de l'empire de l'église, ou du gouvernement ecclésiastique ; dans le premier sujet, celui du *Parnasse*, la poésie, ramenée à son origine et à sa tâche première, héraut et interprète d'une cause première, dans le langage universel d'une représentation adressée aux sens, unit l'homme, dispersé et sauvage, dans les liens sociaux et religieux. Ce qui n'était que la supposition de l'œil et le vœu des cœurs, devient progressivement le résultat de la raison, dans les personnages de l'*Ecole d'Athènes*, grâce aux recherches de la philosophie, qui, des corps à l'esprit, de l'harmonie corporelle à la justesse morale, et depuis les devoirs de la société, s'élève à la doctrine de Dieu et aux espérances d'immortalité. C'est ici que commence la révélation au sens plus strict, et que la conjecture devient réalité glorieuse ; dans la composition de la *Dispute sur le sacrement*, le Sauveur, après son ascension assis sur son trône, fils reconnu de Dieu et de l'homme, entouré de ses types, prophètes, patriarches, apôtres et légions du ciel, institue les mystères et initie à son sacrement les chefs et les prêtres vénérables de l'église militante, qui, en la présence imposante de leur maître et du synode céleste, discutent, expliquent, interprètent sa doctrine. Que le mystère sacré doive dissiper tous les doutes et réduire toute hérésie, nous l'apprenons par le miracle de l'hostie tachée de sang ; que sans armes, par le seul bras du ciel, il délivrera ses fidèles, et vaincra ses ennemis, peuvent en témoigner la délivrance de Pierre, le renversement d'Héliodore, la fuite d'Attila, la capture des Sarrasins ; et que la nature elle-même doive se soumettre à son pouvoir et les éléments obéir à ses décrets, c'est ce que proclame le miracle de l'incendie évité du Borgo ; jusqu'à ce que se hâtant vers son ultime triomphe, son union avec l'Etat, il soit prophétisé par la vision de Constantin, confirmé par la déroute de Maxence, établi par le baptême accepté par le pupille impérial, qui consent à accepter sa couronne aux pieds du pontife coiffé de la mitre.

Telles sont, rapidement exposées, les grandes lignes du cycle peint ou dessiné par Raphaël sur les compartiments des chambres consacrées à son nom. On y trouve la masse de ses talents en matière de conception poétique et d'exécution ; on y trouve toutes les périodes de son style, son émancipation des chaînes réductrices du Pérugin, ses distinctions de forme caractéristique, jusqu'à la grandeur héroïque de son trait. On y trouve ce chef-d'œuvre de ton de la fresque, le véritable instrument de la peinture d'histoire, qui par son ampleur et sa pureté d'argent réunit l'éclat du Titien et les coloris du Corrège. Partout nous y rencontrons la supériorité du génie, mais plus ou moins impressionnante, avec plus ou moins de bonheur selon que chaque sujet était plus ou moins susceptible d'un traitement dramatique. De l'enthousiasme aimable du *Parnasse* et des traits sereins ou fervents de méditation dans l'*École d'Athènes*, jusqu'aux traits plus sévères de la controverse sur le dogme dans la dispute du sacrement, et aux symptômes de conviction religieuse ou de zèle ardent à la messe de Bolsena. Ce n'est pas le miracle, nous l'avons observé, mais les angoisses et les terreurs de l'humanité qui nous inspirent et nous saisissent dans l'*Incendie du Borgo* : si dans l'*Héliodore* le sublime de la vision compense la sympathie par l'étonnement, nous suivons les agents de la grâce dans leur course à la vengeance moins pour arracher le temple à l'emprise du sacrilège qu'inspirés par les grâces palpitantes, l'innocence vulnérable, la beauté sans défense des femmes et des enfants dispersés ; ainsi oublions-nous la vision du *labarum*, les anges et Constantin dans la bataille, pour plonger dans la vague avec Maxence, ou partager les affres d'un père qui reconnaît son propre fils en l'ennemi qu'il vient d'abattre.

Avec quelle justesse Raphaël a introduit le portrait, même au sens le plus digne et le plus élevé, dans certaines compositions du grand œuvre que nous admirons à présent, je n'en parlerai pas ici : la dimension allégorique de l'œuvre peut en rendre compte ; il a toutefois, de son propre aveu, imprimé immédiatement à cette branche de la peinture son trait essentiel, le caractère, et lui a assigné sa place et son rang ; ennoblie par le caractère, elle s'élève à la dignité dramatique ; dès qu'elle en est dépourvue, elle sombre dans une dextérité purement mécanique, ou flotte comme une bulle au goût du jour. Le portrait est à la peinture historique en art ce que la physiognomonie est à la pathognomonie en science ; la première révèle le caractère et les facultés de l'être dont elle trace les contours, dans sa formation et au repos ; la seconde la révèle en action. Bembo, Bramante, Dante, Gonzague, Savonarole, Raphaël lui-même peuvent être considérés à la lumière inférieure de la pure ornementation de caractère ; mais Jules II authentifiant le miracle à la messe de Bolsena, ou porté au temple plutôt pour autoriser que pour contempler le châtiment infligé à son vandale ; Léon et sa suite tenant tête calmement à Attila, ou décidant en son tribunal du sort des Sarrasins captifs, nous indiquent par leur présence qu'ils sont les héros du drame, que l'action a été élaborée pour eux, leur est subordonnée, et a été composée pour illustrer leur caractère. Car de même que dans l'épopée l'action et l'acteur sont subordonnés à la maxime, et en histoire pure les simples instruments organiques de l'événement, de même le drame subordonne à la fois l'événement et la maxime à l'acteur, à son caractère et à sa passion ; ce qui en eux était une fin n'est plus ici qu'un moyen.

Tels étaient les principes à partir desquels il a traité la belle légende de l'Amour et de Psyché : l'allégorie d'Apulée est devenue un drame sous la main de Raphaël, même s'il faut reconnaître qu'avec tous les charmes de ses nuances de décor et de son imagerie lyrique, les personnages, dont le choix exquis n'a d'égal que la précision de la caractérisation, en donnent à voir moins les obstacles et l'objet véritable de l'affection, et son triomphe final sur le simple appétit et l'instinct sexuel, que l'histoire voluptueuse de sa propre passion de prédilection. La faible lueur de la maxime morale s'évanouit devant la splendeur qui déploie pour notre imagination le cercle enchanté du badinage sensuel et de l'attachement amoureux.

Mais le pouvoir de l'invention de Raphaël s'exerce principalement sur des sujets où le drame, dégagé de l'épopée ou de la fiction allégorique, rencontre l'histoire au sens strict, et élève, nourrit, enrichit le moment décisif d'un événement réel de caractère et de pathétique. Le sommet en est atteint avec cette magnifique série de dessins colorés communément baptisés les *Cartons*, qui vous sont si familiers, et dont nous sommes pour une part les heureux dépositaires ; autrefois lorsqu'ils étaient réunis au complet, et aujourd'hui encore sous forme de copies de la tapisserie exposée tous les ans dans la colonnade du Vatican, ils représentent en treize compositions l'origine, l'établissement, l'économie et le développement de la religion chrétienne. Sous quelque lumière que nous en considérions l'invention, comme des parties d'un tout reliées les unes aux autres, ou chacun indépendamment du reste, comme un objet isolé, il est difficile de nommer une beauté ou un mystère dont les *Cartons* ne fournissent un exemple ou un indice ; ils sont suspendus entre la netteté de l'instant et son importance latente ; nous aurons l'occasion de les mentionner tous ou du moins la plupart d'entre eux, mais celui de *Paul sur l'Aréopage* va nous fournir pour l'heure des conclusions pour ce qui suit.

Il représente l'apôtre proclamant son Dieu du haut de l'Aréopage. La ferveur et la curiosité en constituent le sujet ; la simplicité de l'attitude confère à l'orateur une dimension sublime ; le parallélisme de ses gestes renforce son énergie ; sa situation lui permet de dominer l'ensemble ; l'éclairage sous lequel il est placé attire sur lui le premier regard ; il apparaît comme l'instrument d'une puissance supérieure. L'assistance, quoique choisie à dessein avec un art consommé du caractère, découle naturellement de l'endroit et du moment. La méditation concentrée du stoïcien, le ricanement ironique du cynique, le sourire incrédule de l'élégant épicurien, la discussion enflammée des discoureurs de l'Académie, l'attention élevée de l'école platonicienne, la malveillance bilieuse du rabbin, le regard énigmatique du mage, font écho en tons majeurs ou mineurs à la doctrine nouvelle ; mais tandis que la curiosité et la méditation, la discussion houleuse et les préjugés opiniâtres, l'exposent, l'évaluent, la répètent, la rejettent, la discutent, les gestes de conviction enflammés de Denys et de Damaris proclament la puissance de ses principes, et suggèrent la croyance établie en l'immortalité.

Mais on n'évaluera jamais mieux les capacités de Raphaël à combiner le drame et les événements purement historiques qu'en les comparant à celles que d'autres maîtres ont exercées sur le même sujet. Choisissons à cette fin, parmi la série que nous examinons, celle où il représente ce qu'on appelle le *Massacre des Innocents*, ou des nouveau-nés de Bethléem, dont un précieux fragment de l'original est encore en la possession d'un ami de l'art parmi nous. Sur ce thème, Baccio Bandinelli, le Tintoret, Rubens, Le Brun et Poussin ont exercé leurs talents respectifs.

Le *Massacre des Enfants* par Baccio Bandinelli, conçu exclusivement pour exhiber son habileté et ses connaissances anatomiques, est un tableau compliqué de toutes les contorsions des membres et de l'attitude humaine précédant la dislocation ; l'expression y flotte entre une imagerie étudiée d'horreur froide et la franche et répugnante abomination.

Le pinceau tempêtueux du Tintoret a emporté la douleur individuelle dans les masses collectives. Deux immenses ailes d'ombre et de lumière partagent la composition, et dissimulent sous le tumulte le manque de sentiment.

Pour Rubens, ce sont la magnificence et le contraste qui ont déterminé les acteurs et la scène. Ce que nous voyons au premier coup d'œil, c'est une dame qui se lamente à grands cris, en habits de velours, ses boucles blondes échevelées, les bras grands ouverts. Derrière, un groupe de comparses vêtus d'acier écarte ses faisceaux d'épieux pour admettre dans ses rangs les émissaires du meurtre, agiles et nus, chargés de leurs jeunes proies, et se tient prêt à les refermer face aux mères qui les poursuivent, folles de douleur ; la pompe lugubre du palais au deuxième plan se détache sur un paysage distant de fermes et de villages.

Le Brun a entouré la tombe allégorique de Rachel de cavaliers rapides, qui reçoivent les enfants arrachés par les assassins aux bras de leurs parents, et couvert le champ de nourrissons massacrés.

Poussin a rassemblé en un groupe vigoureux toute sa conception de l'infamie sanguinaire et d'une folle douleur maternelle. Alors que Raphaël, lui, en une progression dramatique, a révélé toute la mère dans chaque image de pitié et de terreur, à travers larmes, cris, résistance, vengeance, jusqu'au regard stupéfait de désespoir ; et reconstitué le parcours du mal depuis les palpitations d'un crime à peine entamé jusqu'à la sérénité grimaçante du meurtrier blasé.

La peinture d'histoire, au sens strict, suit le drame ; la fiction désormais cesse, et l'invention consiste seulement à choisir et à fixer avec dignité, précision et sensibilité des instants de réalité. Supposons que l'artiste choisisse la *Mort de Germanicus* : il ne doit pas nous offrir les images du chagrin général qui empreint les traits d'un peuple ou d'une famille à la mort d'un chef ou d'un père bien-aimé ; car ce serait là une imagerie épique, nous aurions Achille, Hector, Niobé. Il ne doit pas mêler des personnages que l'observation et la comparaison lui ont désignés comme les plus appropriés à exciter les nuances de la compassion ; ni Admète et Alceste, ni Méléagre et Atalante ; car ce serait là du drame. Il doit nous communiquer l'idée d'un

Romain mourant parmi des Romains, telle que la tradition la lui a transmise, avec toutes les particularités réelles de temps et de lieu qui peuvent servir à distinguer sans équivoque ce moment de douleur de tous les autres. Germanicus, Agrippine, Caïus, Vitellius, les légats, les centurions d'Antioche ; le héros, le mari, le père, l'ami, le chef, les sursauts de la nature et les lueurs d'espoir doivent être soumis au caractère physiognomonique et aux traits de Germanicus, fils de Drusus, le César de Tibère. La passion d'une mère, d'une femme, d'une épouse, doit avoir la touche d'Agrippine, la femme absorbée par la Romaine, moins amante que compagne de la grandeur de son mari ; même les éclats d'amitié, d'attachement, de fidélité, de révolte doivent porter l'empreinte des coutumes militaires, cérémonielles, caractéristiques de Rome.

L'observation à bon escient de tout cela ne réduit pas le peintre d'histoire à l'exactitude minutieuse et inquiète du copiste. Il demeure fermement appuyé sur le véritable fondement de l'art, l'imitation ; le caractère fixé des choses détermine tout ce qui relève de son choix, et les simples accidents flottants, les manières passagères et les caprices de la mode sont toujours à exclure. Si des défauts, si des difformités sont représentés, ils doivent être permanents, ils doivent être inhérents au personnage. Edouard Ier et Richard III doivent être marqués, mais marqués de façon à renforcer plutôt qu'à diminuer l'intérêt que nous éprouvons pour l'homme ; ainsi la difformité de Richard ajoutera-t-elle à la terreur qu'il inspire, et la démarche de géant d'Edouard à sa dignité. Si mes limites le permettaient, vos propres souvenirs me dispenseraient de m'étendre plus avant sur des exemples de cette branche plus familière de l'invention. L'histoire même de cette époque et de ce pays en a produit un exemple, avec la mort d'un héros militaire, aussi excellent que souvent imité, laquelle, quoique le respect m'interdise de la nommer explicitement, ne peut, j'en suis convaincu, qu'être présente à votre esprit.

Telles sont plus strictement les grandes lignes de l'invention générale et spécifique dans les trois principales branches de notre art ; mais comme leur étroite alliance ne permet pas toujours d'en distinguer fermement les limites, et comme l'esprit et l'imagination des hommes, dans l'ensemble, sont constitués de qualités mêlées, il est rare que nous rencontrions une circonstance humaine composée exclusivement de matériaux épiques, ou dramatiques, ou purement historiques.

Le goût de la nouveauté et l'inclination sentimentale amènent parfois le peintre d'histoire le plus sévère à plonger dans le merveilleux, ou à avoir le cœur serré et à verser une larme ; le peintre dramatique, contemplant un trait extraordinaire ou la pompe d'une puissance supérieure, rompt la chaîne de la sympathie et s'abîme dans le sublime ; tandis que le peintre épique ou lyrique oublie sa grandeur solitaire, et parfois descend se mêler à ses acteurs. Ainsi Homère conféra-t-il les traits du drame à Hector et Andromaque, à Irus et Ulysse ; dans Shakespeare, le fantôme de la prison se détourne comme l'ombre d'Ajax ; chez Tacite, la fille de Soranus intercédant pour son père, et Octavie encerclée par les centurions, fondent en larmes comme Ophélie et Alceste ; ainsi Raphaël a-t-il personnifié le génie du fleuve dans la traversée du Jourdain par Josué, et de nouveau lors de la cérémonie d'intronisation de Salomon ; ainsi Poussin a-t-il fait surgir sous les yeux terrifiés de Coriolan la vision désapprobatrice de Rome tout armée, accompagnée de la Fortune.

Une fois ces escapades d'un domaine de l'art vers l'un de ses proches voisins accordées en général à l'artiste par la sanction d'une invention judicieuse, je vais en venir à l'octroi d'une licence plus spécifique[77]: Horace, le plus judicieux des critiques, traitant de l'usage des termes poétiques, explique à ses élèves que le recours à un mot ancien rendu nouveau par une habile construction l'associant à d'autres, vaudra au poète le compliment d'originalité poétique. Le même éloge peut être décerné à une adoption à bon escient des figures en art.

Loin de nuire à l'originalité de l'invention, la découverte spontanée d'une attitude ou d'une figure appropriée dans les œuvres de l'antiquité, ou des grands maîtres d'après la restauration de l'art, et son adoption, ou la transposition judicieuse d'une telle figure déplacée dans une œuvre inférieure, ajoutera un lustre supplémentaire à une réalisation de talent comparable ou supérieur, pour peu que la nature et le sujet lui fournissent la possibilité immédiate de se marier harmonieusement avec le reste. En pareil cas, il est facile de déterminer si un sujet a été choisi uniquement pour emprunter une idée, une posture ou une figure, ou si c'est leur caractère éminemment approprié qui leur a valu leur place. Une idée ou une figure adoptée, dans une œuvre de génie, est en harmonie ou en contraste avec le reste ; mais une idée de génie empruntée par un médiocre réduit en lambeaux tout ce qu'on lui associe, elle est le pouce du géant par lequel le pygmée offre la mesure de sa propre petitesse. Nous taxons de plagiat l'emprunteur qui, faute de matériaux appropriés ou de conceptions adéquates qui lui appartiennent en propre, cherche à abriter son impuissance sous une vigueur usurpée ; mais nous reconnaissons le plein mérite de l'invention à celui qui, par l'harmonie d'un tout, démontre que ce qu'il a adopté aurait pu très bien être de sa propre création si un autre ne l'avait précédé. Si aujourd'hui il prend, demain il pourrait bien donner. Ainsi Michel-Ange a-t-il disséminé le Torse d'Apollonius dans toutes les scènes, dans toutes les directions, dans les groupes et les figures individuelles, partout dans la composition du *Jugement dernier* ; et dans la Lunetta de Judith et de sa suivante, il a donné un tour original à des figures empruntées au joyau de Pier Maria da Pescia ; si la figure d'Adam chassé du paradis, par Raphaël, reconnaît encore Masaccio pour inventeur, on ne peut guère le créditer de lui avoir conféré plus qu'un soupçon de cet enthousiasme et de cette énergie que nous admirons dans le *Paul sur l'Aréopage* ; dans le tableau de l'*Alliance avec Noé*, le sublime de la vision et les grâces de la mère à laquelle s'accrochent ses enfants ont leurs originaux dans la chapelle Sixtine, mais trouvent leur égal dans la ferveur qui a conçu le patriarche en adoration, l'enfant pressé contre son sein, les mains jointes, prosterné à genoux. Quel personnage, quel geste du *Carton pisan* n'a pas été imité ? Raphaël, le Parmesan, Poussin ont tous également une dette envers lui ; dans le *Sacrement du baptême*, le dernier n'a guère fait que retranscrire ce nœud d'énergies, la physionomie farouche du vétéran qui, impatient d'enfiler ses vêtements, pousse son pied à travers l'habit et le déchire. Telles sont les tolérances que concède l'invention à l'imagination, au goût et au jugement.

Mais un fragment limité d'observations ne doit pas prétendre épuiser ce qui est en soi inépuisable ; les traits d'invention se multiplient sous mes yeux alors que mes pouvoirs déclinent ; je n'abuserai pas plus longtemps de votre patience qu'il n'est nécessaire pour attirer votre attention quelques instants sur l'une de ses envolées les plus audacieuses, la *Transfiguration* de Raphaël ; réalisation aussi souvent célébrée que condamnée, dans laquelle le plus judicieux des inventeurs, le peintre de la convenance, est réputé avoir non seulement lutté avec le peintre d'histoire pour l'étendue des informations, mais tenté de sauter les barrières et, d'une main moins sévère qu'audacieuse, pour balayer les limites établies de l'art, d'avoir combiné arbitrairement deux actions, et en conséquence deux moments différents.

Si cette accusation était fondée, je me contenterais d'observer que la *Transfiguration*, plus que toute autre huile de Raphaël, était une réalisation publique, que Jules de Médicis, le futur Clément VII, destinait à son église archiépiscopale de Narbonne ; qu'elle fut peinte en concurrence avec Sebastiano del Piombo, qu'assistait Michel-Ange pour son tableau rival de *Lazare* ; et ainsi, la considérant comme encadrée par les principes simples du style monumental, établis dans mon premier discours à partir des tableaux de Polygnote à Delphes, je pourrais peut-être forger une excuse plausible pour l'artiste moderne ; mais Raphaël est au-dessus du recours à un subterfuge, et il suffit d'examiner le tableau pour prouver la futilité de l'accusation. Raphaël a associé à la transfiguration non la guérison du fou, mais sa présentation à cette fin ; si, selon le récit qu'en fait l'Evangile[78], cet épisode se déroula au pied de la montagne, alors que l'apparition se produisit au sommet, quelle improbabilité y a-t-il à assigner le même moment aux deux scènes ?

Le dessein de Raphaël était de représenter Jésus comme le Fils de Dieu, et en même temps comme le réconfort de la misère humaine, grâce à un fait sans équivoque. Combinées, la transfiguration sur le mont Thabor, et la guérison miraculeuse qui suivit la redescente de Jésus, fournissaient ce fait. La difficulté résidait dans le moyen de combiner deux actions successives en un seul moment ; il la surmonta en sacrifiant le moment de la guérison à celui de l'apparition, et en rendant le miracle mineur implicite par un autre supérieur. En subordonnant la guérison à la vision il obtint le sublime, en plaçant la foule et le malade au premier plan il gagna de la latitude pour exercer pleinement ses talents dramatiques ; il n'était point nécessaire que le possédé fût représenté au moment de sa guérison, puisque la certitude pouvait en être exprimée par d'autres moyens ; elle est implicite, elle ne souffre aucune mise en doute grâce à la glorieuse apparition qui se déroule au-dessus ; elle est rendue presque intuitive par la main et le doigt levés de l'apôtre au centre, qui sans hésitation, sans se laisser troubler par l'opiniâtreté du démon, ni émouvoir par la clameur de la foule et le scepticisme pusillanime de certains de ses compagnons, renvoie avec autorité le père du possédé, pour une aide rapide et assurée, à son maître[79] là-haut sur la montagne, lequel, quoique hors de vue, est immédiatement rattaché par l'attitude de l'apôtre à tout ce qui se passe en bas ; voilà bien le point de contact, cette union en un seul moment des deux facettes de l'événement, que Richardson et Falconet n'ont pas su découvrir.

Quatrième Conférence

De l'invention - II

Un autre, lançant des regards de haine, roule sa vaine résolution qui tombe à terre.

Pindare, quatrième *Néméenne*, 39-41.

Le choix des sujets : classés en positifs, négatifs et rebutants. Observations sur les *Parerga*, ou accessoires de l'invention.

Puisque l'imitation de la nature, telle qu'elle se présente en espace et en forme, est la sphère véritable de l'invention plastique, il s'ensuit que tout ce qui peut occuper un espace et être circonscrit par des lignes, caractérisé par une forme, étoffé par la couleur, l'ombre et la lumière, sans provoquer d'incrédulité ni choquer nos conceptions par son absurdité ni nous forcer à détourner les yeux de son spectacle répugnant ou horrible, est de son domaine strict ; mais quoique la nature semble regorger d'objets d'imitation, le «choix» des sujets est une question d'importance essentielle pour l'artiste ; la conception, le progrès, l'achèvement et le succès de son œuvre en dépendent. Un sujet approprié et avantageux excite et élève l'invention, nourrit, valorise et agrémente le labeur ; tandis qu'un sujet ennuyeux ou rebutant suscite des obstacles à chaque pas, lasse et décourage, l'artiste est privé du fruit de son labeur, le spectateur de ses espérances.

La première exigence adressée à une œuvre d'art est qu'elle constitue un tout, qu'elle proclame pleinement sa propre signification, qu'elle *se dise* ; elle doit être autonome ; l'essentiel de son sujet devrait pouvoir être cerné et compris sans assistance annexe, sans emprunter son commentaire à l'historien ou au poète ; car de même qu'on se lasse vite d'un poème dont la fable et les motifs ne nous sont accessibles qu'à la lumière empruntée de notes annexes, de même on détourne un regard insatisfait d'un tableau ou d'une sculpture dont la signification dépend de la bonne grâce d'un cicérone, ou doit être consultée dans un livre.

Si la condition pour chaque œuvre d'art de raconter dans sa plénitude et son essence sa propre histoire restreint assurément la quantité de sujets acceptables, pris isolément, pour y remédier et élargir l'éventail des sujets, l'invention a imaginé, grâce à un cycle ou une série, de raconter les moments les plus importants d'une longue histoire, son commencement, son milieu et sa fin ; car si certains d'entre eux n'autorisent peut-être pas en eux-mêmes de reconnaissance distincte, ils peuvent du moins recevoir ou communiquer des éclaircissements par leur mise en relation.

Pour celui qui entreprend ainsi d'incarner une fable, la première exigence est que son invention s'attache aux fondements essentiels de l'histoire, ou à ses moments les plus décisifs et les plus marquants, ou à ses principaux protagonistes. En outre, comme la nature d'un art condamné à l'exhibition de moments isolés le contraint à sauter bien des épisodes intermédiaires, on ne pourra pas dire de lui qu'il a inventé avec pertinence s'il néglige de combler imperceptiblement le gouffre creusé par leur omission ; enfin, il ne doit pas interrompre ou perdre le fil conducteur de son projet dans la quête d'épisodes mettant en scène des beautés accessoires ou fortuites. C'est de l'observation de ces règles que dépend la clarté de son œuvre, l'intérêt que nous y prendrons et par conséquent tout le gain qu'on peut tirer de l'adoption d'une série historique.

Lorsque la forme, la couleur, ainsi que la conception et l'exécution, sont retranchées d'une œuvre, n'en reste alors que le sujet, la matière brute, le squelette sans apprêts, que l'on peut répartir en trois catégories.

La première est positive, avantageuse, homogène et adaptée à l'art. L'ensemble de l'œuvre y est contenu en germe, et vient spontanément à la rencontre de la main constructrice de l'artiste.

La deuxième catégorie, composée de sujets négatifs et inintéressants en eux-mêmes, est entièrement tributaire de la manière de les traiter ; de tels sujets doivent ce qu'ils peuvent être au génie de l'artiste.

La troisième catégorie est constituée par les sujets rebutants ou ingrats, ceux qui ne peuvent proclamer leur propre signification. Le génie et le talent s'y gâchent pareillement, car le cœur ne dispose pas de moyen intermédiaire pour les rendre intelligibles. Le goût et l'exécution peuvent le cas échéant les recommander à notre regard, mais ne suffisent jamais à les rendre complètement impressionnants, ni à les empreindre de clarté.

Commençons par les sujets avantageux : immédiatement au-dessus de scènes de vie quotidienne, d'animaux et de paysages ordinaires, la simple représentation d'actions purement humaines nous apparaît aussi étroitement associée à l'art qu'à nous-mêmes ; leur effet est immédiat ; elles ne réclament aucune explication ; c'est donc à partir d'elles que nous établissons notre échelle. L'étape suivante nous conduit aux sujets purement historiques, isolés ou en série ; au-delà d'eux nous appelle la peinture des caractères, ou, à proprement parler, le drame ; immédiatement au-dessus nous plaçons l'épopée et ses branches mythologique, allégorique et symbolique. Comme j'ai abondamment traité de ces quatre branches de l'invention dans la conférence publiée sur ce sujet, et par la suite à plusieurs reprises au cours de ces causeries, je ne m'étendrai pas longuement aujourd'hui à leur sujet, me contentant de vous rappeler aussi succinctement que possible leurs différences fondamentales et leurs éléments spécifiques.

La première catégorie, dont on peut dire sans hardiesse excessive de comparaison qu'elle tire sa substance directement du sein de la nature, pour être aussi élémentaire que ses émotions et que les passions par lesquelles elle nous agite, trouve écho dans tous les cœurs et communique ses charmes à tous les yeux ; depuis les caresses mutuelles de l'affection maternelle et de l'innocence enfantine, les soupirs de l'amour ou les éruptions de jalousie et de vengeance jusqu'aux terreurs de la vie, de la lutte contre le danger ou de l'affrontement avec la mort. Les Madones de Raphaël, l'Ugolin, le Paolo et la Francesca de Dante, l'Incendie du Borgo, Niobé protégeant sa fille, Hémon se perçant la poitrine, avec à son bras Antigone courbée sans vie[80], doivent la compassion qu'ils suscitent à leur puissance d'assimilation, et non aux titres qu'ils portent : sans titre, sans référence de lieu et de temps, ils impressionneraient avec une énergie égale, car ils trouvent leur équivalent dans chaque poitrine, et parlent le langage de l'humanité. Telles étaient les *phantasiae* des Anciens, que l'art moderne, par un laxisme inconsidéré d'application, a, dans ce qu'on appelle peintures de fantaisie, plutôt dévoyées qu'imitées. Le baiser d'une mère ou d'un amant doit sa valeur aux lèvres qu'il presse, et lui faire subir une déformation suscite un dégoût mêlé de pitié.

L'invention historique relève de la vérité. L'histoire se distingue de la narration poétique ou arbitraire en ce qu'elle ne nous dit pas ce qui pourrait être, mais ce qui est ou a été ; elle délimite le probable, le sublime et le pathétique par la vérité du temps, du lieu, des coutumes ; elle confère « une localisation et un nom » ; ses agents sont purement les organes d'un fait. Les visions historiques, lorsqu'elles sont suffisamment distinctes pour être exprimées, et fondées sur le principe de la nature humaine, ont sur la simple représentation de la nature cette supériorité d'intéresser notre intellect tout en commandant notre sympathie. C'est aux hommes en nous que plaisait la première, la seconde attire en nous les membres de la société ; tenus par des relations et des devoirs publics et privés, nous à qui l'éducation enseigne la curiosité, souhaitons régler notre conduite par comparaison avec des situations analogues et des circonstances semblables de la vie en société ; et c'est l'histoire qui les fournit, en nous transportant à d'autres époques ; les empires et leurs révolutions passent devant nous avec leur cortège d'événements et d'acteurs mémorables – le législateur, le philosophe, le découvreur, ceux qui apportent la civilité, le guerrier, le devin, sont les principaux habitants de ce territoire ; il est peut-être superflu d'ajouter que rien de trivial, rien de servile ou de bas ne doit être autorisé à s'en mêler. C'est le domaine de Tacite et de Poussin. La manifestation du caractère dans le conflit entre les passions et les droits, les règles, les préjugés de la société, est la sphère légitime de l'invention dramatique. Elle nous inspire, nous saisit, par un sentiment de sympathie et d'identification, de pitié, de terreur, d'espérance et de peur ; tout ce qui fait les événements, le temps et le lieu, les agents du caractère et du pathétique, que la trame en soit tissée de fiction ou de réalité, sont son légitime apanage ; elle se distingue de la représentation historique et s'élève au-dessus en faisant reposer le principal intérêt sur les *acteurs*, et en modelant les *faits* en situations conçues à seule fin de les exhiber ; les acteurs sont la fin, l'anecdote le moyen. Telle est l'invention de Sophocle et de Shakespeare, et uniformément de Raphaël. Les acteurs, qui chez Poussin et les autres peintres historiques rayonnent de la splendeur des faits, la reflètent chez Raphaël par un éclat qui leur est propre : ils sont l'objet lumineux que désigne l'action.

Le but du projet épique, la plus haute espèce de conception humaine, est d'étonner tout en instruisant : c'est la sublime allégorie d'une maxime. L'invention ici établit un plan par idées générales, par la sélection des traits les plus éminents de la nature ou des facettes les plus avantageuses de la société, pour incarner dans le visible quelque grande maxime. Si elle admet pour fondement l'histoire, elle en dissimule les limites dans sa grandeur ; si elle choisit des personnages afin de mener à bien son projet, c'est uniquement pour le genre ; c'est la maxime que reflètent leurs traits, c'est elle qui enflamme leurs passions et les absorbe dans son éclat universel : à ce degré d'élévation, le ciel et la terre brouillent leurs frontières, les hommes accèdent au rang de demi-dieux, et les dieux se font plus proches. C'est là la sphère d'Homère, de Phidias, de Michel-Ange.

L'allégorie, ou personnification des idées invisibles de la physique et de la métaphysique, n'est pas à proprement parler bannie du domaine de l'invention, mais est également inadmissible dans les projets purement épiques, dramatiques ou historiques, car partout où elle intervient, elle doit gouverner le tout[81]. Elle le fait de façon appropriée pour le drame mystique du Vatican, où les personnages mis en scène ne sont que les instruments variés du mystère par lequel fut établie l'Eglise, et Jules et Léon sont l'image allégorique, les représentants de cette Eglise ; mais le peintre épique, dramatique ou historique embellit de poésie ou délimite par la vérité ce qui fut ou est censé avoir été réel ; ils doivent donc poursuivre leur projet au moyen de personnages et de substances, s'ils veulent parvenir à cette crédibilité sans laquelle il n'est pas en leur pouvoir de susciter un intérêt chez le spectateur ou le lecteur.

Une fois admis ce grand principe de la nécessité d'une tendance morale ou de quelque doctrine utile à l'humanité dans le *tout* d'une représentation épique, devrons-nous en sacrifier l'uniformité des parties, et perdre ainsi cette crédibilité qui *seule* peut nous faire sentir l'importance de la maxime qui a dicté au poète son récit et au peintre sa représentation ? Les acteurs doivent-ils être tantôt des êtres réels, et tantôt des idées abstraites ? Le Zeus d'Homère, dont le barde, au commencement même de son poème, se proclame l'humble héraut de la volonté toute-puissante, doit-il être transformé en nuée par la précision aveugle d'un commentateur ? Et Junon, au sortir de sa toilette céleste, être changée en air, pour produire, à partir de leurs étreintes mystiques, la progéniture allégorique de la fécondation printanière ? Et lorsque Minerve fait grincer sous son poids le char de Diomède, et que Mars blessé rugit comme dix mille soldats, ne sont-ils que le symbole de la discipline militaire, et le son du fracas des batailles ? Até saisie par les cheveux et précipitée par Zeus du haut des remparts célestes n'est-elle qu'une idée métaphysique ? A la raison ne plaise ! Autant dire que lorsque Milton appela la gardienne de l'enfer, la fille de Satan, *Péché*, et son fils, terrible antagoniste, *Mort*, il voulait simplement nous transmettre l'idée de perdition et de non-être, et qu'il sacrifia les véritables acteurs de son poème à un choix de noms maladroits ! C'est pourtant bien leur nom qui a effarouché son commentateur et biographe au point de produire des critiques aussi froides que répugnantes et incongrues sur le caractère admissible ou inadmissible de l'allégorie dans les poèmes sur des événements supposés réels. Qu'advient-il de l'intérêt que le poète et l'artiste visent à exciter en nous si, dans l'instant de la lecture ou de la contemplation, nous ne croyons pas à ce que dit l'un, à ce que montre l'autre ? C'est cette magie qui place au même degré d'existence et qui amalgame les éléments mythiques ou surhumains et les éléments humains de l'*Iliade*, du Paradis perdu, et de la chapelle Sixtine, qui nous ravit, nous trouble, et nous emporte, nous, lecteurs ou spectateurs.

Lorsque Poussin représenta *Coriolan dans le camp des Volsques*, il disposa devant lui, dans une attitude suppliante, sa mère, sa femme, et ses enfants, ainsi qu'un cortège agenouillé de matrones romaines, et derrière elles la silhouette dressée et réprobatrice d'une femme en armes, accompagnée d'une autre aux cheveux flottants, gisant sur une roue. C'est sur ces deux figures, invisibles à tous les autres, que Coriolan, perplexe à l'extrême, dans une attitude de désespoir, son glaive à demi tiré comme pour se percer le sein, fixe un regard apeuré : qui ne saurait voir qu'il est là en proie à une vision, et reconnaît en la guerrière le génie tutélaire de Rome, venu accompagné de la Fortune le soumettre par la terreur ? Devrons-nous défigurer par l'astuce glaciale d'une allégorie l'invention puissante qui a fait voir à l'œil du peintre le cœur agité du Romain et le moment approprié de la fable ? Qui ne serait frappé par le sublime d'une vision qui, sans entamer la crédibilité de l'anecdote, ajoute à son importance, et en élève le héros, en le faisant se soumettre non à l'impulsion d'attachements personnels, mais à la destinée impérieuse de sa patrie ?

Parmi les misérables subterfuges conçus par la morne médiocrité pour pallier le manque d'invention, on trouve au premier rang la pédanterie laborieuse des signes emblématiques, par laquelle on substitue des signes arbitraires et conventionnels au caractère et à l'expression. Si l'assertion de Samuel Johnson, selon laquelle les arts plastiques «peuvent illustrer, mais non informer», est fausse en tant que maxime générale, elle revêt un air de vérité au regard de cette manière hiéroglyphique de troquer une substance contre des signes ; et l'histoire qu'il ajoute pour étayer sa thèse, celle d'une fillette prenant la représentation habituelle de la Justice tenant une balance pour une marchande de cerises, devient ici pertinente. L'enfant avait vu au marché bien des vendeuses, toujours dotées d'une balance ou de poids, mais jamais une représentation de la Justice ; et autant prétendre qu'un non-initié aux mystères égyptiens pourrait reconnaître dans le scarabée d'un obélisque le solstice d'été que de vouloir qu'un enfant, une fillette, ou même n'importe quel homme qui ne connaît pas Cesare Ripa ou autre faiseur d'emblèmes reconnaisse en une femme tenant une balance devant ses yeux, une autre une bride à la main, une troisième s'appuyant sur une colonne tronquée, une quatrième chargée d'enfants, les symboles respectifs de la Justice, de la Tempérance, de la Force ou de la Charité. Si ces symboles sont à la rigueur admissibles, ils devraient du moins recevoir autant d'éclairage de la forme, du caractère, et de l'expression des figures qu'on leur associe qu'ils n'en reflètent sur elles, sous peine pour elles de devenir des parodies au lieu d'être des attributs. Si cet engouement pour l'emblématique ne devint une épidémie qu'au crépuscule du XVIe siècle, lorsque les cavaliers de l'art, les Zucchari, les Vasari, les Porta entreprirent de produire plus d'œuvres que leurs cerveaux ne pouvaient leur fournir de raisonnement, il faut reconnaître que même les philosophes de l'art, à l'époque classique de Jules et de Léon, n'en furent pas entièrement exempts. Quelle analogie y a-t-il entre une autruche aux côtés d'une femme tenant une balance et l'idée de la Justice ? C'est pourtant ainsi que Raphaël l'a représentée dans une chambre du Vatican. Il n'a d'ailleurs pas été fidèle à cet emblème, puisqu'au plafond d'une autre chambre il l'a présentée tenant une balance et armée d'un glaive. La *Nuit* de Michel-Ange, sur les tombeaux des Médicis, pourrait certainement être prise pour ce qu'elle se targue d'être, sans réclamer l'assistance du masque, des pavots et de la chouette à ses pieds, car le règne du sommeil est exprimé par son expression et sa pose : peut-être même à la rigueur pourrait-on concevoir que sa belle compagne, dont l'attitude d'étirement timide et les yeux mi-clos expriment les symptômes de *l'Aurore* qui s'approche, représente effectivement celle-ci[82] ; mais même l'imagination la plus débridée ne saurait accéder, à travers leurs homologues masculins, aux symboles du *plein jour* et du *crépuscule,* ni voir dans les figures féminines du monument de Jules II les idées de *vie contemplative* et de *vie active*.

Jamais les Anciens ne s'abaissèrent à des moyens aussi arbitraires, aussi confus, aussi précaires ; leurs idées générales possédaient un type uniforme et général, que jamais l'invention ne prétendait altérer ou transgresser ; mais ce type résidait moins dans les attributs que dans le caractère et la forme. La torche renversée et la fleur de lune étaient les accessoires, et non les substituts, de la *Mort* et du *Sommeil* ; ni *Psyché* ni la *Victoire* ne dépendaient de leurs ailes. Mercure était reconnaissable sans bourse et sans caducée, et Apollon sans son arc et sa lyre ; variés et semblables, branches d'une même famille, leurs traits dominants descendaient directement de ce type de majesté pleinement accompli que Phidias, l'architecte des dieux, avait imprimé à son Jupiter. Il importe peu qu'il faille considérer le fils de Charmidas comme l'inventeur ou comme l'ordonnateur de ce modèle suprême et immuable, car c'est de *lui* que les auteurs antiques datent l'ère de l'invention mythique ; aucune révolution de style ne changea le caractère de ses formes, le talent se contenta de polir avec plus ou moins de succès ce qu'avaient établi ses lois. Phidias, dit Quintilien, était taillé pour former des dieux ; Phidias, dit Pline, a donné avec son Jupiter un nouveau motif à la religion.

Il n'est pas de mon ressort de juger si, après la restauration de l'art, l'Etre Suprême, essence éternelle d'insaisissable perfection, aurait jamais dû être approché par les faibles efforts de la conception humaine ; peut-être que non ; mais puisque tel a été le cas, que l'église romaine a incarné la substance divine et fait appel à l'assistance de nos arts, il fallait s'attendre à ce que, pour rendre efficace cette contribution, un type complet, un modèle suprême de forme, fût établi pour l'auteur et les agents du cercle sacré ; mais, que ce soit à cause de la tyrannie de barbares en matière de religion, ou d'une simple incapacité, ou pour éviter l'accusation de plagiat mutuel, peintres et sculpteurs, en profond désaccord dans leurs conceptions d'une forme et d'un caractère divins ou saints, ne s'accordent que sur les attributs et les symboles ; gloires triangulaires, ministres et ménestrels angéliques, couleurs des drapés ; la croix, la lance, les stigmates ; la visitation de la colombe ; accessoires du pouvoir ecclésiastique ou instruments du martyre.

L'expression biblique, telle qu'on la traduit, de «l'Ancien des Jours» – c'est-à-dire «Celui qui existait avant le temps» – ne fournit aux artistes primitifs, au lieu d'une image de suprême majesté, que l'image chenue de la vieillesse ; et une telle figure, portée par un groupe d'anges, et couronnée d'une sorte de mitre épiscopale, réapparaît sur les bronzes de Lorenzo Ghiberti. L'esprit sublime de Michel-Ange, s'élevant au-delà de l'idée de décrépitude et du formalisme médiocre, s'efforça de former un type dans l'énergie élémentaire du Créateur d'Adam, et fit jaillir la vie de Sa main tendue, mais avec le créateur d'Eve sombra à nouveau dans une vision de vieillesse. Raphaël tenta de composer une forme à partir de Michel-Ange et de ses prédécesseurs, pour allier l'âge à l'énergie et à la vivacité ; dans la Loggia il suit Michel-Ange, dans la Stanza les artistes antérieurs ; ici ses dieux sont affables et doux, là vifs, et peut-être plus violents qu'énergiques. Après ces deux grands noms, ce serait blasphémer que de mentionner les tentatives de leurs successeurs.

La même fluctuation affecte l'effigie du Sauveur. Léonard de Vinci tenta d'unir la puissance à une calme sérénité, mais il n'y a que dans la *Cène* qu'il touche nos cœurs par l'humanité de l'expression. L'*Enfant-Jésus* de Michel-Ange est d'une conception surhumaine, mais en tant qu'homme et rédempteur portant sa croix, à Santa Maria sopra Minerva, il offre une figure aussi maniérée de forme et d'attitude que rebutante par son austère sévérité ; et comme juge de l'humanité dans le *Jugement Dernier*, il me semble aussi indigne de l'esprit de l'artiste que de sa main de maître. Les Christs de Raphaël, enfants, ne sont guère plus, en général, que de charmants bambins ; à l'âge adulte, le peintre a su équilibrer Sa forme entre la tradition de l'église et la douceur digne de son propre caractère.

Deux extrêmes semblent avoir conspiré pour empêcher l'établissement d'un type dans la forme donnée au Sauveur : l'un le métamorphose en personnage mythologique, l'autre le dégrade jusqu'à la lie humaine.

«Le caractère correspondant à celui du Christ, dit Mengs[83], devrait être un composé des caractères de Jupiter et d'Apollon, n'autorisant que l'expression accidentelle du moment.»

Quelle magie saurait combiner les airs surhumains des fils de Rhéa et de Latone avec la résignation et la patience dans la souffrance ? Le critique, dans son exultation, a oublié le trait dominant de son maître – l'humilité consentie. Chez les dieux de l'Olympe, la majesté est souvent tempérée par des émanations de beauté et de grâce, mais ne s'adoucit jamais jusqu'à une chaleureuse humanité. C'est là que réside le nœud du problème.

Le Sauveur de l'humanité étendant son bras pour soulager, sans moyen visible, les affligés, les désespérés, les mourants, les morts, est un sujet qui visite le cœur respectueux de tous ceux qui déclarent suivre Son nom ; l'artiste se trouve dans la sphère de l'adoration.

Un sage exalté qui s'abaisse à toutes les tâches bienfaisantes de l'humanité, instruit les ignorants, non seulement pardonne mais excuse l'outrage, et presse son ennemi contre son cœur, commande la sympathie de tous les hommes, même s'il ne sont pas croyants ; l'artiste se trouve dans la sphère du sentiment.

Mais un homme vil, marqué des traits d'une race vile, entouré d'une populace de mendiants difformes et de foules stupides, peut être pris pour un jongleur, qui ne mérite l'attention d'aucun homme. De cela, l'art doit se garder.

Après ces observations sur les sujets positifs, nous en venons à présent à la catégorie des sujets *négatifs*. Nous appelons ainsi ceux qui en eux-mêmes possèdent peu de ce qui est important, historiquement véridique ou séduisant, pathétique ou sublime, qui laissent notre cœur et notre imagination dans une apathie distraite, quoiqu'ils puissent, grâce à l'art avec lequel ils sont exécutés, attirer et retenir le regard ; c'est le cas ou jamais où l'artiste crée sa propre œuvre, en élevant, par une combinaison ingénieuse, au rang de sujet positif ce qui dans ses éléments ne l'est pas, ou reste purement passif.

Au premier rang de ceux-ci, on doit trouver cette catégorie mystique des peintures monumentales qui se réfèrent aux mystères de la religion et des institutions religieuses, aux asiles, aux œuvres de charité ; ou les peintures votives de ceux qui consacrent des offrandes en reconnaissance pour une vie sauvée ou un bonheur accordé : parmi leur nombre, les saints patrons et patronnes de tels cultes, les sociétés et les personnes, les prophètes, les apôtres, les saints, les guerriers et les docteurs, avec ou sans le donateur ou le suppliant, se combinent par groupement ou juxtaposition, et il leur est possible de se coudoyer sans encourir l'indignation due à un anachronisme, puisqu'ils sont toujours placés en présence de l'Etre Suprême, devant qui l'éloignement des époques, des lieux et des races, des mœurs, de costumes et des usages des différentes nations, est censé s'évanouir ; et pour qui présent, passé et futur existent dans le même moment.

Ces sujets, dont la simplicité de l'art primitif s'acquitta sans plus d'invention que celle d'élever la madone avec l'Enfant Jésus, et de disposer au-dessous d'eux les saints et les suppliants dans une rigide symétrie, le génie des maîtres, bien souvent, quoique pas toujours, sut les transformer en organes du sublime, ou les relier en un arrangement de groupes intéressants et hautement plaisants, en inventant une action ou un décor appropriés, qui répandent quelque chaleur sur un sujet qui, considéré simplement, menaçait de glacer le spectateur. Nous allons en donner un exemple.

La *Madone*, dite *de l'Impannata*, de Raphaël, en est un : elle est ainsi appelée parce qu'il introduisit à l'arrière-plan la vieille toile à l'italienne ou fenêtre de papier. Marie est représentée debout ou se levant pour présenter l'Enfant à sainte Elisabeth, qui tend les bras pour le recevoir. Derrière, Marie-Madeleine, se penchant sur elle, désigne du doigt saint Jean, et caresse l'enfant ; Lui, avec une joie enfantine, se soustrait à son contact, et, la regardant, saute au cou de sa mère. Saint Jean, étant le personnage principal, est placé au premier plan sur une peau de léopard, et, les mains levées, semble annoncer une prophétie sur le Christ ; il paraît huit ou dix ans, le Christ à peine deux. A la vue de cet anachronisme, ou de celui, plus audacieux encore, commis en introduisant Marie-Madeleine, qui était probablement plus jeune que le Christ, ne seront choqués que ceux qui n'ont pas réfléchi à la nature d'une peinture votive : celle-ci était consacrée à saint Jean, saint tutélaire de Florence, et, avant d'être transférée à la Galerie Pitti, constituait le retable d'une chapelle domestique de la famille des Médicis[84].

La majorité du public ici présent a connaissance, et certains en sont familiers, du célèbre tableau du Corrège, naguère pieusement conservé dans la Pilotta de Parme, transféré au Louvre, puis rapporté à Parme. Dans l'invention de cette œuvre, qui montre saint Jérôme, auquel elle est consacrée, présentant sa traduction des Ecritures, par la main d'un ange, à l'Enfant assis dans le giron de la Vierge, le saint patron du tableau est sacrifié dans la disposition spatiale au groupe de femmes et d'anges qui en occupe le centre. La figure qui par sa suavité attire avant tout le regard de tous, et ce depuis des siècles, et aujourd'hui encore l'absorbe, est celle, charmante, de Madeleine, dans une posture mi-agenouillée, mi-étendue, pressant à ses lèvres le pied du Christ. Ce faisant, le peintre a assurément offert aux grâces le sacrifice le plus audacieux et le plus amoureux qu'elles aient jamais reçu de l'art. Il en fut payé en conséquence pour cette impropriété consistant à laisser Madeleine usurper le premier regard, qui devrait se fixer sur la divinité, et c'est ainsi que le saint disparaît dans le regard amoureux porté sur ses charmes. Si Madeleine possède de longue date le droit d'être présente là où préside la Vierge, elle devrait assister le dessein du tableau en position de prière soumise et effacée ; son geste aurait dû être celui de la supplication ; tel quel, c'est l'effusion d'un amour tendre et sans mélange.

C'est le Titien qui se révèle avoir su préserver le juste milieu entre une sèche juxtaposition et un contraste exubérant dans un retable des Franciscains ou Frati, encore à Venise malgré les prélèvements français ; œuvre dont Reynolds a confronté la simple grandeur à la splendeur artificielle de Rubens sur un sujet similaire. Le tableau était sans doute ce qu'il représente, l'action de grâces d'une famille aristocratique pour quelque victoire remportée ou conquête effectuée en Morée. Les chefs de famille, homme et femme, présentés par saint François, occupent les deux ailes de la composition, agenouillés, les mains jointes en prière, dans des attitudes presque symétriques. Elevé au centre, saint Pierre se tient à l'autel, entre deux piliers, la main sur l'Evangile, ses clefs devant lui, s'adressant aux suppliants. Au-dessus de lui, sur la droite, apparaît la Vierge, tenant l'Enfant, et qui semble, de son air bienveillant, sanctionner la cérémonie. Deux jeunes chérubins sur un nuage éthéré, juste à la verticale du centre, dressent la croix ; un guerrier armé portant l'étendard de la victoire, et derrière lui un Turc ou un Maure enturbanné, s'approche venant de la gauche, et complète l'ensemble.

Telle est l'invention d'une œuvre qui tout en accaparant l'esprit, refuse aux mots toute expression ; dont il est difficile de dire quel est son effet majeur : subjuguer par sa simplicité, vaincre par sa dignité, persuader par sa justesse, apaiser par sa sérénité, ou charmer par ses contrastes. Une grande part de ces groupes est constituée de portraits en costumes de l'époque, profonds, vifs, brillants, mais tous sont entièrement assujettis à la tonalité grave qui émane du centre ; un silence sacré enveloppe l'ensemble ; tout luit, rien n'étincelle. Constant dans son propos, pénétré de son motif, tout en planant sur chaque partie de son œuvre, l'artiste n'apparaît nulle part[85].

A la suite de cette catégorie supérieure de sujets négatifs, quoique beaucoup plus bas, on peut placer la magnificence de la peinture ornementale, les machineries pompeuses de Paolo Véronèse, de Pierre de Cortone, et de Rubens. Splendeur, contraste et profusion sont les ressorts de son invention. C'est le peintre, non l'histoire, qui est ici le sujet principal. Ebloui par des amoncellements d'architecture palladienne, de tables dressées avec un luxe royal, d'orfèvrerie en terrasse, de foules de nobles vénitiens, de pages, de nains, de Maures à col d'or, et de chœurs de musique vocale et instrumentale, brunis par l'unisson du ciel de midi, quel œil a le temps de reconnaître dans ce brillant chaos la *Visite du Christ à Simon le Pharisien*, ou les sobres *Noces de Cana*? Mais lorsque le charme s'évanouit, quoiqu'on doive admettre que ce sont là merveilles de disposition, de couleur, et des pouvoirs illimités d'une exécution capable d'embrasser l'ensemble, pour peu qu'on les considère d'un autre point de vue que comme les ornements luxueux d'une fortune ostentatoire, le jugement ne peut que les dénoncer comme sombres témoignages d'une irrémédiable dépravation du goût, masses clinquantes d'énormités incongrues et de colossales pacotilles.

Le rang suivant dans la représentation de la pompe parmi les sujets négatifs, quoique fort inférieur, nous l'attribuons au portrait. Non ce portrait caractéristique par lequel Silanion, avec le visage d'Apollodore, personnifiait l'indignation invétérée ; Apelle, avec Alexandre, l'ambition surhumaine ; Raphaël, avec Jules II, l'implacabilité pontificale ; le Titien, avec Paul III, la vieillesse irritable mêlée de subtilité ecclésiastique ; et avec Machiavel et César Borgia, les traits rusés de la conspiration et de la trahison. Ni non plus le portrait par lequel Rubens contrasta la physionomie de la précision philosophique et classique avec celle du génie dans la conversation de Grotius, de Meursius, de Lipsius et de lui-même ; ni les distinctions gracieuses et délicates de Van Dyck, ni ce talent qui à notre époque incarnait l'humour en Sterne, la comédie en Garrick, et le conflit mental et corporel, selon ses propres termes, en Samuel Johnson. Sur ces bases larges, le portrait prend sa place exaltée entre l'histoire et le drame. Le portrait dont je parle est le portrait courant, aussi largement répandu que limité dans son principe ; rappel de l'insignifiance, pure ressemblance humaine, posture dénuée d'action, traits sans expression, vêtement sans drapé, et situation sans justesse. Le but de l'artiste et le souhait du modèle se réduisent à la ressemblance extérieure ; le but plus profond et plus noble de la personnification du caractère n'est ni exigé, ni reconnu si on l'obtient. Le meilleur artiste, condamné à cette tâche, ne peut se distinguer de son confrère plus terne que par l'exécution, en invoquant l'assistance de l'arrière-plan, du clair obscur et des effets pittoresques, et parfois ainsi produit une œuvre qui ravit l'œil, et nous laisse une forte impression de sa puissance, même si nous en déplorons le mauvais usage ; c'est lui que nous voyons, et non l'individu insignifiant qui usurpe le centre du tableau, que nous n'avons jamais vu, que nous ne nous soucions pas de jamais rencontrer, et même en ce cas que nous ne nous rappellerions pas, car sa tête ne peut personnifier que son opulence ou sa prétention ; ce n'est là qu'un meuble.

Si jamais une branche de l'art se trouve dégradée en simple article d'ameublement à la mode, elle s'élèvera rarement au-dessus du goût et du caprice de son propriétaire ou des édits de la mode. Car son succès dépend des deux ; et s'il n'est une babiole lancée par la main espiègle de la mode que le goût ne puisse tourner à son avantage, il est rare qu'on l'autorise à le faire si c'est la mode qui dicte la manière. A mesure que la liberté et le commerce ont nivelé les rangs de la société, et diffusé l'opulence de façon plus égale, l'importance du privé s'en est trouvée augmentée, les liens et les attachements familiaux se sont constitués plus nombreux, et partant le portrait peint, qui jadis était la propriété exclusive des princes, ou un hommage à la beauté, aux exploits, au génie, au talent, et au caractère distingué, est devenu à présent une sorte de calendrier familial, absorbé par la charité mutuelle des parents, des enfants, des frères, des neveux, des cousins, et des parents de tout poil.

Au portrait peint ainsi circonscrit, nous adjoindrons, comme dernière branche de sujets inintéressants, ce type de paysage entièrement consacré à la délimitation docile d'un endroit donné, énumération de collines et de vallons, de bouquets d'arbres, de buissons, d'eau, de prés, de chaumières, et de maisons, tout ce qu'on appelle communément des vues. Celles-ci, si elles ne sont pas assistées par la nature, dictées par le goût ou choisies pour leur caractère, raviront peut-être le propriétaire des hectares qu'elles délimitent, les habitants du lieu, et peut-être l'amateur d'antiquité ou le voyageur, mais pour tout autre œil elles ne sont guère que topographie. Les paysages du Titien, de Mola, de Salvator Rosa, de Poussin, du Lorrain, de Rubens, d'Elsheimer, de Rembrandt et de Wilson récusent tout rapport avec ce type de cartographie. Pour eux, la nature a épanché son sein à la lumière variée du soleil, levant, à son zénith, à son coucher ; au crépuscule, la nuit et à l'aube. La hauteur, la profondeur, la solitude frappent, terrifient, absorbent, effarouchent par leur décor. Nous foulons un terrain classique ou romantique, ou nous vagabondons parmi des groupes caractéristiques d'objets riches d'agrément. Les choix habituels de l'école hollandaise, qui bien souvent ne présente rien de plus que la transcription d'un lieu, confinent à vrai dire au type négatif de paysage ; mais l'imitation n'aura pas droit au plaisir que nous recevons ou à l'admiration que nous concevons de leurs œuvres plaisantes avant d'avoir appris à donner une apparence de choix à la nécessité, à imiter leurs coloris, à répartir leurs masses, et à rivaliser avec la touche de leur pinceau.

Des sujets qui ne peuvent être portés à notre regard dans toute leur étendue, et qui en appellent pour l'essentiel de leur signification à l'érudition du spectateur et aux raffinements de l'enthousiasme sentimental, semblent également défier les pouvoirs de l'invention. Les efforts pour en débrouiller le sens dissipent la magie éphémère de la première impression, et nous laissent froids ; l'enthousiasme s'évanouit au contact plus fruste d'un art sensuel. Il est permis de douter fortement que la résignation d'Alceste puisse jamais être rendue intuitive ; le pathétique de l'histoire consiste dans la résolution héroïque d'Alceste de sauver la vie de son mari en sacrifiant la sienne. Or l'art ne peut rien montrer de plus qu'Alceste mourante ; la cause de sa mort, son élévation d'esprit, l'héroïsme désintéressé de sa décision de mourir, en excèdent les pouvoirs.

Le célèbre dessin de Raphaël qui se trouve dans le carton devant nous, la *Donation des clefs à saint Pierre*, lutte non moins vainement contre l'irrémédiable obscurité de son sujet, et pis encore : contre son ambiguïté ; une assemblée nombreuse de personnages graves et dévots, dans des attitudes de délibération anxieuse et de curiosité ardente, se presse pour assister aux commandements d'un individu qui d'une main semble avoir confié deux clefs massives à leur principal compagnon agenouillé, et de l'autre désigne un troupeau de moutons qui paît plus loin. Quel pouvoir d'association saurait trouver le rapport entre ces clefs et le troupeau au pâturage ? Ou déceler sous une allégorie envahissante le seul véritable motif des émotions qui animent le groupe des apôtres ? L'admirateur le plus déterminé du peintre, s'il n'est pas l'esclave de l'autorité pontificale, prête à transsubstantier tout ce qui se présente à ses yeux, doit restreindre son hommage au talent qui nous intéresse dans une composition sans sujet. Le tableau tant loué de Poussin, le *Testament d'Eudamidas*, est une autre démonstration de l'inefficacité des efforts de l'art pour représenter l'enthousiasme du sentiment. Les figures en sont dotées de simplicité, l'expression d'énergie, il est bien composé, bref, il répond à toutes les exigences, sauf à celle qui seule pourrait en faire ce qu'il prétend être ; on voit un vieillard sur son lit de mort ; un médecin, pensif, la main sur la poitrine de cet homme, sa femme et sa fille en pleurs au pied du lit ; un personnage qui ressemble à un notaire et écrit fiévreusement ; un bouclier et une lance au mur ; et les éléments simples du décor nous informent de l'occupation antérieure et de la situation d'Eudamidas ; mais son héritage – sa confiance assurée en l'ami auquel il promet sa fille – l'assentiment noble et magnanime de cet ami, tout cela, nous devrions le voir, et le cherchons en vain ; ce qui est représenté dans le tableau pourrait tout aussi bien s'appliquer à n'importe quel homme qui est mort en laissant un testament, une femme et une fille, qu'au Corinthien Eudamidas.

Ce n'est pas là la seule fois où Poussin a cru à tort évident ce qui relevait de l'érudition et de détails circonstanciés. L'*Exposition de Moïse enfant sur le Nil* est un tableau aussi célèbre que le précédent : une femme y pousse loin du rivage un enfant placé dans un panier. Un homme sombre et pensif s'éloigne, suivi d'un garçonnet qui se tourne vers la femme et ainsi relie les deux groupes ; une jeune fille à l'arrière-plan désigne le lointain où nous découvrons la princesse égyptienne, anticipant ainsi le destin de l'enfant. La statue d'un dieu du fleuve appuyé sur le sphinx, une ville aux temples élevés, des pyramides et des obélisques, désignent Memphis et le Nil ; et des fours à brique fumants sont une allusion plus précise encore à la servitude et aux labeurs d'Israël en Egypte ; aucune circonstance n'est omise qui pourrait contribuer à expliquer le sens de l'ensemble ; mais ce sujet rebutant a rendu complètement vain l'effort du peintre pour nous montrer le *véritable* motif de l'action. Nous ne pouvons pénétrer la *cause* qui contraint des gens à exposer l'enfant sur le fleuve, c'est pourquoi notre sympathie et notre participation se font languissantes, nous nous détournons d'un sujet qui nous offre le danger sans la peur, pour admirer l'expressivité des parties, l'élégance classique, l'harmonie des couleurs, la maîtrise de l'exécution.

L'importance de certains points secondaires de l'invention,

du décor, de l'arrière-plan, du drapé, des ornements, est souvent telle qu'indépendamment des insuffisances de parties plus essentielles, s'ils sont possédés à un degré particulièrement éminent, ils parviennent quelquefois à eux seuls à élever de l'insignifiance à un rang estimable des noms qui avaient peu d'autres droits à être considérés ; alors que si on les néglige, en dépit d'une compréhension supérieure dans le choix ou la conception d'un sujet, en dépit du style et parfois de la couleur, de l'expression, et même de la composition, ils ont souvent condamné à une réaction guère mieux qu'apathique des œuvres produites par des hommes d'une compréhension supérieure et d'un mérite excellent. Ils seraient beaucoup moins à admirer Poussin si on le privait de ses décors, même si je ne partage pas l'opinion de Mengs selon laquelle dans ses œuvres le sujet est plus souvent l'appendice que le principe de l'arrière-plan ; quel droit à notre attention la majeure partie des compositions historiques d'Andrea del Sarto pourraient-elles revendiquer, si on les privait de la symétrie, du repos et de l'espace dans lesquels sont disposées ses figures, ou des amples draperies qui les vêtent et dissimulent sous une simplicité solennelle leur vulgarité de caractère et de corps ? Il n'est souvent pas besoin d'un degré considérable de puissance mentale et de discernement technique pour séparer le sublime d'un Michel-Ange et le pathétique de Raphaël de la négligence totale ou des incongruités de décor et d'arrière-plan qui souvent entachent ou obstruent leurs conceptions, pour ajouter par un effort d'imagination l'emplacement où devraient se tenir leurs personnages, l'horizon qui devrait les élever ou les cerner, et les masses de lumière et d'ombre nonchalamment délaissées ou sacrifiées à de plus hauts principes. La profondeur avec laquelle Titien ressentait l'importance du décor, de la situation, et de leur degré d'achèvement approprié, avant et après qu'il se fut affranchi des chaînes de Giovanni Bellini, est amplement démontrée par chacune de ses œuvres tout au long d'une carrière presque centenaire : pour ne choisir que deux d'entre elles, le *Martyre du Dominicain Pierre*, qui résume l'un de ses premiers essais historiques, doivent sinon tout, du moins leurs plus grands effets, au décor : l'élévation et la solitude du site concourent au sublime de la visitation visionnaire pour en consacrer les acteurs au-delà de ce que pourraient espérer leur caractère et le style de leur corps, et font du premier un objet d'admiration soumise, tandis que sa simple grandeur vaut au second un assentiment joyeux et indulgent, et nous réconcilie avec un détail du portrait peint et avec l'impropriété qu'il y a à associer une représentation domestique et vulgaire à un sujet sacré.

C'est pour toutes ces raisons que Reynolds insiste tant sur l'importance du décor et de l'arrière-plan, lui qui déclarait souvent que, quelque assistance préliminaire qu'il acceptât pour les drapés ou autres parties de ses figures, il se faisait un point d'honneur de garder pour lui l'ordonnancement du décor, la disposition et le dernier fini de l'arrière-plan.

Le choix et le paysage de l'arrière-plan nous permettent souvent de juger jusqu'à quel point un peintre a pénétré son sujet, s'il en a compris la nature, à quelle catégorie il appartenait, quelle impression il pouvait faire, quelle passion il était destiné à exciter ; il donne son empreinte au serein, au solennel, au sévère, au majestueux, au terrible, au sublime, au paisible, au solitaire, au plaisant, au joyeux. Tantôt il devrait être négatif, entièrement secondaire, distant ou perdu en lui-même ; tantôt, plus positif, il agit, renforce, assiste le sujet, et réclame l'attention ; ce sont tantôt ses formes, tantôt sa couleur qui devraient dominer. Un sujet qui en lui-même confine à l'habituel ou au commun peut devenir sublime ou pathétique par son seul arrière-plan, et un autre, sublime ou pathétique, risque à cause de lui de devenir trivial et inintéressant : un femme, la tête dans les mains, appuyée sur un rocher, pourrait facilement se recommander à un portraitiste, mais les moyens de rendre ce personnage intéressant pour ceux qui ne se soucient pas de ressemblance ne sauraient être empruntés aux mélanges de la palette ; Reynolds avait découvert le secret du contraste entre la tranquillité sereine de la personne et une mer démontée, un rivage tempêtueux à l'horizon ; et, avec une autre femme qui contemplait une mer agitée au clair de lune paisible, il associa l'élégance à la sympathie et au désir.

Tout ce qui rattache l'individu aux éléments, que ce soit par des moyens abrupts ou imperceptibles, est un instrument du sublime ; de même, tout ce qui pareillement le relie à l'espèce ou l'en arrache peut devenir un outil du pathétique ; c'est dans cette distinction que réside la règle par laquelle notre art, pour étonner ou émouvoir, se doit de choisir le décor de ses sujets. Ce n'est pas par l'accumulation visible à tous d'une machinerie magique ou infernale, en introduisant Hécate et un chœur de démons femelles et de sorcières, en entourant Macbeth d'une succession d'apparitions et en faisant évoluer un cortège d'ombres devant et au-dessus de lui qu'on en fait un objet de terreur ; pour le rendre tel il faut le placer au bord d'un précipice, son regard plongeant vers le bas, absorbé par l'abîme obscur ; et envelopper de ténèbres l'horrible vision, en abolir les limites, et en réduire l'éclairage à quelques éclats.

Cet art consistant à donner au personnage principal la maîtrise de l'horizon est peut-être le seul principe par lequel l'art moderne aurait pu prendre l'avantage sur celui des Anciens, et améliorer la dignité de la composition, s'il avait été poursuivi avec constance par ses grands restaurateurs, les peintres de Jules II et de Léon X, quoiqu'on le trouve davantage respecté dans la représentation monumentale de la chapelle Sixtine que dans les chambres et les cartons de Raphaël, qui, étant plus souvent pathétiques ou intellectuels que sublimes, ont moins souffert de l'avoir négligé.

Le même principe développé avec le cône, comme forme généralement la plus propre à composer une figure isolée ou un groupe, explique pourquoi la figure ou le groupe principal doit être l'objet le plus élevé d'une composition, et commander dans l'espace aux accidents de décor et de lieu. L'*Apollon du Belvédère*, isolément ou dans un groupe, n'a certainement pas été composé pour se mouvoir au fond d'une vallée, ni le *Zeus* de Phidias pour être abrité par un toit.

Aucune grande œuvre peut-être n'a manifesté plus violemment les impropriétés qu'occasionne la négligence de ce principe que la célèbre *Résurrection de Lazare* de Sebastiano del Piombo, dont la composition, si on peut parler ici de composition, semble avoir été dictée par l'arrière-plan. Celui-ci usurpe le premier regard ; il enterre en partie, presse de toutes parts, et à l'emplacement le plus important relègue le sujet dans un coin. L'horizon est au sommet, Jésus, Marie et Lazare sont en bas de la scène. Quoique les formes de sa perspective et de ses groupes aillent en s'amenuisant, elles sautent aux yeux en couleurs opaques et criardes, et l'artiste ne peut arguer pour sa défense que la multitude de figures admises soit composée de personnages choisis pour montrer dans différents modes d'expression l'effet du miracle, tandis que leur nombre lui donne un caractère public et le distingue des tours obscurs d'un jongleur ; si tout cela était le cas, ce qui n'est pas sûr, car la grande majorité d'entre eux ne sont pas des spectateurs, cela eût pu du moins être fait avec respect ; la preuve la plus authentique de la réalité du miracle aurait dû rayonner de l'expression de celui qui l'accomplissait, et de la sœur du ressuscité. Dans toute œuvre quelque chose doit venir en premier et autre chose en dernier ; le premier est essentiel, le second est facultatif ; celui-là est présent à bon droit, celui-ci est toléré et opportun[86].

Le tableau rival de la *Résurrection de Lazare*, la *Transfiguration du Christ* par Raphaël, évite l'inconvénient d'être trop confusément peuplé, ainsi que cette insolente *luxuriance* de décor que nous avons condamnée, grâce à l'artifice qui consiste à fuir ce qu'on appelle au sens strict l'arrière-plan, et à l'exclure tout entier ; l'action au premier plan constitue la base, et le Christ le sommet du cône, et ce qu'ils auraient pu perdre par leur diminution en taille est compensée par l'élévation et la splendeur. En sacrifiant à ce principe les règles d'une perspective qui lui était si familière, Raphaël a réussi à unir le commencement, le milieu et la fin d'un événement qu'il a représenté en un seul moment ; il a évité la moindre parcelle de lieu commun ou d'embellissement superflu, avec simplicité, et un air de spontanéité tel que seuls les obtus, les grincheux et les pédants peuvent lui refuser leur approbation, leur admiration et leur sympathie ; s'il n'a pas à proprement parler incarné le possible, il a peut-être fait davantage, et réussi la même chose qu'Homère ; en dissimulant la part délicate mais inessentielle de son matériau, il l'a transformée en probabilité.

J'ai dit que le choix du décor nous permet souvent, sinon toujours, de juger dans quelle mesure un artiste a pénétré son sujet, et quelle émotion il a voulu susciter en le traitant. Aucun sujet ne peut le révéler aussi clairement que celui qu'on distingue généralement par le nom de Madone : sujet empreint du mystère de la religion, et adoptant à l'origine les douces images de l'affection maternelle pour conquérir les cœurs. En étudiant le nombre considérable de celles qu'a peintes Raphaël, on découvre en général un trait de réciprocité entre l'amour filial et maternel, « les charités du père, du fils, et de la mère », parfois agrémentées de jeu enfantin et de caresses féminines, parfois dotées de dignité par l'intervention et l'hommage célestes ; les attendrissements de la petite enfance prennent pour les incarner des formes plus charmantes qu'exaltées, moins belles que plaisantes – en conséquence, le choix du décor ne consiste guère qu'en un accompagnement agréable – la fleur et le buisson, le ruisseau et le bosquet, émaillent le refuge ou abritent le repos de la Sainte Famille sous la sérénité d'un ciel paisible, qui s'étend ou perce à travers les arbres, ou sous le couvert des ruines ; alors que dans les scènes entourées d'un décor domestique, la Mère se blottit dans la chaleur d'un retrait, tantôt dissimulant à son Enfant chéri un spectacle profane, tantôt le pressant contre son sein, ou encore contemplant en un ravissement silencieux les charmes qu'il déploie dans son giron – tous gestes et accessoires qui, quoique appropriés, ne font aucune allusion aux personnages mystérieux qu'ils affirment représenter – pour les distinguer, on fait appel à la chaise, à la fenêtre, à la selle sur laquelle est assis

Joseph dans l'un des tableaux, aux fleurs qu'il offre à genoux dans un autre, au berceau, au bain. Raphaël était pénétré d'un principe moins dévot qu'amoureux ; son dessein était moins de frapper l'amour maternel du sceau de la religion que de consacrer le visage qu'il adorait : ses *Saintes Familles*, à une exception près, sont une apothéose de sa *Fornarina*.

Cette exception qui confirme la règle prouve également que l'absence de ses beautés dans les autres tableaux relève plus d'un choix que d'un manque d'intelligence. Jamais la nature et l'art réunis n'ont offert à la raison et au cœur un sentiment plus exalté, ou des formes mieux appropriées, que dans le visage et l'attitude de la *Madone de Versailles*, connue par une gravure d'Edelinck copiée par Giacomo Frey. Le visage certes offre encore les traits favoris de Raphaël, qui ne sont pas ceux de la beauté suprême, mais qui revêtent une sainteté qu'on chercherait en vain dans tous les visages semblables : sérieux sans sévérité, purs sans fadeur, humbles mais majestueux, charmants et modestes à la fois, et gracieux sans affectation ; visage et silhouette réunissent ce que nous pouvons concevoir de la beauté maternelle, suspendue entre les transports d'affection et un mystérieux sentiment de supériorité qu'inspire le majestueux Enfant sur lequel elle se penche pour l'accueillir au sortir du sommeil.

Michel-Ange ajouta l'exaltation à la douceur de représentation de Raphaël, jusqu'à l'élever à un type de dévotion, et il adapte le lieu et le décor à une ornementation allégorique ou prophétique ; ainsi, dans le tableau peint pour Angelo Doni, où la Mère transportée reçoit l'Enfant des mains de Joseph, le décor du fond donne-t-il à voir le nouveau sacrement sous les traits de divers groupes de baptisés, qui se baignent à la fontaine ou en sortent. Dans un autre représentant l'Annonciation, on découvre dans l'imposant crépuscule en retrait, la figure de Moïse brisant les tables reçues sur le Sinaï, allusion à l'abolition de la loi ancienne ; infraction aux coutumes juives, car cette figure n'est pas une apparition, mais une statue, ce qu'on lui pardonne volontiers en raison de sa beauté allégorique. Même dans les sujets relatifs à Jésus et à sa famille, où le fond est dépourvu d'ornements référentiels, il apparaît comme le siège de la méditation ou de la pureté virginale, et consacre le sentiment ou les actions des personnages, comme dans la *Salutation de saint Jean de Latran*, et dans celui où Marie contemple son Fils étendu sur ses genoux, et semble ployer sous le pressentiment du terrible moment qui le verra étendu à ses pieds, sous la croix ; mais dans cette image monumentale de Jésus expirant sur la croix, flanqué de la Vierge et de saint Jean, qu'est-ce que le décor sinon un écho du sujet ? L'élément qui les entoure entre en sympathie avec la douleur de ceux qui souffrent, grâce à l'image des deux génies en deuil émergeant de la nuée ; idée sublime que Vasari imaginait avoir imitée avec succès, voire améliorée, lorsque dans une répétition du même sujet il les travestit en Phébus et Diane éteignant leurs sphères, symboles de l'éclipse du soleil et de la lune[87].

Ce qu'on a dit de la luxuriance du décor de Poussin amène à ces excès aveugles qui lui accordent davantage d'espace, une situation plus éminente, un fini et un effet plus profonds que l'importance même du sujet ne le permet ; par suite de quoi l'unité est détruite, et l'on ne sait plus à quelle catégorie appartient une œuvre, si elle est une combinaison de deux genres ou davantage, voire de tous, et où le portrait et l'architecture, le paysage et l'histoire «luttant pour la suprématie, règnent chacun un instant». On ne peut nier que certaines des plus nobles œuvres d'art sont passibles de cette accusation, et que l'admiration fervente pour les beautés de détail du décor du *Martyre de saint Pierre* du Titien, si elle ne détourne pas du dessein majeur dans lequel le tableau a été ou aurait dû être peint, n'ajoute certainement rien à son intérêt véritable ; la nature mène tout à son terme, mais la tentative de copier l'universalité de la nature paralyse la main de l'art ; la célèbre série de *Cènes* de Paolo Cagliari n'échappe à ce reproche qu'en étant rangée parmi les modèles de peinture ornementale ; et si l'on ne savait que nonobstant leur grandeur, leur convenance, et le pathétique de leur composition, les *Cartons* de Raphaël étaient destinés à l'origine plus encore à la distraction des foules qu'à l'admiration mesurée de juges choisis, il serait difficile d'en justifier ou d'en expliquer l'exubérance, et bien souvent l'impropriété de décor et de mise en scène dont certains sont affectés ; dans le *Carton* de la *Pêche miraculeuse*, peut-être n'aurions-nous pas permis à Giovanni d'Udine de nous offrir au premier plan des fac-similés des hérons du lac ; dans celui de *Paul sur l'Aréopage*, il y aurait eu sans doute une moindre agglomération d'édifices achevés, inachevés ou à moitié démolis ; dans le *Miracle de Pierre et de Jean*, les protagonistes n'auraient guère risqué d'être bornés par une colonne barbare chargée d'ornements profanes, ou, dans le *Massacre des Innocents*, les humbles chaumières de Bethléem d'être transformées en empilements d'architecture ionique, agrémentés de dieux dans les niches entre les colonnes, avec toute la pompe de la métropole romaine.

Cinquième Conférence

De la composition ; de l'expression

Souvent dans le cœur des hommes elles ont jeté les heures très fleuries d'anciennes inventions. Mais toute l'œuvre appartient à l'inventeur.

Pindare, treizième *Olympique*, 16-17

Les éléments de la composition ; la répartition en groupes ; Michel-Ange ; le Corrège ; Raphaël ; de l'ampleur. L'expression, ses catégories, ses limites.

Après l'invention vient la composition. Celle-ci, au sens le plus strict, est l'habilleuse de l'invention, dont elle supervise la disposition des matériaux.

La composition comporte des éléments physiques et moraux ; les premiers sont la perspective et la lumière avec son corollaire : l'ombre ; les seconds, l'unité, la justesse et la netteté ; sans unité elle ne peut embrasser son sujet ; sans justesse elle ne peut en raconter l'histoire ; sans netteté elle voile l'anecdote de confusion ; dépourvue d'ombre et de lumière, elle manque son effet ; et si elle néglige la perspective elle ne peut trouver ses repères.

La composition, comme tous les autres aspects du style, a connu une évolution progressive ; elle a commencé dans la monotonie et la juxtaposition, s'est ouverte au centre et à la profondeur, s'est établie sur l'harmonie et les masses, a été corrompue par le contraste et la répartition en groupes, et s'est vue finalement supplanter par les grandes machines, les lieux communs et le maniérisme.

De même que c'est à la sculpture que la peinture naissante avait emprunté sa première théorie des formes, de la même façon sans doute elle lui emprunta sa méthode pour les organiser ; et celle-ci est la juxtaposition, ou disposition collatérale des figures nécessaires pour raconter un moment unique ou des moments épars d'une anecdote. Si la statuaire se complaisait dans la combinaison de groupes nombreux, tels ceux de la *Niobé*, elle pouvait les disposer suivant la composition, fixer un centre et ses rayons, et ainsi produire une illusion aussi forte qu'il est permis à une forme sans couleur. Mais lorsque la sculpture fut pour la première fois consultée par la peinture, elle n'était pas encore parvenue à cette période qui autorisait le déploiement d'une telle magnificence ; une figure unique ou un groupe isolé ne pouvaient suffire à informer le peintre ; il fut réduit à consulter le bas-relief, et ce dernier a pour élément la juxtaposition.

C'est à cette lumière qu'il faudrait examiner une grande partie de la chapelle Sixtine. Le plan en était monumental, et certains de ses compartiments étaient alloués à la juxtaposition, non parce que Michel-Ange était sculpteur, mais parce que c'était là un moyen plus complet d'en présenter le plan général que l'échelle étroite de la composition. Il admettait certes la composition et la traitait en maître, chaque fois que son sujet s'éloignait de la simplicité primitive de la nature élémentaire pour se retrancher dans les limites plus strictes de la société, ses patriarches, ses prophètes et ses sibylles, pris isolément ou en groupe, le décor du *Serpent d'airain*, de *David* et de *Judith*, de *Noé* et de ses fils, sont des modèles de la composition la plus grandiose, la mieux mise en relief. De quel principe de composition pourrions-nous déplorer le manque dans la *Création d'Adam et d'Eve* ? Est-il possible de saisir avec plus d'unité, de caractériser avec plus de justesse, de présenter avec une netteté plus éclatante, de communiquer une plus grande vérité du lieu ou de donner plus d'effet en relief ? Si la juxtaposition collatérale est le plan directeur du *Jugement dernier*, si le point de vue et la perspective linéaire et aérienne dans ce qui est élevé tantôt avancent, tantôt reculent, si les masses artificielles et le relief ostentatoire sont dans l'ensemble absorbées par le dessin ou sacrifiées à de plus hauts principes, le plus grand dispositif de machinerie a-t-il jamais conçu des effets capables de rivaliser avec l'agglutination de ces groupes en lutte, où ombre et lumière présidaient à la terreur ou au sublime ? Quel effet pourrait rivaliser avec la barque de Charon déversant son équipage de criminels, projeté dans une masse d'ombre boueuse à travers le renfoncement livide et l'éclair de lumière blafard qui nous le fait sauter aux yeux ? C'est là un météore du royaume du clair-obscur, qui éclipse tout ce qu'on pu produire ailleurs les disciples les plus audacieux du pouvoir des grandes machines.

S'il faut évaluer le projet de Michel-Ange selon d'autres principes, sa démarche doit être jugée suivant d'autres règles que le plan et la démarche du Corrège à Parme. Pour avoir été le premier et le plus grand, le Corrège n'en reste pas moins un machiniste. Il s'agissait moins pour lui de donner à voir l'*Assomption de la Vierge*, monument de la religion triomphante, grâce au sublime de la conception ou à une composition caractéristique, que d'employer les possibilités extrêmes de la perspective linéaire et aérienne, à une hauteur qui réclamait des raccourcis excentriques et violents, rehaussés et accordés par des jeux magiques d'ombre et de lumière, pour incarner l'élément où devaient se mouvoir les personnages ; et c'est à cette splendeur, à cette élévation qu'il adapta le sujet et subordonna les acteurs. Voilà pourquoi son œuvre, si elle évolue dans un déluge d'harmonie, n'a pas droit au titre légitime de composition. L'assemblée céleste qui entoure la gloire, cette gloire proprement dite qui étreint la Vierge et son chœur d'anges, le Christ qui se précipite au-devant de la gloire, sont tous également noyés dans le *morceau de bravoure* de leur support ; certes, ils rayonnent, reflètent et se massent, mais ne nous offrent guère plus à voir que des membres. Cela rend la coupole du Corrège moins épique ou dramatique qu'ornementale. Si l'on ne trouve que l'aspect technique de la composition, fût-il porté à son plus haut point de perfection, et que son ostentation engloutit le sujet, il marque le maître d'un sceau d'infériorité. Qu'on ôte à Homère sa langue, on lui enlève beaucoup, mais on laisse intact le poète épique ; qu'on en prive Virgile, qu'on le dépouille de la majesté, de l'éclat, de la justesse de sa diction, et ce qui restera de ses prétentions à la poésie épique se réduira pour ainsi dire à ses emprunts au plan d'Homère. Que nous rappelons-nous lorsque nous quittons les coupoles du Corrège ? Et quand nous quittons la chapelle Sixtine ? Là, un homme qui a transposé à une échelle colossale les principes de son modèle drapé ou nu, les a appliqués avec un regard exhaustif et mis en valeur par la magie de l'ombre et de la lumière et une harmonie de tons ample et généreuse ; ici, un projet épique combiné et exposé sur les modes simples de la grandeur. Chaque artiste a donné ce qu'il avait : le Corrège, des membres et de l'effet ; Michel-Ange, de l'être, de la forme et du sens. Si la coupole du Corrège est restée dans son genre inégalée par les projets antérieurs ou postérieurs, si elle laisse loin derrière elle les effusions de Lanfranchi et de Pierre de Cortone, elle n'en a pas moins été leur modèle ; et ce n'est pas moins de lui qu'il faut dater l'origine du style ornemental des machinistes.

Diverses sont les formes sous lesquelles la composition incarne son sujet et le présente à notre regard. Le cône ou la pyramide, le globe, la grappe, la flamme et le flot, le cercle et ses segments, prêtent leurs formes pour élever, concentrer, entourer, se diffuser ou onduler en ses masses. Elle s'érige dans l'*Apollon*, darde sa flamme dans le *Guerrier d'Agasias*, ses flèches chatoyantes montent en spirale dans le *Laocoon* ; elle inverse le cône dans l'*Hercule* de Glycon, le redouble ou ondule dans *Vénus et les Grâces*. Dans la douce lumière centrale d'un globe qui glisse imperceptiblement, par demi-teintes lumineuses, jusqu'à des ombres aux riches reflets, elle compose la magie du Corrège, et transporte comme le ferait un rêve délicieux ; mais c'est comme un torrent qu'elle fond de la main du Tintoret sur la toile tremblante en ailes gigantesques d'ombre et de lumière, et balaie de ses effets généraux toute importance individuelle. Mais que ses groupes soient brunis sur fond de ciel transparent, ou émergent des ténèbres, qu'elle se brise sur l'objet réfléchi, tel le soleil de midi, comme chez Rubens, ou, qu'à l'exemple de Rembrandt elle en fasse jaillir des éclairs foudroyants, quelles que soient sa forme ou son effet, qu'elle soit plus ou moins que ce qu'elle devrait être : un support ; si elle n'émane pas du sujet comme un arbre de sa racine, si elle ne contient pas tout ce qui le distingue des autres sujets, si elle laisse de côté quoi que ce soit qui en est une caractéristique et une propriété exclusive, et qu'elle admet le superflu ou le lieu commun, ce n'est plus de la composition, ce n'est que du groupement, qu'un échafaudage ostentatoire ou inutile sur un édifice dépourvu de fondations ; ce n'est certes pas le cas de la composition de Raphaël.

Le principe dominant en est cet air de simplicité sans art qui nous persuade que ses figures ont été moins composées par le savoir-faire que groupées par la nature ; que l'épisode a dû se produire tel que nous le voyons représenté. La simplicité lui apprit à maîtriser son sujet, la convenance à lui conférer une forme et du caractère, et la netteté à lui donner de l'ampleur et de l'espace. L'*École d'Athènes* au Vatican, la *Mort d'Ananias*, et le *Sacrifice de Lystra*, parmi les *Cartons*, sont autant d'exemples qui en peuvent témoigner.

Une composition métaphysique, si elle comporte de nombreuses figures, risque d'être prise plus souvent pour une dissémination de fragments que pour une répartition régulière de ses objets. Rares sont ceux à qui l'*École d'Athènes* donne une autre impression que celle d'un rassemblement arbitraire de groupes méditatifs. Et cependant, si le sujet en est une représentation dramatique de la philosophie, alors qu'elle se prépare à la vie active, les éléments de l'édifice ne sauraient être reliés par une progression plus régulière que celle de ces groupes. Archimède et Pythagore, Platon et Socrate, Aristote et Démocrite, Epictète, Diogène et Aristippe, professent tous, à des degrés divers de modes caractéristiques, la même glorieuse doctrine, qui dit que doté de l'harmonie physique et intellectuelle, l'homme s'élève de lui-même à la société, et de la société à Dieu. C'est à cette fin que chaque groupe est le pendant d'un autre groupe, qu'à l'action s'oppose le repos, que chaque poids a son contrepoids ; l'unité et la variété répandent l'harmonie sur l'ensemble.

Dans le *Carton* d'*Ananias*, au premier coup d'œil, avant même d'être instruits des détails du sujet, nous devenons partie prenante de la scène. La disposition est celle d'un amphithéâtre, le décor une vaste salle, le cœur de l'action en constitue le centre, les coulisses y contribuent, l'éclairent, le rattachent aux extrémités. L'homme que nous voyons frappé d'apoplexie est visiblement la victime d'une puissance surnaturelle, qui inspire les figures apostoliques qui, sur l'estrade dressée, ont prononcé sa malédiction d'un bras menaçant, et l'ont exécutée par le verbe. La terreur que suscite cette attaque subite trouve sa meilleure expression dans les traits mûrs ou juvéniles de ceux qui encadrent l'infortuné ; elle est instantanée, car le choc ne s'en est pas encore répandu au-delà d'eux, stratagème destiné à éviter de rompre la dignité due au caractère sacré de la scène, et à empreindre l'assistance d'une attitude d'attention recueillie. Ses occupations sous-entendent aussi bien ce qui a précédé que ce qui va suivre, de même que la figure de la matrone qui entre, absorbée par l'argent qu'elle compte, bien qu'elle s'approche du centre fatal, et que nous pouvons supposer être Saphira, épouse et complice d'Ananias, et compagne dévouée de son sort. Dans cette composition qui compte près de trente personnages, impossible d'en dégager un qui relève du lieu commun ou soit là par pure commodité ; émanations légitimes d'un sujet unique, ils sont liés les uns aux autres et au centre par une chaîne commune, tous agissent, et tous ont la place nécessaire pour agir ; le repos alterne avec l'énergie.

Même si dans l'ensemble le *Sacrifice de Lystra* possède plus de disposition par juxtaposition que de profondeur de composition, lui qui récapitule à l'instant qu'il a choisi le motif qui l'a produit, et qui montre la déception qui le domine, a su rassembler les acteurs et les visages les plus aptes à exprimer les deux ; des acteurs et des traits d'une dignité quasi-divine, d'une dévotion superstitieuse et d'une curiosité ardente ; le décor est celui du vestibule du temple d'Hermès, et Paul, qui est censé être le représentant de cette divinité, attire sur lui le premier regard, par sa position élevée, son geste, et l'ensemble de la composition qui tend impétueusement vers lui, même s'il n'est pas placé au centre ou sous une lumière centrale. A l'instant même où débute la cérémonie, le sacrificateur est interrompu dans son geste de frapper la victime par le bras tendu d'un jeune homme qui se rue au travers de la foule des prêtres et des victimaires chantant des hymnes, et observe Paul, indigné, qui déchire son vêtement d'horreur à la perversion idolâtre de son miracle[88]. Le miracle proprement dit est personnifié par cette figure caractéristique de l'homme guéri, qui, baignant l'apôtre d'un regard qui étincelle de joie et de gratitude, et les mains jointes en signe d'adoration, se précipite, accompagné d'un vieillard grave et prestigieux, qui, soulevant une partie du vêtement qui couvrait sa cuisse, atteste que c'était bien là le propriétaire de ces béquilles qui naguère encore le supportaient, mais qui gisent désormais inutiles sur le pavé.

Parmi les *Cartons* qui ne sont pas en notre possession et qui n'existent probablement plus que sous la forme des tapisseries de Rome et de Madrid, et des gravures copiées sur elles, la *Résurrection du Christ* et son *Ascension* témoignent également, dans le contraste de leurs compositions, des pouvoirs de discernement de Raphaël. La *Résurrection* tire son intérêt de sa rapidité convulsive, l'*Ascension* du calme de son mouvement. Dans cette dernière œuvre, le héros surgit comme une boule de feu de la tombe qui éclate et du linceul qui s'engloutit, semant le trouble et la stupéfaction. Ce que l'appréhension n'osait soupçonner, ce dont l'imagination n'osait rêver, que nul œil jamais n'avait contemplé, nulle langue jamais proféré, flamboie sous nos yeux ; les passions jaillissent du centre en rayons irrésistibles. La crainte, la terreur, la conviction luttent dans la figure du centurion avec la dignité et le courage ; et, dans celle du garde, bouleversent la brutalité, submergent la violence, anéantissent toute résistance, absorbent l'incrédulité. L'ensemble est tempêtueux. L'*Ascension* est majestueuse, et la dernière d'une longue série de scènes semblables ; ce n'est plus avec la rapidité du conquérant, mais avec la calme sérénité de la puissance triomphante, que le héros est élevé dans la splendeur, et disparaît progressivement à la vue de ceux que des visions répétées avaient instruits de s'attendre à toutes les stupéfactions. Silencieux et recueillis, les yeux perdus en adoration plus qu'en étonnement, ils suivent l'apparition glorieuse ; jusqu'à ce qu'enfin, lorsque s'adressent à eux les messagers vêtus de blanc de leur roi désormais invisible, ils retombent dans des sentiments d'hommes.

Nous avons jusqu'à présent examiné l'aspect intellectuel de la composition de Raphaël ; disons à présent un mot de sa technique. Il y excelle particulièrement dans le domaine de l'ampleur des masses, et des ombres et lumières positives.

C'est à Michel-Ange, me semble-t-il, que l'art moderne est redevable de l'ampleur, cette qualité d'exécution qui donne à l'ensemble une telle prééminence sur les parties qu'elle éveille une idée d'unité ininterrompue au sein de la plus grande variété. L'ampleur de Michel-Ange ressemble au flux et au reflux d'une mer puissante ; les vagues s'approchent, arrivent, se retirent, mais dans leur mouvement ascendant et descendant, émergeant ou englouties, nous n'en gardons que l'image de la puissance qui les soulève, qui les dirige ; alors que la disparité des parties saillantes des œuvres des écoles florentine, vénitienne et allemande naissantes distrait notre regard comme la houle incessante d'une rivière peu profonde, ou comme les broussailles et les ronces qui s'enchevêtrent et obstruent les chemins forestiers et qui, au lieu de nous indiquer le chemin, ne font que nous embarrasser de leur présence. Grâce à son ampleur, l'artiste nous met immédiatement en possession du tout, et c'est en partant de là qu'il nous conduit doucement à l'examen des parties en fonction de leur importance relative ;

il s'ensuit que dans une représentation de surfaces organisées, l'ampleur consiste à présenter à bon escient une plénitude, et non un substitut du vide. L'ampleur serait facile à atteindre si le vide pouvait l'offrir. Cependant, même à ce stade de dégradation, si le plaisir de l'œil est la tâche première et indispensable d'un art qui ne peut nous impressionner que par cet organe, elle est préférable à l'exhibition laborieuse de parties qui se bousculent avec l'ambition de se faire admettre aux dépens du tout, à cet empressement dévoyé qui nous lasse par des obstacles qui nous empêchent de pénétrer le sens ou de parvenir au sujet, dont on doit d'abord obtenir une idée claire avant de pouvoir juger de la propriété ou de l'impropriété de ses parties.

Le principe constitutif de l'ampleur de Raphaël n'était point si absolu ni si exhaustif que celui de Michel-Ange. Mais sa perspicacité découvrit bientôt que de grandes masses ininterrompues de lumière et d'ombre retiennent, satisfont, orientent et reposent le regard, et que les oppositions d'ombre et de lumière confèrent de la netteté. Fort de cette conviction, il laissa leur masse se déverser sur ses personnages avec autant d'ampleur que le leur permettaient leur importance et leur attitude respectives, leurs relations réciproques, l'interrompant aussi rarement que possible. Il opposa les masses d'ombre à la lumière, et les masses lumineuses à l'ombre. Il apparaît que c'est grâce à la stricte observance de ces règles que chaque figure de Raphaël, si petite soit-elle, et même à une distance considérable, se décrit, et frappe le regard par son caractère net et distinct ; tant et si bien que même les figures relativement minuscules de sa *Loggia* sont faciles à distinguer de celles du *Cortile* inférieur. Il demeura fidèle à cette maxime dans toutes ses œuvres, à quelques exceptions près où au lieu de l'ombre et de la lumière, il sépara les figures par des reflets de couleur différente ; exceptions dictées par la nécessité plutôt que par le choix, et qui ne font que confirmer la règle plutôt qu'elles ne la contredisent.

On ne peut certes nier que si cette opposition offrait une netteté supérieure, elle était parfois source de rudesse. Chaque partie est ample, mais la séparation est trop visible. Il néglige uniformément les reflets, et, quelle qu'en soit la raison, il se désintéresse souvent des transitions ; il ne relie pas suffisamment les deux extrémités de ses masses par l'ampleur des demi-teintes ; et, quoique cela soit moins fréquent dans les fresques que dans les peintures à l'huile, il n'a pas toujours semblé avoir une idée précise des dégradés nécessaires pour délimiter complètement l'ensemble aussi bien que pour le déployer, et a paru plus anxieux d'obtenir l'ampleur proprement dite que son harmonie élémentaire.

Il ne semble pas qu'au XVIe siècle, les grands maîtres d'une composition digne de ce nom aient recherché ni saisi les avantages que l'élévation du paysage et un horizon bas sont susceptibles de conférer à un sujet donné. Pour contempler leurs scènes, ils nous placent dans la galerie ; mais par manque de rigueur, la ligne horizontale devient une verticale, et projette la distance sur le premier plan ; les groupes les plus éloignés ne se rapprochent pas des protagonistes, mais leur tombent dessus ou les surplombent. Et de même que les principes d'unité et de grandeur en pâtissent dans mainte composition, de même chaque forme individuelle en souffre, puisque pour atteindre à la grandeur, elle devrait s'élever en un effet modéré de raccourci, dominer l'horizon, ou être en contact avec le ciel. Qu'on inverse ce plan dans la composition du *Martyre de Pierre* par le Titien, qu'on élève la ligne horizontale au-dessus du moine au premier plan, et c'est ensemble l'espace, l'élévation et l'unité qui disparaissent. N'est-ce pas ce principe qui plus que tout donne à l'*Ecce Homo* de Rembrandt son caractère sublime ? Composition qui, malgré sa plénitude, dissimule dans sa grandeur les limites de son décor. Sa forme est celle d'une pyramide dont le sommet se perd dans les cieux, et la base dans les ténèbres d'abysses tumultueuses. Partant des foules houleuses qui envahissent la base du tribunal, nous levons notre regard vers Ponce Pilate, encerclé et ébranlé par les diverses formes que revêt la férocité d'un sanhédrin sanguinaire, dont la poigne impitoyable le dessaisit de son bâton de commandement ; de là nous nous élevons à la sublime résignation de l'innocence en la personne du Christ, et sans plus nous soucier du tumulte inférieur, nous jouissons de la sérénité que nous procure son expression. Telle est la grandeur d'une conception qui absorbe dans sa flamboyance les détails sordides d'objets trop vulgaires pour être mentionnés ; si ces objets avaient été à la hauteur de la conception et de la composition, cet *Ecce Homo* de Rembrandt, même sans le secours de la magie de ses jeux d'éclairage, ni de ses couleurs ensorceleuses, eût constitué un assemblage de talents surnaturels.

Loin, bien loin, hélas ! d'avoir répondu à toutes les exigences de la composition, mes limites me contraignent et mon sujet m'enjoint de présenter une rapide esquisse des traits les plus essentiels de l'expression, qui en est l'assistante et l'interprète. Elles sont si étroitement entremêlées, entre elles comme avec l'invention, qu'il est presque impossible d'en concevoir une sans supposer l'existence des autres, et appliquer à toutes les principes de chacune ; elles demeurent toutefois des facultés distinctes, et on peut les posséder séparément. La figure du Christ par Michel-Ange, à Santa Maria sopra Minerva, où on le voit étreindre sa croix et les instruments de sa Passion, est sublimement conçue et puissamment composée ; mais ni ses traits ni son expression ne sont ceux du Christ.

L'expression est l'image vivante de la passion qui affecte l'esprit ; elle en est le langage et en dépeint la situation. Elle anime les traits, les attitudes et les gestes que l'invention a sélectionnés et la composition disposés ; ses principes, comme les leurs, sont la simplicité, la justesse, et l'énergie.

Il est important de distinguer les objets de l'expression de son esprit. Pour communiquer ce dernier, nous devons être des maîtres des formes et des coloris qui en sont l'incarnation. Sans la vérité du trait, aucune expression véridique n'est possible ; et les passions, dont l'énergie interne a imprimé aux traits leur forme, y peuvent indifféremment demeurer, fluctuer, éblouir ou diminuer en couleur, et lui communiquer de l'énergie par l'ombre et la lumière.

Pour permettre à un visage de parler clairement et avec justesse, il ne doit pas seulement être bien construit, mais posséder son caractère propre et exclusif. Si les éléments des passions sont les mêmes chez tous, ils ne parlent pas chez tous avec la même énergie, et n'y sont pas circonscrits par les mêmes limites. Si la joie est la joie, et la colère la colère, la joie du sanguin n'est pas celle du flegmatique, ni la colère du mélancolique celle du caractère enflammé ; et les distinctions qu'établit le caractère sont tout aussi valables et importantes pour le climat, les mœurs, l'éducation et le rang. L'expression possède ses classes. Décébale et Syphax, s'ils sont tous deux déterminés à mourir, accueillent la mort d'un regard aussi différent que leur teint. L'émotion tremblante du cœur d'Hector allant à la rencontre d'Ajax n'est pas la palpitation de Pâris découvrant Ménélas ; l'air réprobateur du fantôme Hercynien est peut-être capable de réprimer l'ardeur de Drusus, mais non de subjuguer sa dignité ; les craintes de Marius ne sauraient descendre au niveau de la panique du Cimbre, qui laisse tomber son poignard en entrant dans sa prison, ni la stupéfaction d'Hamlet dégénérer en l'effroi des peurs du vulgaire.

Le Sueur ne s'est pas rendu compte de cela lorsqu'il peignit son Alexandre. Nul tableau peut-être, en dépit du bon sens, n'est aussi souvent cité pour son expression que cet Alexandre malade et alité, la coupe aux lèvres, fixant des yeux le médecin calomnié. La manière dont il est représenté est aussi inconsistante avec l'anecdote historique qu'injurieuse pour le caractère du héros macédonien. L'Alexandre de Le Sueur a le regard indiscret d'un espion. Un homme capable d'un tel regard ne se serait pas plus aventuré à absorber une seule goutte de ce breuvage suspect qu'à entreprendre la conquête de l'empire perse. Si Alexandre, lorsqu'il but le remède, n'avait pas eu la confiance la plus absolue dans l'incorruptibilité de Philippe, il eût été plus qu'un sot : un ennemi de lui-même et un traître à son armée, dont la sécurité dépendait du succès de cette expérience. Son expression devrait être ouverte, toute d'une confiance sans réserves, et celle de son médecin, un sourire dédaigneux, ou une curiosité tempérée par l'indignation, ou l'indifférence d'un esprit conscient de son innocence, et pleinement convaincu que son ami le sait. Au lieu de cela, Le Sueur ne lui a guère accordé qu'une forme vulgaire et un regard d'une fixité stupide.

Les émanations des passions – que la pathognomonie a réduites aux quatre sources principales que sont l'émotion calme, la joie, le chagrin simple ou mêlé de douleur, et la terreur – peuvent être divisées en internes et externes ; les premières ne font que suggérer leur action, elles influencent un trait du visage ou une extrémité du corps ; les secondes étendent leur empire à tout le corps ; elles animent, agitent, abattent, convulsent, absorbent la forme. Les dessinateurs normatifs de la pathognomonie ont donné à leur élément, celui des extrêmes, son masque ; les Anciens en ont établi la norme technique, et le degré d'admissibilité en art. L'Apollon est animé ; le guerrier d'Agasias est agité ; le Gladiateur ou héraut mourant souffre abattu ; le Laocoon est en proie à des convulsions, et la Niobé absorbée à s'y perdre. Plus grande est la vigueur mentale, la dignité, ou la maîtrise de soi habituelle d'une personne, moins l'émotion de son esprit sera perceptible à une observation superficielle ou aux yeux du vulgaire. Plus grande sera la prééminence de l'imagination sur l'intellect, plus incontrôlables les affectations de la suffisance, plus la passion procédera d'une énergie externe moins digne. Le Jupiter d'Homère manifeste sa volonté et sa puissance par un simple froncement de sourcils ; le Socrate de *l'École d'Athènes* se contente de lever un doigt, et l'Ovide du *Parnasse* de le poser sur ses lèvres ; et tous deux en disent bien assez ; mais Achille se précipite tête baissée, et seule la poigne de son ami l'empêche de se donner la mort. C'est alors seulement, lorsque la passion ou la souffrance deviennent trop intenses pour être exprimées, que la sagesse de l'art antique a emprunté à la sérénité non son allure générale, mais l'un de ses traits. Car chaque créature saisie d'une passion excessive, que ce soit la joie, la douleur, ou la peur sombrant dans le désespoir, perd le caractère de sa propre expression individuelle, et se trouve absorbée par la puissance du trait qui l'attire. Niobé et sa famille se fondent ensemble dans un paroxysme de douleur ; Ugolin est pétrifié par le destin qui a emporté le jouvenceau à ses pieds, et balaie les autres dans des affres de douleur. Les métamorphoses de la mythologie antique sont fondées sur ce principe : elles sont allégoriques. Clytia, Biblis, Salmacis, Narcisse ne nous parlent que du pouvoir irrésistible d'une attraction fondée sur la communion des sentiments.

Ce sont des principes semblables qui valent à Raphaël la palme de l'expression parmi les modernes ; poussée à l'extrême après sa disparition par Jules Romain, elle sembla, après un long intervalle de langueur, ressusciter avec le Dominiquin ; elle sembla, dis-je, car sa sensibilité n'était pas soutenue par une égale compréhension, élévation d'esprit, ou dignité de mouvement ; son sentiment manque de justesse, c'est un maniériste de l'émotion, et il plaque les images de Théocrite sur les sujets d'Homère. Un détail d'une conception étriquée quoique agréable est plutôt destiné à amoindrir qu'à renforcer l'énergie d'un ensemble pathétique ; un aimable enfant qui cherche refuge dans le giron ou le sein d'une aimable mère est une idée de nature, qui charme dans un sujet humble, pastoral ou domestique ; mais sa répétition perpétuelle en fait un lieu commun, et son apparition dans un tableau des terreurs du martyre est comme un haillon cousu sur une tunique pourpre. Lorsqu'on touche le cercle caractéristique qui entoure l'*Ananias* de Raphaël, on touche la chaîne électrique, une étincelle authentique jaillit irrésistiblement du dernier comme du premier maillon, qui nous pénètre et nous subjugue ; dans le *Martyre de sainte Agnès* par le Dominiquin, on flâne dans une allée parmi la foule des passants, et la rumeur stupide des commérages environnants laisse présager un sujet non moins stupide, jusqu'à ce que l'on s'aperçoive avec indignation qu'au lieu d'un pot cassé ou d'un menu larcin, on est sur le point d'assister à une scène pour laquelle les cieux s'ouvrent, les anges descendent, et le Christ se lève de son trône.

Toutefois, ce n'est que justice d'observer qu'il y a un sujet dans lequel le Dominiquin s'est mesuré, non sans succès, à Raphaël, et l'a même, à mon sens, surpassé ; je veux parler de l'enfant démoniaque de la série de fresques de Grotta Ferrata ; cette figure inspirée est évidemment l'instrument d'une puissance interne, supérieure, surnaturelle, s'élevant en un élan dénué de contorsion, et généralement considéré comme sans rapport avec l'histoire, sans qu'on puisse jamais la confondre avec un simple fou frappé de fureur, ce qui n'est peut-être pas le cas du garçonnet de la *Transfiguration* ; de plus, comme le sujet est également à la portée des talents du Dominiquin, c'est-à-dire domestique, l'ensemble des personnages représentés est caractéristique ; la crainte mêlée de respect et de confiance pour le saint qui opère le miracle ou la guérison, et de terreur à la vue de la fureur redoublée de son fils, caractérise le père, humble paysan ; de même, la femme éplorée, son enfant dans les bras, ne saurait, étant la mère, être remplacée avantageusement, et c'est à bon droit qu'elle occupe l'emplacement que ne font qu'usurper les créatures caressantes qui envahissent les tableaux de *Saint Sébastien*, de *Saint André* et de *Sainte Agnès*.

Le martyre, ou plutôt le meurtre brutalement spectaculaire de sainte Agnès nous conduit aux limites de l'expression : la compassion et le dégoût sont les parallèles inconciliables qui doivent à jamais séparer la terreur et la pitié légitimes de l'horreur et de la répugnance. Nous ne pouvons compatir avec ce que nous détestons ou méprisons, ni prendre pleinement en pitié ce qui nous révulse ou nous fait frissonner. Ces limites ont été si peu comprises des Modernes, à l'exception de Michel-Ange, que même l'humanité et la délicatesse de Raphael n'ont su le préserver de s'aventurer dans le domaine de l'horreur et du dégoût ; il est difficile de concevoir ce qui a pu l'inciter à exécuter un dessin achevé des actes barbares qui accompagnent le martyre de sainte Félicité, qui découragent jusqu'à la simple description ; dessin réalisé expressément pour être diffusé à travers l'Europe, immortalisé et accessible à tous grâce au burin de Marc Antonio ; était-ce pour prouver à Albrecht Dürer et à ses contemporains allemands qu'ils n'avaient pas épuisé les sources de l'abomination ? Il commit semblable erreur dans le *Morbetto*, où il personnifia les relents de putréfaction au lieu des effets moraux de la peste, quoique d'une main moins prodigue que ne le fit Poussin par la suite. Ce que lui-même n'avait pas eu la clairvoyance d'éviter, on ne pouvait s'attendre à ce que ses disciples le dédaignent. Jules Romain se complut dans des images très étudiées de torture aussi bien que de la licence la plus effrénée. Parmi ses contemporains, le Corrège entreprit même de donner du piquant à la cruauté la plus perverse, par une grâce affectée, dans le tableau de *Saint Placide* et *Sainte Flavie* ; mais l'extase amoureuse de Placide, la gorge à demi tranchée, et l'hymne qui frémit au bord des lèvres de Flavie alors qu'un glaive lui perce le flanc, sollicitent en vain notre compassion, car si nous abhorrons les félons qui les massacrent, il nous répugne de contempler le déroulement effectif de ce crime ; la mutilation est contagieuse, et le dégoût qu'elle procure se transmet du bourreau à la victime. Si saint Barthélémy et saint Erasme sont des sujets de peinture, ils ne sauraient l'être qu'avant, et non pendant ou après que le couteau ou l'estrapade ont fait leur office. Un martyr décapité représenté tenant sa tête entre les mains, comme le fit Rubens, ou son corps gisant près de sa tête tranchée, comme chez le Corrège, ne témoignent que de la barbarie, de la stupidité ou de la bigoterie de l'auteur du forfait, et de l'insensibilité ou de la vénalité de l'artiste.

Il n'est peut-être pas de moyen plus clair que la comparaison pour faire apparaître les degrés de l'expression à l'intérieur, à l'extrême, et au-delà de ses limites ; et celle des divers moments choisis respectivement par Jules Romain, Van Dyck et Rembrandt pour représenter la trahison de Samson par Dalila en offre l'un des meilleurs exemples jamais fournis par l'art. Si l'on considère ce sujet comme un drame, nous pouvons dire que Jules noue l'intrigue, que Van Dyck la déroule, et que Rembrandt décrit le point extrême de la catastrophe.

Dans la composition de Jules, Samson, repu de plaisir, plongé dans le sommeil et étendu sur le sol, repose sa tête et appuie son bras sur la cuisse de Dalila d'un côté, tandis que de l'autre un mignon agile est occupé, quoiqu'avec des précautions craintives, à manipuler et à lui couper les boucles de sa chevelure ; sa peur est telle que pour rester ferme, il appuie son genou sur un tabouret et observe le dormeur en tremblant, prêt à s'enfuir au moindre mouvement. Dalila, assise entre eux deux et immobilisée par le poids de Samson, tourne prudemment la tête vers une troupe de guerriers à l'arrière-plan, dont elle appelle le chef d'un geste du bras gauche, posant le doigt de sa main droite sur ses lèvres pour l'exhorter à se taire et à s'approcher sans bruit. La stature d'Hercule et le port de lion de Samson, son sommeil lourd mais agité, l'agilité tremblotante et efféminée du comparse bouclé, les grâces de catin et l'élégance factice de Dalila, qui n'ont d'égales que sa fermeté et sa conscience du danger, l'attitude et l'expression du sombre vétéran qui mène l'embuscade, tous ces éléments, tout en nous donnant un indice de ce qui va suivre, entretiennent pour nous le suspense et nous font palpiter d'une attente inquiète, haletante : c'est là l'intrigue.

Les terreurs que Jules nous faisait pressentir, Van Dyck les déploie sous nos yeux. La mèche mystérieuse est coupée ; la victime tant redoutée est éveillée hors du giron de la prêtresse-putain. D'abord inconscient de la dépossession de sa puissance, il tente de s'élancer en avant, et d'un seul effort de sa puissante poitrine et de ses bras tendus d'abattre ses ennemis au sol et de rejeter loin de lui la traîtresse affolée ; en vain : tondu, dépouillé de sa force, il cède au poids du chef en armure qui se jette sur lui, et est subjugué par une foule d'acolytes enragés. Mais bien qu'il ait le dessous, moins hagards qu'indignés, ses yeux lancent des éclairs de reproche à la perfide créature dont les caresses enjôleuses ont arraché à son cœur le fatal secret ; l'intrigue se déroule, et ce qui va suivre, trop horrible pour les sens, est laissé aux soins de l'imagination ; libre à elle de le ruminer ou de s'en détourner.

C'est ce moment d'horreur que choisit le génie gigantesque mais barbare de Rembrandt, qui, sans le secours de la métaphore, *exécuta* un sujet que ses rivaux, instruits par l'humanité, le jugement et le goût, n'avaient fait que *traiter* ; il dépeint une scène que seul l'œil de Domitien ou de Néron pourrait rêver ou supporter de contempler. Samson, étendu sur le sol, est maintenu à terre par un Philistin, tandis qu'un autre enchaîne son bras droit, et qu'un troisième, saisissant sa barbe d'une main, lui enfonce de l'autre un poignard dans l'œil. La douleur qui le transperce fait jaillir l'expression depuis les contorsions de sa bouche et ses grincements de dents jusqu'aux pénibles convulsions de sa jambe dressée en l'air de toute sa longueur. Des traits démoniaques brillent à travers une lumière faible et lugubre qui révèle Dalila, sa tâche accomplie, qui s'enfuit subrepticement, les ciseaux dans la main gauche, dans la droite les boucles de Samson. Si sa figure, élégante, séduisante, telle que jamais auparavant et jamais plus Rembrandt n'en conçut, mérite notre étonnement plutôt que notre louange, les mots manquent pour rendre justice à l'expression qui anime son visage, et qui montrent que loin de se soustraire à l'horrible spectacle, elle exulte d'en être la cause. Telle est cette œuvre dont la magie de couleur, de ton et de clair-obscur captive irrésistiblement le regard, alors même que nous en détestons la brutalité dans le choix de l'épisode[89].

Pour conclure, nous allons opposer à l'austère pathétique de ce décor les émotions paisibles d'un sujet plus doux, celui des célèbres tableaux d'Agostino Carrache et de son élève le Dominiquin, qui représentent la *Communion* ou la *Mort de saint Jérôme* ; le premier un retable de la chartreuse, près de Bologne, le second en l'église Santo Girolamo della Carità à Rome, mais tous deux exposés quelque temps dans la galerie du Louvre à Paris. Ce que j'ai à dire sur l'invention, l'expression, les personnages, le ton et la couleur respectifs de ces tableaux est le résultat des observations que j'ai pu faire récemment sur ces deux œuvres dans ce musée, où ils étaient alors accrochés presque en face l'un de l'autre.

Dans chacun des deux tableaux, saint Jérôme, conduit hors de sa cellule pour recevoir le sacrement, est représenté à genoux, soutenu par des assistants dévots ; dans les deux cas, le prêtre officiant est en train d'administrer les sacrements au saint mourant ; c'est la même assistance de clercs qui emplit le portique du temple, et chaque fois des angelots assistent à la scène du haut du tableau.

L'opinion courante penche en faveur de l'élève, mais si, dans l'économie générale, le Dominiquin surclasse son maître, il me semble quant à moi lui être sensiblement inférieur en ce qui concerne le caractère comme l'expression de son héros. Le Dominiquin a représenté la piété luttant à peine contre la décrépitude, alors qu'Agostino la dépeint triomphant d'elle ; chez Carrache, le saint devient, à l'endroit où il se tient, un être supérieur, et est inspiré par la divinité qui s'approche ; chez le Dominiquin, il semble partagé entre la résignation, la débilité mentale et physique et le désir. Le saint d'Agostino est un lion, celui du Dominiquin un agneau.

Pour ce qui est de la figure sacerdotale qui administre le viatique, le Dominiquin a moins amélioré que corrigé le choix indigne de son maître. Le prêtre de Carrache est l'un des «Joyeux Frères» de Dante, avant qu'ils aient reçu la capuche infernale ; les traits d'un mortel grossier, gras, imbu de lui-même, une physionomie également imperméable à l'élévation, à la pitié ou à la pensée. Le prêtre du Dominiquin est un agent de la grâce, empreint de l'humilité sacrée qui caractérisait son maître, et pénétré de la fonction dont il est l'instrument.

Nous sommes plus impressionnés par les grâces de la jeunesse que par les énergies d'une maturité vieillissante ; à cet égard, aussi bien que par contraste avec la décrépitude de saint Jérôme, la beauté paisible et contemplative du jeune diacre au premier plan du tableau du Dominiquin plaira sans doute davantage que l'extase poétique du moinillon au chandelier allumé au premier plan de celui de Carrache. Il faut toutefois observer que si, à l'imitation de son maître, le Dominiquin a cru bon d'introduire des témoins surnaturels de la cérémonie, leur effet semble moins décoratif et plus étroitement imbriqué à l'ensemble du projet lorsqu'ils sont perçus par les acteurs mêmes de la scène.

Si les personnages secondaires sont plus nombreux chez Carrache, et ont dans l'ensemble suggéré à ceux du Dominiquin ce qui était acceptable, on peut néanmoins dire que ce dernier, à une exception près, a fait montre de plus de convenance et de jugement dans son choix. Tous deux ont introduit un homme enturbanné, et ouvert un portique pour caractériser une scène qui se déroule en Asie.

En ce qui concerne la composition, c'est indubitablement le Dominiquin qui remporte la palme. C'est à son maître que dans l'ensemble il en doit la disposition, quoiqu'il l'ait inversée, mais il l'a débarrassée de cette bousculade écrasante qui absorbe et presse les protagonistes de Carrache plutôt qu'elle ne les sert. Il confère à la tranquillité l'espace nécessaire, et déploie la sérénité sans se perdre dans le vide.

A cela correspond le ton de l'ensemble. La fraîcheur vespérale d'une journée orientale empreint chaque détail ; les moyens employés par Carrache ressortissent par trop de l'intérieur enfumé d'une chapelle catholique.

Chez l'un comme chez l'autre, les drapés sont caractéristiques, et unissent le respect à la dignité, mais le Dominiquin fait preuve d'un meilleur jugement dans le choix de leur coloris ; l'or bruni et les amples replis de la tunique du prêtre qui officie sont plus agréables à l'œil que la froideur des bleus, des blancs et de jaunes de son homologue du tableau de son maître ; peut-être chez tous deux les draperies blanches qui regroupent les figures du premier plan ont-elles trop peu de force par rapport aux couleurs centrales, mais cela est plus sensible chez Carrache que chez le Dominiquin.

Les formes du saint sont plus grandioses et plus idéales chez le premier que chez le second ; d'aucuns les ont même jugées trop vigoureuses ; tous deux, à mon sens, sont en harmonie avec l'émotion du visage et l'expression respectives de chacun. On peut supposer que l'ardeur qui anime la physionomie de l'un répand par tout son corps une vigueur passagère. La déréliction mentale de l'expression chez l'autre détend et paralyse, avec une justesse égale, les membres qu'elle commande.

La couleur du saint de Carrache est beaucoup plus caractéristique d'une substance charnelle, quoique presque exsangue, que celle choisie par son rival, laquelle est flétrie, parcheminée, tannée dans ses parties éclairées, et terreuse dans les ombres ; mais la tête du prêtre qui officie chez le Dominiquin, qu'on la considère comme un exemple de couleur indépendant du reste ou comme rehaussé par lui, est non seulement, de par sa vérité, son ton, sa fraîcheur, son énergie, la meilleure que le Dominiquin ait jamais peinte, mais peut-être la meilleure qui se puisse concevoir.

Sixième Conférence

Du clair-obscur

Faire sortir non pas la fumée de l'éclair mais de la fumée la lumière.
Horace, *Art poétique*, vers.143.

Définition. Léonard de Vinci. Giorgione. Le Corrège.

Le terme de clair-obscur, ou *chiaroscuro* comme l'appellent les Italiens, désigne, dans son acception première, la division d'un objet unique entre lumière et ombre, et, en son sens le plus large, englobe leur répartition sur l'ensemble d'une composition ; que la première tire sa splendeur d'une exposition à un éclairage direct, ou de couleurs de nature lumineuse ; et que la deuxième doive son obscurité directement à une privation de lumière, ou soit produite par des couleurs en elles-mêmes opaques. Il a pour capacité exclusive de conférer de la substance à la forme, une place à une figure, et de créer de l'espace. On peut le juger légitime ou usurpé ; il est légitime lorsque, émanations directes du sujet, sa disposition, son étendue, sa force ou sa douceur sont assujetties à la forme, à l'expression, et renforcent ou illustrent le caractère, en rehaussant le ou les protagonistes, et en subordonnant les personnages secondaires ; il est usurpé lorsque, simple auxiliaire aspirant aux droits d'un principe dominant, il devient le substitut d'exigences plus essentielles ou indispensables. En tant que tel, il a été souvent employé par les machinistes des différentes écoles, pour lesquels il devint le refuge des ignorants, le palliatif d'un mal incurable, et l'asile de la vacuité ; pourtant, comme même ce type de ressource prouve une certaine vigueur d'esprit, elle suscite en nous par surprise une sorte d'admiration involontaire et d'applaudissement forcé.

L'âme de chaque sujet, c'est l'unité ; l'unité est naturellement inséparable du clair-obscur légitime ; c'est pourquoi les ombres et les lumières respectives de chaque figure qui fait partie d'un sujet imposé ou choisi, naturel ou idéal, aussi bien que le plus composé des divers groupes intermédiaires, doivent agir comme autant de rayons émanant d'un centre et aboutir, éclatantes, évanescentes, ou assombries, à le cerner pour l'œil.

La vérité est l'impératif suivant du clair-obscur, quel qu'en soit le sujet. Il en est qu'il sert sans ambition, se contentant d'effets communs ; il en est d'autres qu'il affermit ou inspire ; mais dans un cas comme dans l'autre, que l'effet soit celui de la lumière du jour qui se répand comme à l'accoutumée, ou celui d'une lumière artificielle et condensée, elle devra être réglée par la vérité en ce qui concerne son étendue, sa force, sa brillance, sa douceur, et, par dessus tout, par la simplicité dans ses parties positives, et par la pureté dans ses parties négatives. L'ombre n'étant que la simple absence de lumière, elle ne peut, sauf par des reflets, posséder aucune teinte ou couleur propre, et doit tous ses charmes à la transparence.

Mais aux règles que prescrit l'art au clair-obscur, comme de délimiter chaque figure d'une composition en respectant la vérité, de la rattacher aux groupes environnants, et ceux-ci à l'ensemble, il faut ajouter que tout cela doit être accompli dans la stricte observance de la convenance, aussi peu que possible au détriment des parties subalternes, et avec le plus haut degré accessible d'effet et d'harmonie – toutes ces exigences, il ne m'appartient pas d'examiner si elles ont jamais été présentes avec autant d'évidence à l'esprit d'un artiste quel qu'il soit, ancien ou moderne ; ni si, en supposant possible qu'elles l'aient été, elles ont jamais été équilibrées avec impartialité ; et à supposer même cela, si elles ont jamais été ou pourraient jamais être exécutées avec un bonheur égal. Un caractère au pouvoir universellement égal n'est pas un caractère humain – et la meilleure approximation de la perfection ne saurait consister qu'à porter à son excellence une grande qualité donnée, alliée au minimum de défauts. Ainsi, dans l'*Ecole d'Athènes*, le grand dessein de Raphaël étant d'incarner dans la même scène les degrés, les variétés et le point ultime de la culture humaine, *à mesure qu'elle progresse de l'individu à la société, et de là s'élève à Dieu*, il a laissé l'expression et le caractère prendre le pas sur l'effet et la combinaison des masses, et, en parvenant à unir au centre les ailes opposées par une entrée et une sortie à chaque extrémité, il a réussi, dans la mesure des moyens de l'expression, à faire de ce qui en soi n'était guère plus qu'une juxtaposition de figures isolées ou de groupes détachés, un grand et véritable ensemble ; je le répète, dans la mesure où l'expression peut satisfaire un esprit qualifié à en contempler et à en pénétrer le principe, si insatisfait que puisse être l'œil qui, uniquement attaché au pittoresque, parcourrait nonchalamment un assemblage dispersé de figures également illuminées, sans être pour autant reliées, par une masse dominante de lumière et d'ombre.

De cette insuffisance de l'effet dans la composition que nous avons mentionnée, il s'ensuit naturellement que les simples ombres et lumières naturelles, si vraies qu'elles puissent être séparément ou individuellement, ne constituent pas toujours, en art, un clair-obscur légitime. La nature prodigue ou retient indifféremment ses rayons, et chaque objet hérite de la part qu'il peut obtenir de par son emplacement et sa position, qu'il incombe à l'art d'organiser, en fixant un centre et en distribuant les rayons selon les exigences plus ou moins importantes du sujet ; tant qu'il se règle sur le strict respect de ce principe, peu importe que sa masse principale rayonne à partir du centre, serpente en formes ondulantes, jaillisse en rayons décidés des extrémités, qu'elle émane d'une source unique, ou qu'elle emprunte un effet supplémentaire à d'autres sources subalternes ; qu'elle monte comme une flamme ou s'abatte comme la foudre ; qu'elle saute aux yeux, terrifiante, en tons sévères, émergeant d'un environnement sombre ou lumineux ; qu'à travers le crépuscule elle s'immerge dans une obscurité impénétrable, ou qu'elle s'évanouisse progressivement dans un alanguissement voluptueux ; guidée par le sujet, la plus audacieuse répartition de l'ombre et de la lumière devient naturelle et légitime ; sans lui, la plus régulière devient factice et illégitime.

Pour parvenir dans l'exécution à l'effet de lumière maximal et le plus largement diffusé, et dans les ombres à une profondeur et une transparence égales, c'est moins la brillance de la couleur qui est requise que son unisson ; une tonalité souveraine doit pénétrer le tout, et, si arbitraire qu'elle puisse être, et dépendant d'un choix, déterminer tous les tons subalternes, de même que, dans un concert régulier, c'est sur le ton du premier instrument que s'accordent tous les autres ; leur effet dépend entièrement de ce qu'ils soient à l'unisson avec lui, et la discordance se produit chaque fois qu'il se rebellent ; en s'unissant ainsi à l'ensemble, la tonalité la plus simple, correctement maîtrisée, peut devenir non seulement harmonieuse, mais riche et splendide ; c'est alors le ton de la nature ; tandis que la plus brillante, pour peu qu'elle soit contredite ou trahie par les détails d'une autre subalterne, peut devenir lourde, tannée et discordante.

Si chaque œuvre du Corrège est une illustration de ce principe, et nulle avec une évidence plus éclatante que sa *Notte*, dans laquelle c'est la lumière centrale de l'enfant qui irradie l'ensemble, on en trouve l'exemple le plus décisif peut-être, car le plus approprié, dans son pendant méconnu, le tableau de *Saint Sébastien* à Dresde, dans lequel la lumière centrale d'une gloire non seulement surprend l'œil avec toute la splendeur d'un soleil, quoique la couleur en soit d'un jaune relativement terne tendant vers le brun, mais encore empreint de son émanation l'ensemble, parfaitement transparent.

Qu'il ait fallu attendre pas moins de deux cents ans après la résurrection de l'art pour que la découverte du clair-obscur, comme principe de beauté dans les figures individuelles et d'effet dans la composition, fût attribuée à Léonard de Vinci, patriarche de cette école qui avec le temps s'est révélée la moins encline de toutes à en apprécier les avantages, est à la fois une preuve de la singularité qui caractérise la répartition locale des talents, et de la lenteur inconcevable qui accompagne la perception humaine dans le cours de son étude ; mais sans pour autant admettre en bloc ce qu'on a dit avec plus d'énergie que de jugement ou d'attention pour la vérité, à savoir que l'art moderne est littéralement sorti des reins de Léonard, il faut reconnaître qu'aucune œuvre antérieure à lui ou contemporaine de ses recherches sur le clair-obscur n'existe aujourd'hui pour démentir ses prétentions à la première vision de son harmonie ; c'est la magie du clair-obscur qui prêta à des formes en elles-mêmes ni idéales ni particulièrement variées ce charme par lequel séduisent ses personnages féminins ; sœurs d'une même famille, elles attirent le regard par la lumière dans laquelle elles baignent et rayonnent, par l'ombre qui les enveloppe, car les traits des Madones ou des saintes Vierges de Giotto ou de Memmi, si elles flottaient dans le même élément, n'en réclameraient guère davantage pour les égaler.

Ce principe, il semble que Vinci ne l'ait que rarement, voire jamais étendu pour mettre en relief ou embellir ses compositions de plus grande ampleur ou ses figures masculines, si l'on excepte le groupe de combattants à cheval qui faisait ou devait faire partie de son *Carton* rival dans la salle du Conseil, et qui constitue le point de rencontre de talents suprêmes en matière de composition et de clair-obscur, quoique, comme nous la connaissons avant tout par une copie de Rubens gravée par Edelinck, la preuve flagrante des libertés de style prises par le Flamand laisse supposer que la simplicité d'origine des ombres et des lumières a été affermie par les contrastes artificiels du copiste. Le décor ouvert de Vinci, baigné de la simple lumière du jour, égale et sans éclat, n'autorise que rarement des effets aussi concentrés. C'est une gravité sans ostentation qui caractérise les personnages de la *Cène*, et qui caractérisait sans doute, en sobres tons vespéraux, le clair-obscur des groupes et du décor, s'il nous est permis de nous former un jugement à partir des quelques vestiges épargnés par les ravages du temps et ceux, plus barbares encore, des restaurateurs.

A la découverte du rayonnement central, le génie de Léonard, avec une pénétration égale, ajouta sa contrepartie, la *pureté* de l'ombre et la coalescence des deux au moyen d'imperceptibles demi-teintes. Quelle que fût la tonalité de lumière qu'il choisissait, jamais il n'oublia que l'ombre destinée à la rehausser n'en était que l'absence, et non une couleur positive, et que toutes deux devaient être harmonisées par des demi-teintes procédant de chacune : principe dont aucune école antérieure à lui n'a laissé de trace.

Il est étrange que la découverte d'un principe lourd d'avantages aussi évidents qu'essentiels pour l'art ait dû être réservée à la pénétration de Vinci, si singulière fût-elle ; mais plus étrange encore qu'une fois découverte, une fois ses pouvoirs démontrés, elle n'ait, un seul nom excepté, non seulement pas connu d'imitateurs, mais même qu'elle ait rencontré un accueil ambigu, voire décourageant de la part des élèves de la propre école de Vinci et de ses sympathisants. Vasari, panégyriste plutôt que biographe de Vinci, en parle plus comme d'un phénomène singulier que comme d'un principe évident, et, tout en reconnaissant qu'il introduisit dans la peinture à l'huile une certaine profondeur de l'ombre, qui permit aux artistes postérieurs de mettre en relief leurs figures avec plus de vigueur[90], il persista à décolorer murs et panneaux avec la même insipidité plate et délavée. Seul Bartolomeo della Porta semble avoir eu une pénétration d'esprit suffisante pour savoir en saisir l'énergie et la rattacher à la couleur ; après lui, en passant par Andrea del Sarto jusqu'à Pietro Berettini, qui devait ses effets plutôt à l'opposition des teintes qu'à un clair-obscur légitime, l'école toscane le laissa progressivement s'étioler jusqu'à l'évanescence. A moins peut-être de considérer ses effets stupéfiants dans certaines œuvres de Michel-Ange à la lumière de l'imitation plutôt que comme des émanations de son génie propre, ce qu'il nous est d'autant moins permis de présumer qu'il semble n'avoir accordé aucune attention à la découverte de Léonard dans sa période la plus faste ; car les groupes de son célèbre *Carton* ne laissent guère voir que des ombres et des lumières isolées.

Ce que l'école toscane traitait avec dédain, celle de Rome ne semble guère avoir été impatiente de l'adopter ; si Raphaël ne demeura pas étranger aux théories de Vinci et de Fra Bartolomeo, il laissa ce principe à l'état latent ; car aucune de ses productions du temps où il en était familier ne se caractérise par la concentration de la lumière, ni par la pureté de l'ombre, ni par des masses subalternes ; non plus que l'intervalle écoulé entre son dernier départ de Florence et son entrée au Vatican ne manifeste de progrès sensible dans la répartition en masses et l'illumination d'un ensemble ; les parties supérieures et inférieures de la *Dispute sur le Sacrement*, dont l'ensemble est nettement coupé en deux, ne sont ni l'une ni l'autre tellement mises en relief ; et si le *Parnasse* et l'*Ecole d'Athènes* possèdent le début, le milieu et la fin d'une composition légitime, elles le doivent à l'expression et au sentiment ; de même, on ne saurait attribuer les manifestations plus vigoureuses de clair-obscur dans les œuvres de la seconde chambre, la *Délivrance de Pierre*, la *Chute d'Héliodore*, l'*Attila*, la *Messe à Bolsena*, à un principe d'imitation, alors que nous le voyons négligé dans un sujet où il aurait dû régner avec une prépondérance absolue, dans l'*Incendie du Borgo*, et, plus largement, dans chacune des compositions des troisième et quatrième chambres ; tout cela concourt à démontrer que Raphaël considérait le clair-obscur comme un moyen subalterne, et n'en laissa jamais les charmes ou l'énergie absorber le sens ou supplanter l'expression et la forme[91] : mais l'harmonie qu'immédiatement après lui, à la seule exception de Jules Romain et de Polydore de Caravage, le reste de ses élèves avaient sacrifiée ou vouée à d'autres beautés, leurs successeurs, l'école romaine postérieure des Zuccari à Carlo Maratta en passant par Giuseppo Cesari, sans la perdre entièrement dans l'exhibition pesante d'une pédanterie académique ni la détruire par les «morceaux de bravoure» sans vergogne d'une pratique maniérée, la corrompirent uniformément par des théories bâtardes et des procédés frelatés pour obtenir les ombres.

Lorsque je dis que l'école romaine se fourvoya uniformément dans son usage des ombres, je n'oublie pas pour autant le Caravage, dont les zones d'ombre sont en si parfait unisson avec les lumières de son clair-obscur que A. Carrache dit de lui qu'il ne malaxait pas la couleur, mais la chair même pour obtenir ses teintes («qui malaxait la chair») ; et c'est pour cette raison et sur cette autorité que je choisis de le considérer comme le chef de sa propre école plutôt que comme le membre d'une autre ; dans certaines de ses œuvres subsistantes, mais bien plus fréquemment dans celles qui lui sont attribuées sans preuves suffisantes pour les authentifier, une transition abrupte de la lumière à l'obscurité, sans l'intermédiaire d'une demi-teinte, a offensé l'œil et provoqué les sarcasmes d'un éminent critique ; mais tant qu'on pourra invoquer le tableau de la *Mise au tombeau du Christ* dans la Chiesa Nuova à Rome, tant que *Le Pèlerin agenouillé devant la Madone portant l'Enfant dans ses bras*, à Santo Agostino de Rome, conservera ses tons, ou que l'*Enfant Jésus écrasant la tête du serpent*, naguère au palais Spada, résistera aux outrages du temps, il sera difficile de produire dans des œuvres semblables d'aucun autre maître, d'aucune autre école, de Vinci à Rembrandt, un système de clair-obscur qui puisse égaler l'énergie sévère et douce à la fois du premier, le rayon fuyant du couchant, et le nimbe lumineux du second, ou, avec une harmonie aussi souveraine, la hardiesse décidée des masses, les ombres et les lumières austères du troisième.

L'hommage chichement accordé ou cruellement refusé au clair-obscur par les deux écoles du dessin lui fut rendu avec une dévotion implicite par le berceau de la couleur, l'école de Venise. Qu'ils l'aient reçu, comme le soutient la tradition appuyée sur l'autorité de Vasari, comme un principe d'imitation fondé sur la perspicacité de Giorgione Barbarelli, ou que ce soit là une découverte authentique de son génie, il serait présomptueux de trancher dans un sens ou dans l'autre en se fondant sur les arguments respectivement avancés par les deux parties, mais force est de reconnaître que si le Vénitien a reçu des indications du Florentin, il les a étendues grâce à un système dont l'harmonie lui appartenait en propre, il embellit en ampleur et en charme la lumière dont il ne pouvait surpasser la splendeur, ajouta la transparence à la pureté de l'ombre, mit en relief par des reflets et dégagea par le contraste de couleurs profondes et de couleurs aériennes cette énergie d'effet que le seul clair-obscur n'aurait su atteindre, et qui fut portée à un point de quasi-perfection par Paolo Cagliari.

Parmi les fléaux divers répandus dans ce pays par les sophismes cupides des marchands et la crédulité ambitieuse des collectionneurs fortunés, aucune escroquerie peut-être n'a été aussi néfaste à la juste appréciation des styles originaux que celle consistant à gratifier les tableaux d'une paternité qui n'était pas la leur ; grâce à cette méthode prolifique, les œuvres de Luini, Aretusi, Timoteo della Vite, Bonifacio, j'en passe et des pires, se voient chaque jour parées des honneurs dus à Vinci, au Corrège, à Raphaël, au Titien ; quoiqu'aucun de ces derniers n'ait eu autant à souffrir de cette prolifération que Giorgione, qu'une mort prématurée, un concours de circonstances malheureuses, et les ravages du temps, ont conspiré à rendre l'un des artistes les plus rares et également l'un des moins authentifiés, même en Italie, et pour lequel ses biographes, les plus anciens comme les plus récents, ont été aussi injustes dans leurs critiques que négligents dans leurs chronologies ; Vasari en attribuant à un autre son œuvre majeure, Fiorillo en lui faisant peindre le portrait de Calvin le Réformateur[92].

En conséquence, nous forger une opinion du clair-obscur de Giorgione à partir d'une poignée de portraits ou de figures isolées, qui, s'ils sont authentiques, ont souvent été restaurés, ou bien des vestiges croulants de ses fresques délabrées, reviendrait à porter un jugement sur un édifice monumental à partir d'un fragment de pierre dispersé ; pour rendre pleinement justice à ses talents, nous devons recourir à son œuvre étonnante de l'école de Saint-Marc à Venise, composition dont les grâces phénoménales ont rendu Vasari intarissable, avec une ferveur que ne surpasse que l'inspiration même de l'artiste, même s'il l'attribue inexplicablement à Palma le Vieux[93].

«Dans l'école de Saint-Marc, il a peint l'épisode du bateau qui transporte le corps de saint Marc et traverse une terrible tempête, assailli par des vents furieux avec d'autres embarcations ; en outre, des groupes d'apparitions célestes, et diverses formes de démons qui laissent éclater leurs rafales contre les vaisseaux, qui, au moyen des rames et à la force des bras, parviennent à se frayer un chemin au milieu des montagnes de vagues hostiles qui menacent de les submerger. On peut entendre le souffle hurlant, on peut voir la tension et l'effort farouche de l'équipage, la houle des vagues, la foudre qui déchire les nuages, les rames tordues par le flot, le flot brisé par les rames, et projeté en écume par les muscles des rameurs. Quoi d'autre ? C'est en vain que je m'efforce d'évoquer un tableau qui puisse égaler les terreurs de celui-ci, dont le dessin, l'invention et la couleur font trembler la toile ! Souvent, lorsqu'il met la dernière touche à un tableau, l'artiste, absorbé dans la contemplation des parties, en oublie l'objet principal du projet, et, en reprenant ses esprits, perd la veine de son enthousiasme ; mais cet homme, sans jamais perdre de vue son sujet, a mené son dessein à son point de perfection.»

On peut juger de l'effet que devait produire une œuvre qui a pu tirer un panégyrique aussi torrentiel de lèvres par ailleurs si avares d'éloges pour les Vénitiens, par l'impression qu'elle nous fait encore dans son état de délabrement présent, car même aujourd'hui, elle défie les exemples les plus formidables de clair-obscur de se mesurer à elle, à la seule exception peut-être de la barque de Charon dans le *Jugement dernier* de Michel-Ange. Et pourtant son maître se vit dépossédé par son panégyriste de la gloire de l'avoir peinte, alors qu'elle suscitait l'émerveillement et la curiosité de tous les spectateurs ; Lanzi est le seul historien qui fasse mention de ses vestiges et de son véritable auteur[94] ; on en cherche en vain la trace dans Ridolfi, qui dans sa *Vie de Giorgione* nous gratifie à sa place du délicieux compte rendu d'une scène nocturne qu'il peignit et qui décrit la tragi-comédie de la castration d'un chat.

On a considéré comme une erreur de rapporter le clair-obscur d'un sujet à une unique source de lumière ; et il ne fait aucun doute qu'il s'est souvent révélé aussi nécessaire qu'avantageux d'en admettre davantage ; c'est là toutefois une licence qu'il ne faut accorder qu'avec force précautions, et il semble que ce soit le privilège des talents supérieurs de rehausser un sujet par l'adjonction de flots de lumière subalternes, parfois divergents, parfois même opposés, pour assister et renforcer l'effet de la source primaire, sans nuire à l'unité qui seule peut garantir à l'effet son ampleur, et sans quoi chaque partie, rivalisant pour la suprématie, se perdrait bientôt dans la confusion, ou s'émietterait en fragments. Les meilleurs exemples des avantages acquis par l'introduction d'une lumière artificielle semblent être le *Pierre martyr* et le *Saint Laurent* du Titien, si tant est que l'on puisse opérer une sélection parmi les œuvres d'un maître, dont l'énumération est déjà à elle seule une anthologie. Dans la première, à l'arrière-plan, la lumière sévère d'un soir déjà bien avancé est dominée par l'émanation céleste qui éclate tout en haut, enveloppant de splendeur le sommet, et se diffusant en rayons plus ou moins déviés sur tout le paysage. Le sujet du *Saint Laurent*, qui est une scène nocturne, admet deux sources de lumière : le feu en-dessous du saint, et une torche brandie ; mais il reçoit sa véritable splendeur du reflet aérien de la vision élevée qui prodigue au martyr son rayon apaisant.

Les études nocturnes du Tintoret à partir de modèles et de groupes artificiels ont été largement célébrées ; ceux-ci une fois préparés en cire ou en argile, il les arrangeait, les élevait, les suspendait, pour produire des masses, des raccourcis et une variété d'effets ; c'est ainsi qu'il acquit cette précision de clair-obscur, inconnue d'une lumière du jour plus diffuse, par laquelle il partageait ses corps, et ces ailes d'ombre et de lumière grâce auxquelles il séparait les groupes de sa composition, bien que la douceur de son regard lui ait presque toujours préconisé de relier les deux extrêmes par quelque intermédiaire qui procédât des deux, et les extrêmes eux-mêmes, par des reflets, à l'arrière-plan ou au décor. La vivacité d'ensemble de sa méthode, par laquelle il déroutait ses rivaux et bien souvent se confondait lui-même, ne lui permit certes pas toujours de s'attacher activement à ce principe, et le précipita souvent dans des pratiques abusives, qui dans les zones éclairées transformaient l'ampleur en platitude maniérée ou insipide, et dans les zones d'ombre en une totale extinction des parties ; de tout cela, il a offert les exemples les plus indiscutables dans les écoles de Saint-Roch et de Saint-Marc ; la *Résurrection du Christ* et le *Massacre des Innocents* récapitulent tous les charmes par lesquels le clair-obscur fascine ses thuriféraires ; dans la *Vision*, une aube humide de rosée se fond en ombre profonde translucide, elle-même déchirée ou réfléchie par la splendeur céleste et les teintes angéliques ; tandis que dans le *Massacre des enfants de Bethléem*, l'alternance de nappes de lumière orageuse et de ténèbres agitées projette un spectacle d'horreur à nos yeux stupéfaits.

Il poursuivit néanmoins une autre méthode pour créer, sans plus d'assistance du clair-obscur que des lumières et des ombres séparées, un effet équivalent et peut-être supérieur à ce que ses capacités poussées à leurs extrêmes limites auraient pu produire, dans la *Crucifixion* de l'Albergo, ou *Salle de réception de Saint-Roch*, la plus grande et la plus célèbre de ses œuvres. La populace grouillante dispersée dans tout son tableau (car c'est ainsi, plutôt que du nom de composition, que mérite d'être qualifié cet assemblage de figures de hasard, à l'exception d'un seul groupe), il la relia par une tonalité souveraine, qui engloutit l'ensemble dans une masse unique de crépuscule menaçant, une éclipse, ou les signes avant-coureurs d'une tempête, d'un ouragan ou d'un tremblement de terre ; sans laisser le regard captivé s'attarder sur un autre objet que la faible lueur qui plane au-dessus de la tête du Sauveur au centre, et qui vient mourir en tons encore plus imperceptibles sur le groupe de saints rassemblé au pied de la croix.

Et pourtant, cette invention presque surhumaine, qui élève au-dessus de l'admiration une œuvre dont l'incongruité des parties eût été sans cela condamnée à sombrer plus bas que la médiocrité, Agostino Carrache l'a totalement négligée dans sa gravure calleuse en taille douce ; car en dépit du ciel de fer qui surplombe le tout, il a répandu sinon du soleil, du moins la plus franche lumière du jour d'un bout à l'autre du tableau, sans épargner à l'œil aucun détail bigarré, aucun brin d'herbe.

Au nom du Tintoret, on peut adjoindre, quoiqu'il ait été adopté par une autre école, celui du Grec d'Achaïe Belisario Corenzio, son élève, son imitateur pour la magie du clair-obscur, et avec moins de scrupules encore son rival en exécution et en rapidité de main ; il cerna les immenses compositions dont il fut si prodigue de flots d'ombre, en portant le centre à une irrésistible splendeur, et en délimitant ses gloires de nuages pluvieux ou lourds de tonnerre. Monastères et églises de Naples et de ses possessions regorgent de telles fresques.

Les effets plus secondaires du clair-obscur produits par l'opposition de corps sombres à des corps lumineux, de corps opaques à des corps transparents, et de teintes froides à des teintes chaudes, s'ils avaient été pleinement compris par toute l'école vénitienne, furent quasiment portés à leur perfection par Paolo Cagliari. Il n'est pas de variété de combinaison harmonieuse ou puissante dans tout l'empire de la couleur, comme possible substitut de l'ombre et de la lumière, qui n'ait jailli de son regard, enrichi sa toile, et renforcé son paysage. Nombre de ses œuvres, toutefois, et tout particulièrement les masses dispersées dans ses *Cènes*, démontrent qu'il était passé maître dans ce clair-obscur légitime qui, indépendamment de la couleur, anime la composition ; mais la gaieté de son esprit, qui lui inspirait des sujets tout de magnificence et de splendeur, d'assemblées nombreuses abritées par des cieux sereins ou de palais majestueux qui se perdent dans les hauteurs, lui fit plus souvent rechercher ses effets dans les oppositions de teintes que dans les puissantes profondeurs de l'ombre et de la lumière.

Mais toutes les écoles précédentes, contemporaines et postérieures, même en unissant leurs talents pour le clair-obscur, demeurèrent bien en deçà en étendue comme en intensité de l'application que sut en faire le génie d'Antonio Allegri, surnommé le Corrège, du nom de sa ville natale. Pour elles, la lumière et l'ombre n'étaient nécessaires que comme auxiliaires soumis, plus ou moins employés, du dessin, de la composition et de la couleur. Mais le dessin, la composition et la couleur n'étaient pour le Corrège que le support docile, ou l'agent enchanté des charmes du clair-obscur. S'il ne fut pas au sens strict l'inventeur de son élément, il en couvrit la pleine mesure, et étendit les pouvoirs de son harmonie à travers la terre et les cieux ; sous son regard et sous sa main, il devint l'organe du sublime ; l'élaboration de ses coupoles rendit caducs les doutes sur la possibilité pour un art circonscrit par les lignes et la figuration de communiquer une idée à la fois de réalité et d'immensité. Envoûtés par son charme, abandonnés à son paradis élyséen, nous ne sommes pas conscients de la différence considérable qui existe entre la conception du mode d'expression, l'emplacement, l'espace, et le mode dans lesquels certains êtres devraient ou sont supposés se mouvoir, et ceux de ces êtres mêmes ; et nous oublions que si le Corrège était parfaitement en accord avec les premiers, il n'était pas à la hauteur des seconds ; et que s'il pouvait bâtir le ciel, il ne pouvait le peupler. Si Michel-Ange trouva dans la profondeur de son esprit et dans la grandeur de son trait les moyens de restituer l'effet immédiat de la volonté et de la puissance implicite dans la *Création d'Adam*, en faisant jaillir la vie du doigt de l'omnipotence, la combinaison de la lumière et des ténèbres ouvrit à l'œil exalté du Corrège les moyens d'incarner le «Que la lumière soit» des livres mosaïques, et créa la lumière dans ce flot de gloire qui, surgissant du divin Enfant dans sa *Nuit*, proclame qu'il est Dieu. Si la Pensée est personnifiée dans les prophètes et les sibylles de la chapelle Sixtine, il a, lui, rendu le silence audible dans le crépuscule ensommeillé qui baigne la Zingara, et empli l'ombre lugubre qui renferme Jupiter et Io des soupirs de l'Amour.

Et s'il serait sans doute plus près de la vérité d'assigner la cause de la magie du Corrège à la configuration heureuse de ses organes et à la calme sérénité de son esprit qu'à des extases platoniciennes, on pourrait du moins autoriser le poète à dire «que son âme, absorbée dans la contemplation de l'infini, planait loin au-dessus de la sphère des puissances mesurables, sachant que tout objet dont les limites peuvent être perçues distinctement par l'esprit doit être à sa portée, et si grandiose, majestueux, beau ou terrible qu'il soit, demeure en deçà de sa conception même, et est moins que sublime». C'est en cela, quelle qu'en soit la cause, que consiste le véritable sortilège du Corrège, que ni le Parmesan, ni Annibale Carrache ne paraissent avoir su pénétrer ; certainement pas le Bolonais, en tout cas ; car si nous en croyons ses lettres à Ludovico, qui expriment ses émotions à sa première vision des coupoles du Corrège, il confine son admiration aux effets de raccourci et à la grâce des formes, à l'imitation réussie de la chair et au respect rigoureux de la perspective.

Des nombreux prétendus imitateurs du Corrège, Ludovico Carrache apparaît comme le seul qui ait su pénétrer son principe ; l'axiome qui veut que moins sont visibles les traces des moyens par lesquels a été produite une œuvre, plus elle ressemble aux réalisations de la nature, est une maxime qui n'est guère susceptible de surgir dans l'enfance de l'art. La couleur égale, la splendeur voilée, le crépuscule solennel ; ce ton de dévotion et de méditation monacale que Lodovico Carrache diffusa dans ses œuvres, ne pouvaient naître que de la contemplation d'un style antérieur, conforme à ses propres sentiments et à la comparaison de la nature ; et où eût-il pu le rencontrer à un tel degré, sinon dans l'unité et la variété infinies des épanchements du Corrège ? Ce sont elles qui inspirèrent ses fresques du cloître de Saint-Michel-au-Bois ; les effets de raccourci des laboureurs musculeux de l'Ermitage, et du démon lourd de menaces qui raille leurs efforts, la splendeur guerrière de l'hommage de Totila, l'embrasement nocturne du Mont Cassin, les grâces sauvages de la beauté bouleversée, et les charmes insidieux des sœurs les nymphes dans la scène du jardin, tous proclament également qu'ils sont d'un élève du Corrège.

Son chef-d'œuvre en peinture à l'huile est le retable de *Saint Jean prédicateur*, dans une chapelle de la chartreuse de Bologne, dont les lumières semblent brunies par un voile doré, et la lueur ombreuse de Vallombrosa ; certes, il s'est parfois complu dans des tons austères, appuyés et osés : telle la *Flagellation du Christ*, dans la même église, dont l'extraordinaire profondeur des teintes charnelles contraste avec la vaste étendue de ciel ouvert, et suggère moins ses terreurs qu'elle ne les projette à nos sens abasourdis.

Les écoles de Bologne, de Parme, de Milan, imitèrent leurs prédécesseurs avec plus ou moins d'agrément, mais n'ajoutèrent pas de trait nouveau à la théorie de l'ombre et de la lumière. Quant à sa postérité de ce côté-ci des Alpes, mieux vaut n'en rien dire que d'expédier en quelques lignes le large éventail de Rubens et les miracles de Rembrandt.

Septième Conférence

Du dessin

Peut-être est-il superflu de préciser au préalable que j'entends ici ce terme (d*esign*) non dans son acception la plus large, à savoir en son sens de *dessin* ou plan d'ensemble, mais dans son application la plus étroite et la plus spécifique, qui désigne le fait de *dessiner* les figures et les parties constitutives du sujet. Les arts du dessin doivent leur appellation à leur capacité presque exclusive de représenter la forme, fondement et principal objet de l'imitation plastique, par opposition à l'imitation vocale. C'est dans les formes seules que l'idée d'existence peut être rendue intuitive et permanente. Les langues sont mortelles ; les mots se succèdent, tombent en désuétude et périssent ; les couleurs mêmes, vêtement et ornement des corps, s'étiolent ; seules les lignes ne sauraient être oblitérées ni dénaturées ; c'est seulement en s'en remettant à leur critère que la distinction devient possible, et la description intelligible. C'est là le seul siège visible de la beauté corporelle ; là seul qu'elle peut véritablement exister ; car puisque la notion de beauté naît du plaisir que nous éprouvons au concours harmonieux des composantes d'un objet de prédilection en vue d'une fin commune et unique, elle suppose leur coexistence simultanée dans la masse qu'elles composent ; et comme cette dernière ne peut être perçue et communiquée à l'esprit de façon immédiate et exhaustive que par l'œil, la figure est bien le légitime véhicule de la beauté, et le dessin l'élément physique de l'art.

Le dessin a pour élément la correction et le style ; il trouve sa perte dans l'incorrection et le maniérisme. De ce premier principe de correction, c'est-à-dire de la faculté de copier et de dessiner avec précision les proportions d'un objet pris isolément ou dans sa relation à d'autres – tel qu'on peut l'estimer à la lumière d'une qualification élémentaire faute de laquelle nul n'oserait s'inscrire comme élève à l'Académie – peut-être m'abstiendrais-je de parler, si je ne le considérais comme le fondement du dessin, et si je n'appréhendais que la tournure dominante du goût en vogue ne vous empêche d'y consacrer toute l'application qui lui est due, et qu'en négligeant l'acquisition de la faculté de copier un objet quelconque avec précision et pureté, vous ne puissiez jamais acquérir celle d'imiter ce que vous aurez choisi pour modèle.

Notre langue, ou plutôt ceux qui en usent, confondent généralement, en parlant d'art, les termes de *copie* et d'*imitation*, si fondamentalement différents pourtant dans leur fonctionnement autant que dans leur signification. La première exige un œil géométriquement juste, et suppose une main parfaitement docile, sans qu'il soit question de choix, ni de sélection, d'amendement ou d'omission ; alors que c'est le choix, guidé par le jugement et le goût, qui constitue l'essence de l'imitation, et qui élève l'humble copiste au noble rang d'artiste.

Ceux qui se sont arrêtés à l'acquisition de la première faculté ont fait d'un moyen une fin, et rabaissé le dessinateur au rang, utile mais servile, de l'illustrateur d'histoire naturelle ; et ceux qui ont aspiré à la seconde sans acquérir la première ont substitué l'allure à la substance, et tenté de bâtir un édifice splendide sur des sables mouvants ; les premiers ont entravé le progrès de l'art, les seconds en ont perverti la nature ; les errements de chaque démarche prouvent à quel point est indispensable la coalition des deux.

Une autorité reconnue en ces murs, et à la vérité dans tout le domaine de l'art moderne, a certes déclaré que puisque la peinture est le but ultime de l'élève, plus tôt il acquiert l'usage du pinceau, mieux cela vaut ; mais je suis convaincu que ce serait pervertir le sens des propos du grand artiste en question que d'en conclure à une volonté de sa part de dissuader d'acquérir la correction, par ce qui était plus une observation qu'un précepte. Jamais ce sectateur zélé de Michel-Ange n'eût pensé de la sorte ; il était bien trop au fait de la manière dont le grand homme procédait dans ses études, qui plaçaient littéralement le compas dans l'œil, pour ne pas déceler dans cette précision avec laquelle il en traçait les éléments, le fondement même de son style. Son ampleur, il en était conscient, n'était que le véhicule de sa capacité d'embrasser un tout, et non simple vacuité ; car il serait facile d'atteindre à l'ampleur si le vide pouvait la conférer. Il voulait simplement dire que peu importe d'acquérir la correction par le pinceau, le crayon ou la plume, et que, de même que le sculpteur modèle son trait, le peintre peut le peindre ; certes, on ne peut prétendre qu'ils dessinent, celui qui trace fébrilement des lignes sans la capacité de leur donner corps, ni celui qui se laisse vaguement flotter sur des masses de couleur, car le second est esclave du pinceau comme le premier de la pointe ; et pourtant, ces deux instruments peuvent servir, tout à tour ou simultanément, les intentions du dessinateur véritable. C'est dans la même intention d'émanciper votre pratique d'un attachement par trop servile et exclusif à un outil en particulier que cette autorité vous rappelle l'expression proverbiale : «Mon dessin est à la pointe de mon pinceau», quoique, j'en ai peur, ce soit à un trou de mémoire que cette expression doive l'honneur d'être attribuée au grand Corrège, alors qu'il apparaît à la lecture de Vasari qu'elle fut prononcée par Girolamo da Trevigi, peintre obscur, dans un éclat d'humeur qui tournait en dérision le carton très élaboré, préparé par Pierino del Vaga pour sa fresque du grand salon du Palais Doria à Gênes.

Cette même autorité n'a cessé de nous répéter que si nous voulons être exacts, nous devons étudier en profondeur les principes sur lesquels les Anciens fondaient leurs formes. Ces principes, quels étaient-ils ?

Pour les retrouver, je ne m'égarerai pas jusqu'à cette époque reculée où le cestrum assurait les fonctions de restituer la lumière et l'ombre, et peut-être offrait à la peinture linéaire les teintes affaiblies d'un dessin teinté ; ni même à cette seconde période où la pratique avait enhardi l'artiste, et où le pinceau complétait le cestrum ; c'est alors que Parrhasios, à partir d'un examen subtil de la ligne et du contour, établit les canons de la forme divine et héroïque ; nous les retrouverons reconnus avec un respect égal lors de l'âge d'or de l'exécution grecque, et l'honneur de leur possession exclusive disputé par les noms les plus éminents de cette période, Apelle et Protogène. Le nom d'Apelle, dans les textes anciens, est synonyme d'excellence inégalable et inaccessible ; il est ce favori parmi les mortels dans lequel, si l'on en croit la tradition, la nature manifesta pour une fois un exemple de ce que pourrait produire son union avec l'éducation et des circonstances favorables ; quoique l'énumération de ses œuvres par Pline fasse apparaître les nuances que nous devons apporter à l'idée de cette supériorité. Elle consistait davantage en la conjugaison qu'en l'étendue de ses talents ; mieux qu'aucun autre artiste il savait ce qu'il pouvait faire, ce qui devrait être fait, à quel point il pouvait parvenir et ce qui restait hors de sa portée. Son élément était la grâce de la conception et le raffinement du goût, et allait de pair avec la grâce de l'exécution et le goût dans la finition. Il appuyait ces deux qualités non sur les appas précaires et fugaces de la couleur, ni les charmes trompeurs de l'ombre et de la lumière, mais sur le fondement solide de la forme, acquise par une main précise et docile ; j'en veux pour preuve irréfutable non seulement l'incapacité avouée de ses successeurs à finir sa *Vénus*, dernière de ses œuvres, mais encore son fameux concours de lignes avec Protogène (le plus juste finisseur de son temps), qui loin d'être une légende constitue un fait historiquement attesté. Le panneau sur lequel elles furent tracées faisait partie de la collection impériale du Palatin, où il existait encore du temps de Pline, qui put l'examiner ; leur subtilité évanescente, qui est le seul trait qu'il mentionne d'eux, n'était pas, s'aperçoit-on, l'effet du temps, mais d'une délicatesse, d'une liberté et d'un coup de main quasi miraculeux. Ce qu'elles étaient, dessinées de différentes couleurs, à la pointe du pinceau, l'une sur l'autre, ou plutôt l'une à l'intérieur de l'autre, il serait aussi oiseux que vain pour notre propos d'essayer de le savoir. Mais voici les conclusions évidentes que nous pouvons tirer de ce duel : tout se compose d'éléments ; les écoles grecques s'accordaient sur un principe élémentaire, la fidélité de l'œil et la docilité de la main ; ces dernières forment la précision, la précision la proportion[95], la proportion la symétrie, et la symétrie la beauté : c'est là le «petit quelque chose de plus ou de moins», imperceptible à l'œil du vulgaire, qui constitue la grâce, et établit la supériorité d'un artiste sur un autre ; la connaissance des degrés des choses, ou goût, suppose une connaissance préalable et comparative des choses elles-mêmes ; la couleur, la grâce et le goût sont des compagnons, et non des substituts, de la forme, de l'expression et du caractère ; lorsqu'ils en usurpent le titre, ils dégénèrent en somptueux défauts.

Une fois posée cette précision de la main et de l'œil, venons-en à présent à son application et à son objet, l'imitation, qui repose sur la nature.

On divise à juste titre l'imitation en iconique et idéale. L'imitation iconique se restreint à un individu ou modèle dont elle délimite les parties selon leur caractère et leur essence, distinguant d'emblée les parties inhérentes et constitutives de celles qui sont accidentelles et fortuites. C'est par les premières qu'elle se définit une norme, se contentant de leur subordonner, voire de leur sacrifier les secondes, afin de ne point entraver ou affecter l'harmonie de l'ensemble. C'est là proprement le domaine du portraitiste et du peintre d'histoire au sens strict, dont la vérité constitue l'objet principal et l'exigence essentielle. Le portrait en général se contente d'obéir aux règles de la physiognomonie, qui montre l'être animé qu'elle représente au repos, et ne fait que rarement appel à la pathognomonie, qui le représente en état d'agitation, ou du moins d'animation et de mouvement ; mais lorsqu'il y recourt (et ce devrait toujours être le cas, quoique de façon plus discrète que pour la peinture d'histoire), il ne diffère qu'en intensité et en degré, et part là encore du fondement solide et permanent de la NATURE.

Par nature, j'entends les principes généraux et permanents des objets visibles, avant qu'ils ne soient défigurés par quelque accident ou dénaturés par la maladie, ou modifiés par les us et coutumes locaux. La nature est une idée collective, et même si son essence existe dans chaque individu de l'espèce, jamais elle n'habite dans toute sa perfection un objet isolé ; nos idées sont le produit de nos sens ; sans une connaissance préalable de plusieurs formes centrales, nous pouvons copier, mais non imiter, ou, en d'autres termes, nous élever jusqu'au principe de l'action et pénétrer le caractère de notre modèle, pas plus que nous ne pouvons espérer créer la forme d'un être que nous n'avons jamais vu sans nous référer à celle d'un être qui nous est connu. La médiocrité de la manière est la conséquence fatale du recours exclusif à un modèle unique ; comment expliquer autrement que ceux qui sont demeurés le plus près du modèle, l'étudiant avec une dévotion sans bornes, soient justement les plus incorrects, les plus éloignés de la forme humaine véritable ? Peut-on rêver plus répugnant, pour un œil accoutumé à l'harmonie des formes, que les silhouettes faméliques d'Albrecht Dürer, si ce n'est les excroissances fangeuses de Rembrandt ? Les figures du premier ont des proportions sans équilibre ; celles du Hollandais sont des synthèses monotones de difformités bosselées ou décharnées ; et pourtant l'Allemand était un esprit scientifique, qui avait mesuré, et dans son esprit ramené à ses principes, la forme humaine ; tandis que le second, à l'exception de la forme, possédait tous les talents qui constituent le génie en art, rarement surpassé pour l'invention et la composition, et créateur de cette combinaison magique de couleur et de clair-obscur, jamais peut-être atteinte avant ni assurément après lui. Et le second maître de la couleur, le Tintoret lui-même, ne déclarait-il pas, à en croire son biographe Ridolfi, que «dessiner à partir de corps existants, ou, ce qui revient au même, d'après modèle, était la tâche d'artistes expérimentés, dans la mesure où de tels corps étaient généralement dénués de grâce et d'une belle forme» ! L'éditeur en latin du livre de Dürer sur la *Symétrie du corps humain* nous apprend que durant son séjour à Venise, l'artiste allemand fut convié par Andrea Mantegna, qui avait conçu une haute opinion de ses talents d'exécution et de sa sûreté de main, à lui rendre visite à Mantoue, dans l'intention expresse de lui donner une idée de cette forme dont il avait eu lui-même un aperçu en contemplant les œuvres des Anciens. Mantegna était alors malade, et expira avant que Dürer ne puisse bénéficier de ses instructions[96], et Dürer, nous dit la même source, ne cessa toute sa vie de déplorer cette rencontre manquée. Peu importe ici de savoir si le maître de Mantoue eût été apte à instruire l'Allemand ; le fait prouve simplement que ce dernier ressentait un manque que son modèle ne pouvait combler à ses yeux, et qu'il avait une idée trop juste de l'importance de l'art pour s'enorgueillir de sa dextérité de main ou de sa facilité d'exécution, si elles ne devaient s'exercer que pour transcrire ou perpétuer des défauts, lesquels au demeurant, si incroyable que cela puisse paraître, ne tardèrent pas à déferler sur l'Italie, coupant court à l'imitation de Michel-Ange, supplantant ses formes, et produisant une révolution de style éphémère au sein de l'école toscane, dont les fresques d'Andrea del Sarto et de Franciabigio à San Giovanni dei Scholchi, tout comme les productions tardives de Jacopo da Pontormo, offrent un exemple indiscutable. Sans même en chercher d'autres preuves, la méthode adoptée par l'Académie dans le cours des études apparaît fondée sur l'insuffisance du modèle dans la recherche de la justesse. Pourquoi a-t-on décidé que l'élève, avant d'être autorisé à étudier d'après nature, consacre une période donnée à l'étude de l'antique ? Ce serait mal interpréter les motifs de l'Académie que de les imputer à la facilité relative qu'offre le dessin d'un objet inanimé ; car si en général il est indiscutablement plus aisé de dessiner un objet immobile qu'un objet en perpétuel mouvement, si imperceptible soit-il, et au point de vue sans cesse changeant, cela ne saurait être le cas de l'antique : car quel grand nom parmi les Modernes a jamais pu atteindre au trait et aux proportions des Anciens ? Michel-Ange a peuplé une bonne part de la chapelle Sixtine d'imitations, voire de transcriptions du *Torse* : qui osera prétendre qu'il l'a égalé ? Comparez la *Restauration de Montorsoli*, de

Giacomo della Porta et du Bernin, ou le *Laocoon* de Baccio Bandinelli, au reste des figures, ou aux originaux, et déplorez-en l'infériorité flagrante. Quelle était donc l'intention de l'Académie en faisant de l'antique le fondement de vos études ? Voyons ! Mais de vous conduire aux sources de la forme ; de vous initier aux véritables éléments de l'essence humaine ; de vous permettre de juger, par votre passage du marbre au vivant, de ce qui chez l'individu était substance et propriété, ou excroissance et besoin, homogène ou discordant, difformité ou beauté. Elle comptait, en vous confrontant à une grande variété de figures, vous rendre à même de les classer suivant leur caractère et leur fonction, de reconnaître ce qui n'appartient qu'à une seule ou à quelques-unes, et ce qui est la loi commune à toutes ; de vous faire saisir que c'est l'union de la simplicité et de la variété qui produit l'harmonie, et que la monotonie ou la confusion commence lorsque l'une des deux est négligée, ou empiète sur l'autre ; bref, de vous fournir, autant que le permettaient le temps et les circonstances, ce que le *public* accordait aux artistes de la Grèce ; ce que Zeuxis réclama et obtint des citoyens de Crotone ; ce qu'Eupompe fit remarquer à Lysippe ; ce que Raphaël, avec plus de bonne volonté que de réussite, cherchait en lui-même ; et ce qu'Andrea Mantegna, si peu qualifié qu'il fût personnellement pour le trouver, désirait communiquer à l'esprit d'Albert Dürer : une norme, un modèle de FORME[97].

Je n'ai pas l'intention de récapituler ici les raisons et le concours d'heureuses circonstances qui élevèrent les Grecs au rang de législateurs de la forme ; la norme qu'ils érigèrent, le canon qu'ils fixèrent ne tombaient pas du ciel ; mais comme ils s'imaginaient d'origine divine, et que la religion était le moteur premier de leur art, ils devaient nécessairement tenter de conférer à leurs auteurs les formes les plus parfaites, et, découvrant qu'elles étaient la prérogative de l'homme, ils furent amenés à une étude complète et raisonnée de ses éléments constitutifs ; ajoutez-y leur climat, qui permettait à cette forme de croître et de se montrer sous son meilleur jour, leurs institutions civiles et politiques, qui établirent et encouragèrent les exercices, les mœurs et les opportunités les mieux conçus pour nourrir, parfaire et produire cette forme ; c'est cet ensemble qui donna naissance, par périodes successives, à ce style qui, partant de l'essence, la proportion, et passant par le caractère, finit par parvenir à son sommet en les unissant à la beauté. De ces trois stades, un nombre suffisant de spécimens a survécu aux ravages du temps, et les plus importants d'entre eux, amassés entre ces murs, constituent l'abondante réserve d'informations que présente l'Académie au regard de ses élèves ; cependant – et il m'en coûte de le dire, mais ma charge de professeur comme mes devoirs envers le lecteur m'y obligent – elle ne les présente pas toujours avec la réussite escomptée. La précipitation avec laquelle ils sollicitent la permission de passer de la salle des plâtres à celles des modèles vivants, le dédain total où sombre l'antique dès qu'ils ont investi le domaine du vivant, et leur manière de s'en inspirer, dont l'assurance n'a d'égale que l'incompétence mal informée, ne démontrent que trop souvent l'impression superficielle qu'ont laissée les formes préalablement offertes à leur discernement. La cause générale en réside peut-être dans une admission trop hâtive à l'un ou l'autre de ces ateliers. Ils y entrent sans bagage et poursuivent sans succès ; ils s'attellent à disposer et à embellir avant de s'être familiarisés avec les matériaux bruts. Voilà sans doute la ou les raisons pour lesquelles certains n'ont pas encore déterminé si l'élève, une fois autorisé à dessiner à partir d'un modèle vivant, devait se cantonner à reproduire minutieusement ce qu'il voit devant lui, ou au contraire exercer le jugement qu'ont fait mûrir ses cours à l'Académie des antiquités, et dessiner des formes qui se correspondent entre elles. Pour ma part, après avoir soigneusement examiné les arguments des deux parties, il me semble établi que l'élève est admis à peindre d'après nature pour se prévaloir du savoir acquis par l'étude préalable des formes classiques. C'est là que commencent la tâche et les devoirs essentiels de l'*artiste résident*, dont je parle avec déférence ; il doit approuver sa justesse, brider sa présomption, lui prêter son regard, et si la nécessité s'en fait sentir le convaincre par le raisonnement et l'exemple. Mais le système humain ne peut être assimilé par la simple contemplation ni même la reproduction de sa surface. Le centre de son mouvement doit être fixé pour marquer avec justesse l'émanation des rayons. C'est à l'intérieur que l'ondulation incessante des formes extérieures, les vagues de la vie, trouvent leur origine, et si l'on ne remonte jusqu'à leur source, elles instruisent moins qu'elles n'égarent. Le fondement véritable de la vue est la connaissance, et cette connaissance est intérieure ; car quoique, pour reprendre l'expression de Milton, les dieux et les demi-dieux de la poésie, « vitaux en chacune de leurs parties, tout entiers cœur, œil, oreille, conforment leur corps à leur guise, et adoptent telle couleur, forme et taille qui leur sied » ; en art, en revanche, leur substance se fonde sur la force cassante des os, ils agissent conformément aux éléments humains, et pour descendre doivent s'élever ; c'est pourquoi, même si une profonde et subtile connaissance de l'*anatomie* est moins indispensable au peintre qu'au médecin ou au chirurgien, même si c'est le visible qui constitue sa sphère et détermine ses limites, il ne saurait se passer d'une familiarité précise et informée avec le squelette, base de la machine humaine ; il doit apprendre à maîtriser les muscles, tendons et ligaments qui nouent entre eux les os ou les couvrent et les enveloppent, leurs processus antagonistes d'action et de réaction, leurs extrémités, leurs imbrications, et la variété de formes qu'ils revêtent, lorsqu'en fonction de leur rétrécissement, souplesse ou positions relatifs, ils indiquent une énergie ou une détente des gestes ou de la structure, leur plus ou moins grande élasticité, fournissent les symptômes des passions, et par leur irritabilité plus ou moins ostensible se font l'écho de la moindre impression.

Il ne saurait non plus se passer de la *physionomie*, compagne de l'anatomie, qui à partir de la mesure des parties *stables* détermine la proportion des parties *mobiles*. Il y a eu, il y a peut-être encore des professeurs d'art qui, tout en admettant la physionomie en général, refusent de la reconnaître dans le détail, ou en d'autres termes, admettent un langage et en rejettent les éléments, comme si toute l'harmonie de chaque objet proportionné ne consistait pas justement dans la correspondance d'éléments imperceptibles isolément ou apparemment insignifiants, et ne se réduisait pas sans eux à une masse informe. Qu'on ajoute ou qu'on retranche un douzième de pouce à la lèvre supérieure de l'Apollon, et c'en est fini du dieu.

Le défaut de cette indispensable formation est l'une des causes majeures du MANIÉRISME, la pire souillure qui soit pour le dessin, le contraire absolu du style ; le style imprègne et interroge le sujet, et coordonne ses moyens à ses exigences ; la manière subordonne le sujet à ses moyens. Le maniériste est un misérable abréviateur du grand livre de la nature ; un jongleur qui feint d'en reproduire l'infinie variété des matériaux par la vaine exhibition de quelques tessons de poterie. Ce qu'il produit n'est peut-être pas à proprement parler le monstre qu'Horace recommande aux quolibets de ses amis, rejeton d'une imagination grotesque, et rejeté avec un égal dédain incrédule par le vulgaire et les délicats, mais c'en sont d'autres non moins répugnants, quoique peut-être restreints à un cercle de juges plus étroit.

On peut répartir les maniéristes en trois catégories :

– premièrement, ceux qui ne consultent jamais la nature que de seconde main ; ils ne la voient que par l'entremise de quelque précepte, et la soumettent à l'épreuve d'une forme particulière ;

– deuxièmement, ceux qui s'acharnent à la chercher ou à la situer en un lieu où on ne saurait la trouver, quelque individu ou des modèles analogues ;

– et troisièmement, ceux qui sans remonter jusqu'au principe, se contentent de rassembler pêle-mêle un agglomérat de style et de modèle, greffent la difformité sur la beauté, et la bassesse à la grandeur.

En toute matière de goût, la norme se situe à égale distance de l'exubérance et de l'indigence ; le mieux devient un défaut s'il est poussé à l'extrême, ou appliqué sans discernement. L'Apollon, l'Hercule de Glycon, et la figure improprement baptisée Gladiateur, sont chacun un modèle de style dans sa catégorie respective ; mais leur excellence même deviendrait une tare si elle s'appliquait sans discernement aux exigences spécifiques de sujets différents. Ni l'Apollon, ni l'Hercule, ni le Gladiateur, ne peuvent fournir à eux seuls les formes d'un Thésée, d'un Méléagre, ou d'un Achille, pas plus qu'ils ne peuvent trouver les leurs chez les héros du Mont Cavallo. Il faut toutefois reconnaître qu'il commettrait une erreur beaucoup plus vénielle, et se rapprocherait davantage de la forme que nous exigeons pour l'Achille d'Homère, celui qui substituerait à la forme véritable celle de l'Apollon ou de l'Hercule décrivant le mouvement du Gladiateur, que celui qui se contenterait de copier d'après nature l'individu le mieux bâti qu'il puisse rencontrer ; la raison en est évidente, c'est qu'il y a une analogie plus grande entre leur forme et leurs actions et celles d'Achille qu'entre ce dernier et le meilleur modèle vivant que nous puissions rencontrer. En vertu du même principe, celui qui dans un sujet purement historique tenterait d'introduire les formes génériques et patriarcales de la chapelle Sixtine se rendrait ridicule par excès de contraste ; car pour lui les caractéristiques organiques des proportions respectives de chaque peuple sont à peine moins essentielles que pour le dessinateur d'histoire naturelle ou le portraitiste. Le crâne d'un Européen, même mêlé de traits africains, ne saurait s'assimiler à celui d'un noir proprement dit, ni le pied de Méléagre, ou même du Laocoon, être troqué pour celui d'un Mongol ou d'un Chinois ; et il bénéficie d'informations erronées, celui qui imagine que l'expression, la démarche et les membres de l'Apollon peuvent trouver leurs correspondants dans les Monts Appalaches, ou ont une quelconque parenté avec les tribus indomptées de Floride.

Mais le plus impardonnable des maniéristes semble bien être celui qui recourt à la bassesse pour lui emprunter les instruments destinés à représenter la dignité et la grandeur. Celui qui pour toutes choses s'appuie sur son modèle, ne devrait traiter d'autre sujet que son modèle ; et j'oserai dire que même les formes extravagantes et, si vous voulez, les caricatures de Goltzius corrompu par Spranger sont préférables à celles d'Albrecht Dürer ou du Caravage – quoique l'une se recommande par sa précision, l'autre par son clair-obscur – lorsqu'il s'agit de les appliquer à un sujet purement héroïque ou symbolique ; car même excentriques et excessives, ce sont des excentricités et des excès du grand style, pour lequel la bassesse de conception est la moins excusable de toutes ses tares. De cette tare, le puissant génie de Raphaël, avant d'émerger de la fange du Pérugin, ne fut pas entièrement exempt ; que ce soit pusillanimité ou langueur de conception, le Christ de la *Dispute sur le Sacrement* a beau en être la figure principale, le centre d'où tout le reste émane, avec tout le respect qui lui est légitimement dû, et pour ainsi dire rayonne, il n'en reste pas moins une figure insipide et misérable, et, à la possible exception de la quiétude de son visage (mais même elle est entachée de bassesse), inférieure à tous les patriarches et les docteurs de cette composition très peuplée.

Quant à la troisième catégorie, ceux qui concoctent un mélange bigarré de beauté idéale et de nature commune, tels les ragoûts de Pietro Testa et de Gherard Lairesse, et dont ni le Guide ni Poussin ne furent entièrement exempts, même si on peut sans doute leur reprocher absolument l'impropriété totale de la première catégorie, et la bassesse de la seconde, ils devront se contenter de cette moindre désapprobation ; ils nous plaisent par surprise grâce à des éclairs de caractère ou de forme, mais nous déçoivent non moins souvent par l'intrusion de formes vulgaires ou hétérogènes. Mais cette déception n'est pas aussi totale, car il nous manque cette familiarité critique avec les principes de l'art antique qui pouvait assigner à chaque tronc sa tête, à chaque membre son homologue ; un manque de discernement si fréquent aujourd'hui encore, nonobstant le raffinement claironné par la critique romaine et allemande, qu'un Mercure privé de caducée risque de se voir affublé des membres d'un Méléagre, ce dernier d'un Antinoüs, et peut-être un Jupiter au Mont Ida du torse d'un Hercule au repos, une Ariane d'arborer la tête d'un Bacchus sans cornes, et une Isis d'être substituée à n'importe quelle femme idéale.

Huitième Conférence

De la couleur : la fresque

L'art de la peinture peut être considéré sous deux éclairages, soit comme exerçant son pouvoir sur *les sens* afin de toucher l'intellect et le cœur, soit comme leur humble servante, qui forme les grâces à charmer leurs organes pour leur seul amusement ; dans le premier cas, les sens, comme le reste de ses outils, ne sont qu'un support ; dans le second, ils sont l'objet principal et le but ultime de ses efforts.

Je n'examinerai ici si les arts, comme simples pourvoyeurs des plaisirs des sens, méritent encore le qualificatif de libéraux, ou s'ils sont tout juste bons à occuper le temps d'un être doué d'intelligence. La nature, comme les maîtres de l'art, qui prononcent les verdicts de la nature en poésie et en peinture, ont décrété qu'ils ne peuvent parvenir à leur plus haut degré d'accomplissement ni être considérés comme une contribution utile au bonheur de la société, s'ils ne subordonnent leur support, quel qu'il soit, à l'objet réel, et s'ils ne font de la sensation la servante de l'esprit.

Quand tel est leur objet, c'est le *dess(e)in*, dans son acception la plus large comme la plus restreinte, qui constitue leur base ; mais lorsqu'ils s'abaissent à n'être que les jouets des sens, ou s'avilissent à en être les corrupteurs, c'est de la *couleur* qu'ils font insidieusement leur fondement.

Le plus grand coloriste de son temps, celui qui aurait pu rivaliser avec les maîtres de la couleur, toutes époques confondues, j'ai nommé Reynolds, s'en tint constamment, dans son enseignement public, à traiter la couleur comme un principe subalterne. Il était pourtant pleinement conscient que, faute de détenir au moins une part un tant soit peu compétente de ses qualités innombrables et fascinantes, nul homme, quels que soient son style de dessin ou ses pouvoirs d'invention, ne pourrait aspirer au succès professionnel ni même être proprement appelé peintre, et il professait, en s'autorisant de la tradition, de l'excellence des monuments subsistants de la sculpture, et des vestiges connus, certes inférieurs, de la peinture antique, que si les chefs-d'œuvre en couleur de l'antiquité étaient parvenus jusqu'à nous dans un état de conservation acceptable, nous pourrions espérer voir des œuvres dessinées dans le style du *Laocoon*, peintes dans celui du Titien ; il n'en persistait pas moins dans la conviction que même le coloris du Titien, loin d'ajouter au sublime du grand style, n'eût servi qu'à en retarder, voire à en dégrader l'effet. Il connaissait le principe d'ambition, d'usurpation indissociable de la couleur, et considérait par conséquent de son devoir, en en faisant la base des styles ornementaux, non d'en brider les droits légitimes, mais d'en prévenir les exigences aveugles.

Ce n'est pas à moi (qui depuis toujours ai courtisé la couleur et continue à le faire comme un amant au désespoir courtise une maîtresse dédaigneuse) de prétendre dégrader, en y ajoutant la mienne, la respectable opinion ainsi exprimée ; mais les inclinations de la fantaisie ne devraient jamais déterminer les motivations d'un professeur, ni orienter sa présentation de l'art ; il me sied donc de vous dire que si le principe qui anime l'art donne à la couleur des droits et des privilèges qui ne lui reviennent pas ; si de moyen, il l'élève au rang de représentante du tout ; si ce que revendiquent en vain la forme et l'esprit, il l'accorde par faveur à la couleur ; s'il détourne l'œil du public de beautés plus hautes pour qu'il s'abîme dans ses charmes, alors l'art se dégrade en pur support du plaisir des sens, en accessoire de luxe, en colifichet joli *mais insignifiant*, ou en défaut splendide.

A la couleur, dont la douce pureté teinte le visage de l'innocence et de la vie qui éclôt, dont le charme magique trace par transitions imperceptibles les formes de la beauté, alors que sa vigueur chaleureuse et sanguine imprime ce principe de vivacité qui anime la plénitude de la jeunesse et la forme puissante de l'âge d'homme, ou en gradations plus pâles marque le déclin de l'être animé ; alors que ses variétés confèrent vérité et caractère à l'imitation individuelle, ou qu'une tonalité plus complète imprègne les scènes du sublime et de l'expression, et impose l'élément dans lequel elles doivent se mouvoir, qui frappe notre regard en harmonie ; à la couleur, dis-je, compagne flamboyante de la forme, auxiliaire des passions, héraut de l'énergie et du caractère, quel est l'œil, à moins qu'il ne soit affligé de quelque mal ou abandonné par la nature, qui refusera son hommage ?

Mais inversement, lorsque la couleur submerge les formes de l'enfance, germe laiteux de la vie, et les traits bien définis de la virilité et de la beauté de sa pulpe grumeleuse ; lorsque d'habilleuse des Grâces, elle se fait servante de la difformité, dont elle pare les membres de leurs dépouilles, tendant la main au vice, hantant les repaires du dégoût et de l'horreur[98] ; qu'elle troque la chair pour les roses, et la vigueur pour la vulgarité, dilue le caractère et la vérité dans les teintes de la flatterie, ou transforme le ton qu'exigent le sublime et le pathétique en support maniéré de teintes frivoles ; de cette couleur esclave de la mode et usurpatrice de la convenance, même si ses charmes retiennent encore notre œil, quel esprit exempt de préjugé ou d'habitude pourra s'empêcher de déplorer l'abus ?

Les principes de la couleur sont aussi variés, mais aussi immuables que ceux de la nature. Les nuances du système qui associe l'ombre à la lumière sont immenses, mais la variété de son imitation est réglée par le résultat de leur union, la simplicité ; la clarté si on l'obtient par l'harmonie !

La simplicité représente, pour chaque individu, son unité, son tout. La lumière, et son organe l'œil nous présentent l'ensemble d'un être avant ses parties, puis se diffusent en rayons visuels sur les membres. La lumière, dotée de sa vélocité propre, fixe un point, le foyer de son pouvoir ; mais comme il est impossible de concevoir une lumière centrale sans rayonnement, ou une forme centrale sans extension, leur union produit cette loi immuable de l'harmonie que nous appelons ampleur.

Il existe un point qui est le plus brillant pour l'œil comme il l'est pour l'objet ; c'est là le point de lumière : rayonnant à partir de lui dans toutes les directions, les parties existantes saillent ou fuient, se côtoyant, passant les unes devant ou derrière les autres ; les deux extrêmes que sont la lumière et l'ombre constituent un tout, que définit la couleur locale ou essentielle – son association avec la demi-teinte, l'ombre et les reflets, les reliefs – et qu'harmonise la correspondance de chaque couleur avec toutes les autres.

Les principes qui règlent le choix des couleurs sont en eux-mêmes aussi invariables que la lumière dont elles émanent et que l'ombre qui les absorbe. Leur économie n'est ni arbitraire ni fantaisiste. Pour s'en convaincre, il suffit de pouvoir contempler un prisme. Quelles que soient les couleurs, elles se suivent dans un ordre régulier, elles émergent les unes des autres, se fondent les unes dans les autres. Nulle confusion ne saurait briser ou entraver leurs gradations, du bleu au jaune, du jaune au rouge ; la flamme de toute lumière, sans même un prisme, suffit à établir cette échelle immuable.

A partir de cette théorie, n'attendez pas de moi que j'entre dans des investigations chimiques sur les matériaux de la peinture, ou techniques sur ses méthodes. Une fois qu'on vous a dit que la *simplicité* et la *cohérence* sont la base de la pureté et de l'harmonie, qu'*une seule* couleur a un pouvoir plus grand que deux combinées, et qu'un mélange de trois couleurs affaiblit encore ce pouvoir, vous êtes en possession des grands principes élémentaires nécessaires à l'économie de votre palette. La méthode, l'exécution et le mode de traitement s'apprennent par l'expérimentation, la comparaison et une pratique persévérante, mais par-dessus tout par la nature de l'objet de votre quête. Les leçons de la répétition, de la déception et de l'erreur laissent une empreinte plus durable que celles de tous les maîtres. Loin de moi l'idée de dénigrer ou de minimiser la valeur ou l'infériorité relatives des matériaux, ni cet enseignement qui offre un raccourci pour accéder aux éléments essentiels de l'étude ; mais celui qui ne voit la nature que par l'intermédiaire de son maître est aussi éloigné d'elle que peut l'être de la couleur celui qui s'imagine la trouver dans des matières luxueuses, rares ou raffinées, dans des préparations insolites, des recettes secrètes et moisies, dans la lumière, dans l'ombre, dans des fonds lisses ou rugueux ou perméables ; elle se trouve peut-être dans toutes ces choses, mais non dans une seule en particulier. Les maîtres anciens de la couleur n'en avaient que quatre de base, et c'est cette simplicité qui inspira à Reynolds la conclusion suivante : ils devaient être aussi grands pour la couleur que pour la forme. Celui qui ne peut faire bon usage des pires matériaux est condamné à gâcher les meilleurs ; et celui dont la palette est réglée ou déterminée par l'œil d'autrui abjure son propre regard et se condamne à devenir un maniériste. Il n'est pas de méthode sommaire pour atteindre à la grandeur ; le labeur est le prix de l'excellence, le temps celui de l'immortalité.

La couleur, tout comme le dessin, possède deux parties essentielles, l'imitation et le style. Elle commence dans l'éblouissement, se prend au piège de l'illusion, accède à l'imitation, est polie par le style, et corrompue par la manière.

C'est toujours l'éblouissement d'une lumière crue qui caractérise le goût primitif ou enfantin. Le débutant, intimidé ou barbare, craint de nuire à la splendeur en réduisant la masse, et se repaît de cet éclat égyptien qu'il diffuse sur une surface que le coloris n'a pas encore interrompue, ni l'ombre allégée. Tels sont en général les vestiges flamboyants de l'ornementation médiévale. C'est le stade de l'enluminure de missel, de ce que Dante appelait « alluminar », de l'art de Cimabue ; le goût en perdura, quoique à un degré moins choquant, jusqu'à l'époque de Michel-Ange et de Raphaël. Les images de Dieu, et les mères de Dieu, les apôtres et les martyrs, suscitaient une dévotion proportionnelle aux couleurs plus ou moins criardes dont ils étaient affublés. C'est pour cette raison que Jules II aurait voulu que Michel-Ange ajoutât à la majesté des patriarches et des sibylles par de l'or et du lapis-lazuli.

A cet éblouissement succède l'illusion du trompe-l'œil ; les tentatives de substituer l'image à la chose, par la forme ou la couleur, sont toujours le signe d'un goût puéril, parfois même dégénéré. La précision microscopique de Denner, voire la minutie de détail de Gherard Douw – certes plus ample – étaient des symptômes de radotage. Le concours entre Zeuxis et Parrhasios fut, sinon un divertissement, du moins une rivalité d'adresse puérile. Mais la peinture de trompe-l'œil, quoique à son paroxysme elle n'excède jamais la simulation réussie d'objets absents, et reste en elle-même en deçà du but véritable de l'art, est la mère de l'imitation. Il nous faut pénétrer la substance des choses, nous familiariser avec leurs tons et leur texture respectifs, et les colorer en détail, avant de prétendre en saisir le principe et en restituer l'allure générale.

Le Titien s'astreignit d'abord à réaliser des fac-similés des étoffes qu'il copiait avant de les transformer en drapé et de leur attribuer un emplacement et une valeur locale ; il commença par apprendre à distinguer les teintes, et à fournir le squelette de la couleur, avant de s'enhardir à prendre la plus grande quantité de couleur dans un objet pour le tout, à peindre une chair qui abondait en demi-teintes, entièrement en demi-teintes, et à en priver complètement celle qui n'en comportait que bien peu. C'est à l'école du trompe-l'œil qu'il apprit la différence entre le diaphane et l'opaque, entre couleurs fermes et juteuses (celles-ci réfractent, celles-là absorbent la lumière) et partant leur place respective ; celles qui tranchent et qui sautent aux yeux d'emblée, et celles qui participent plus ou moins du milieu environnant en fonction de la distance. C'est là qu'il apprit le contraste entre les tons, ceux qu'on baptise chauds et froids, et comment équilibrer un ensemble par leur répartition, leur diffusion, leurs résonances. C'est là que son œil, aussi musical, passez-moi la métaphore, que son oreille, tira la conclusion que la couleur agit, affecte, charme au même titre que le son ; que des tons profonds et sévères animent l'œil, l'encouragent, le fortifient, comme l'oreille qui entend des sons martiaux ou une basse grave ; tandis que les tons plus doux, rosés, gris, printaniers, apaisent, charment et amollissent comme une mélodie suave.

Tels étaient les principes dont l'évolution progressive produisit cette imitation par la couleur qui, bien au-delà de la fascination pour Giorgione, jette un sort irrésistible à tous les regards qui ont jamais été exposés à la magie du Titien. Aucun coloriste avant ou après lui n'a vu la nature se dévoiler à lui avec la digne familiarité dans laquelle elle apparaissait au Titien. Son œil universel, et également approprié à toutes les manifestations de la nature, en sut rendre les apparences les plus simples comme les plus complexes avec une pureté et une véracité égales. Il sut pénétrer l'essence et le principe général des substances offertes à ses yeux, à partir desquels il établit sa théorie de la couleur. Il inventa cette gamme de coloris de détail que nulle imitation n'a su égaler, et exprima le premier la nature négative de l'ombre ; c'est à lui qu'appartiennent les charmes du glacis, et le mystère des reflets, grâce auxquels il détachait, mettait en relief, reliait ou enrichissait son objet. Son harmonie doit moins à la force des jeux d'ombre et de lumière, ou aux artifices du contraste, qu'à un juste équilibre des couleurs, aussi éloigné de la monotonie que du barbouillage. Son ton émane toujours spontanément de son sujet, solennel, grave, gai, menaçant ou apaisant ; son œil teintait d'or la nature sans en gâter la fraîcheur ; c'est elle qui lui dictait ses arrière-plans. Et c'est le Titien qui marque l'origine du paysage, qu'il soit considéré comme sujet ou comme décor, comme la restitution d'un lieu, la riche combinaison d'objets en communion, ou le théâtre d'un événement ; il est le père du portrait, de la ressemblance formelle, de la dignité dans la caractérisation, et de la subordination du costume à l'ensemble.

La couleur peut être considérée en fonction soit de l'ensemble soit du détail des parties qui constituent un tableau. Dans le premier cas, elle est tributaire du choix d'un ton dominant ; dans le second, de l'habileté à disposer, nuancer, mettre en relief et varier les tons subalternes, leur éclairage principal, la couleur locale, les demi-teintes, les ombres, et les reflets.

La disposition générale de la tonalité primaire est du même ordre que la répartition spécifique des tons subalternes pour la mise en relief de chaque figure. Dans les deux cas, il faut diriger l'attention de manière à obtenir une masse de lumière principale et une couleur prédominante. Cette dernière doit être appuyée par la solidarité et la mise en relief réciproque des couleurs secondaires, combinée aux demi-teintes et aux ombres, et soulignée et mise en valeur par les reflets.

Lorsque nous avons évoqué le clair-obscur, nous avons fait une observation que nous pouvons à présent appliquer à la couleur : à savoir que la tonalité primaire relève d'un choix et est purement arbitraire ; mais qu'elle détermine tout le reste, de même que dans les règles du concert, c'est sur le ton du premier violon que s'accordent toutes les voix et tous les instruments. Son effet dépend entièrement de son union avec les tons environnants, et n'a d'autre valeur que celle qu'elle tire du contraste. C'est ainsi que le ton le plus simple, employé à bon escient, peut se révéler chatoyant, splendide et harmonieux ; c'est alors le ton même de la nature ; tandis que la plus brillante des couleurs, si le détail des coloris subalternes la contredit ou la trahit, risque de se faire lourde, discordante et comme racornie.

On ne saurait trouver meilleure illustration de ces principes que dans la célèbre *Nuit* du Corrège, où l'Enfant Jésus, à partir du centre, colore l'ensemble de ses rayons, sinon peut-être dans son pendant méconnu de Dresde, le portrait de *Saint Sébastien* ; car produire l'union et le ton dans la composition quasi-symétrique d'une peinture votive exigeait un entendement plus profond et un œil plus sûr. A l'instar du tableau de Raphaël à Foligno, il représente, au centre, la Madone tenant l'Enfant dans ses bras, trônant sur des nuages, dans une gloire de rayonnement solaire, servie par des anges et entourée de formes angéliques ; en-dessous d'elle, on voit saint Géminien, une vierge à ses côtés, saint Roch, et saint Sébastien attaché à un arbre. Notre première surprise est causée par la lumière centrale de la gloire, qui possède toute la splendeur d'un soleil, quoique la couleur en soit d'un jaune relativement terne et se termine dans les bruns. La Madone, vêtue d'une tunique de laque scintillante et d'un manteau bleu sombre, semble jaillir de ce corps de lumière comme d'un arrière-plan sombre, et comme l'Enfant Jésus jaillit d'elle. Leur teint à tous deux est adouci et atténué pour entretenir la cohérence de l'éloignement. Les deux anges aux côtés de la Vierge, peints dans des tons qui réfléchissent ceux du centre, s'adressent aux saints en-dessous d'eux, et ainsi rattachent la partie supérieure à la partie inférieure du tableau, qui émerge des nuées ténébreuses sur lesquelles ils se tiennent et tire ses tonalités lumineuses des émanations de la lumière, mais en éclairs subalternes, qui, partant du crépuscule, s'évanouissent dans la masse d'ombre. Ceux qui n'ont pas vu le tableau peuvent se forger une faible idée de sa tonalité grâce à la peinture votive du Parmesan (dans la collection du marquis d'Abercorn), laquelle, si elle avait reçu sa touche finale d'harmonie, aurait sans doute pu rivaliser avec le principe de celle que nous venons de décrire.

Les tonalités appropriées à la peinture de poésie peuvent être, à l'image de son style de dessin, génériques ou caractéristiques. La première est appelée négative et ne se compose guère que de clair-obscur ; la seconde admet, si modestement que ce soit, une plus grande variété, un plus grand fractionnement de ton. La première est la tonalité de Michel-Ange, la seconde de Raphaël. Leur instrument souverain à tous deux est assurément ce support simple, ample, pur, frais et limpide : la fresque. La fresque, qui n'admet pas cette variété raffinée de tons qui est le privilège de la peinture à l'huile, et qui, en raison de la rapidité avec laquelle sont absorbées les argiles qui constituent son matériau de base, exige un achèvement presque immédiat, est justement pour ces raisons le moyen d'expression privilégié et l'auxiliaire immédiat d'un grand dessein. Ses éléments sont la pureté et l'ampleur de ton. Nul autre style de peinture n'aurait permis de partager les formes génériques de Michel-Ange, telles la nuit et le jour, en cette ampleur d'ombre et de lumière qui leur imprime leur caractère. La pureté d'argent du Corrège est le fruit de la fresque ; ses peintures à l'huile sont de faibles, d'impures émanations de la fraîcheur et de la *limpidezza* de ses fresques. L'huile, qui épaissit et se coagule, se diffuse moins que les nappes auxquelles recourt la fresque, et si on l'étend en ampleur au-delà de sa tonalité naturelle, comme les esprits utilisés pour alléger sa colle sont volatiles, elle se retourne sur elle-même, et forme plus souvent des surfaces pâteuses, ou semblables au bois, ou des croûtes, que des fibres charnues. L'huile a nui même à l'ampleur des couleurs élémentaires du Titien dans ses tableaux de Santa Maria della Salute. La procédure minutieuse inséparable de la peinture à l'huile a amené Michel-Ange à la qualifier de méthode de femme ou d'homme oisif. Le maître de la couleur que nous voyons dans la Sixtine ne saurait en avoir d'autre, car si la couleur est le moins remarquable de cette constellation de talents qui resplendissent dans ses comportements, elle n'est ni la dernière ni la moindre réussite de l'œuvre. La chair des figures académiques sur les cadres du plafond est encore aujourd'hui supérieure à toute celle qu'a pu peindre Annibale Carrache au palais Farnèse : le plus souvent pâle, mais jamais froide, et au ton parfois sanguin mais sans aucun reflet brique. Le Jérémie des *Prophètes* luit de l'éclat du Titien, mais avec une ampleur inconnue de lui comme de Giorgione. L'*Eve au pied de l'arbre de la connaissance* a l'harmonie douce et perlée du Corrège ; et certains corps en suspension dans la partie inférieure du *Jugement dernier*, moins abîmée que le reste par le temps et les accidents, demeurent sans rival pour la sève et la chaleur. La couleur de Michel-Ange confine quelquefois même à la variété caractéristique, comme dans la composition du *Serpent d'airain*. Il n'y a rien d'étonnant à ce qu'un homme qui maîtrisait sa matière à un tel degré de puissance ait rejeté les inconvénients certains et les beautés inférieures et précaires de la peinture à l'huile, que proposait Sebastiano del Piombo pour l'exécution du *Jugement dernier*, il le punit d'ailleurs de cette suggestion en lui vouant un dédain éternel. Si j'ai fait allusion à des beautés de détail de la couleur, c'était davantage à l'adresse d'autrui que pour exprimer ce qui, moi, m'impressionne le plus. Les parties, dans la réalisation de toute œuvre, sont toujours frappées d'un bonheur inégal ; et si grandes que soient les beautés de ceux que j'ai distingués, elles ne seraient pas des beautés à mes yeux si elles étaient obtenues grâce à un principe qui entrât en discordance avec le reste.

Dans la couleur chez Michel-Ange, l'objet de mon admiration, c'est le ton, cette union globale de la teinte et du coloris qui se diffuse sur l'ensemble, qui semble moins le résultat d'un effort suivi qu'une émanation soudaine et instantanée, un principe unique de lumière, de couleur locale, de demi-teinte et d'ombre. Même les couleurs des drapés, quoique peut-être trop distinctes, et souvent plus gaies que ne l'autorisait la gravité du sujet ou de ceux qui les portent, sont absorbées par le ton général, et n'apparaissent comme telles qu'après un examen répété ou en les isolant du reste. Raphaël n'aborda pas son œuvre admirable avec le système achevé, la maîtrise absolue des matériaux, et l'autorité consciente de Michel-Ange. Si le projet auguste qu'avait conçu son esprit autorisait des ornements lyriques et allégoriques, il était dans l'ensemble, d'essence dramatique et caractéristique ; il ne pouvait donc en appliquer à la masse la couleur générique de la Sixtine. C'est pourquoi nous le voyons au départ déchiré entre les éléments de ce ton qu'exigeait la description des passions et du caractère dans leur subtilité, et l'imprégnation soumise des habitudes et des servitudes de son maître. Mais un grand tableau décida de l'issue du combat. Cela apparaît clairement à la vue de la différence entre les parties inférieure et supérieure de la *Dispute sur le sacrement*. La partie supérieure constitue le sommet du style du Pérugin, anobli et amplifié ; la partie inférieure appartient en propre à Raphaël. Chaque trait, chaque membre, chaque mouvement, les drapés, les lumières et les ombres de la partie inférieure tirent leur ton et leur variété du caractère. L'épanouissement et les ornements de la jeunesse, teintés de l'éclat d'une ardeur impatiente d'être reconnue ; le ton plus austère, plus vigoureux d'une autorité virile et expérimentée ; la rougeur enflammée du zèle argumentatif ; la teinte maladive de la méditation claustrale ; l'ermite bruni et hâlé par le soleil s'oppose à l'ancêtre pâle et décrépit ; mais si contrastés qu'ils soient, toute leur action et leur couleur demeurent subordonnées à la tonalité générale répandue par la solennité sereine de l'élément qui les entoure, lui-même coloré par l'effulgence venue d'en haut. Un équilibre suffisant entre ombre et lumière maintient le tout, même si plus d'attention est portée à la distinction des individus qu'aux masses. Dans l'économie de détail, on s'aperçoit que les lumières ne sont pas aussi blanches, ni la couleur locale aussi crue, ni les passages aux demi-teintes aussi tachés de rouge, ni les demi-teintes elles-mêmes d'une trempe aussi verte que dans les quatre tableaux symboliques sur fond doré du plafond.

Il me semble tout bien considéré qu'en matière de ton caractéristique général, Raphaël n'a jamais surpassé la pureté de ce tableau. Si dans l'*Ecole d'Athènes* il a fait mieux dans les teintes individuelles, qui sont à l'éclat et à la sève du Titien moins un défi qu'un rival, elles se dispersent plutôt en fragments qu'en masses, au détriment de l'harmonie générale (à tout le moins négligée), si l'on excepte la figure centrale d'Epictète qui sert à relier l'ensemble. La prédominance d'une chair tendre, et la présence de drapés blancs ou teintés au premier plan, alors que les groupes plus éloignés se teintent de bruns masculins et de drapés aux tons plus profonds prouvent que si Raphaël parvenait à dominer la couleur individuelle, il n'en avait pas pénétré le principe général.

Dans la même salle, le *Parnasse* possède un ton dominant, mais qui n'est pas celui d'une imagination poétique. Il visait à la fraîcheur aérienne, et reste glacial. Les principaux acteurs en sont des idéaux de la nature divine, qui devaient évoluer dans un élément céleste, et dans un cas comme dans l'autre Raphaël ne disposait ni de la couleur ni des formes appropriées. Mais tout ce qui est caractéristique, du sublime d'Homère à la courtoisie affable et soumise d'Horace et au doigt impérieux de Pindare, est inimitable et dans le ton.

Les pouvoirs suprêmes de Raphaël, et, autant que je puisse en juger, de la fresque, me semblent rassemblés dans cet extraordinaire tableau qu'est l'*Héliodore*. Il serait malséant de s'étendre ici sur la hauteur de conception, le puissant style de dessin, le choix raffiné et approprié des caractères, la terreur, les craintes, les espoirs, le frémissement de l'expression, et les grâces, bien au-delà du Corrège, des formes féminines ; c'est la couleur seule, considérée comme un tout ou comme un élément subalterne qui nous occupe. Si, par le choix de la composition, l'arrière-plan, constitué du sanctuaire, bruni par l'or, répand une lueur plus chaude que le décor du premier plan et son espace ouvert, cependant, par le procédé habile qui consiste à opposer au glacis de ses contours une masse de teintes charnelles plus vigoureuses et plus crues, un bouillonnement plus farouche de tonalités passionnées (l'éclair de l'armure de fer et d'acier, et les drapés indigo, noir profond et écarlate rutilant), le premier plan maintient son rang, et tout n'est qu'harmonie.

Si multiples que soient les subdivisions du caractère, angélique, dévot, autoritaire, violent, brutal, vigoureux, vulnérable, délicat ; et si variées que paraissent les tonalités des passions qui les agitent, élevées, échauffées, enflammées, défaites, épouvantées, sidérées, elles sont toutes unies par le ton général qui se répand à partir de la quiétude intérieure du sanctuaire, adoucit le tourbillon qui vacille au premier plan, et donne à l'ensemble un air de mesure.

Neuvième Conférence

De la couleur : la peinture a l'huile

J'ai terminé ma conférence précédente par des observations sur la fresque, une méthode de peinture tombée presque autant en désuétude que le mécénat public, et qui peut-être convenait mieux à l'atmosphère sereine de l'Italie qu'à celle, trop moite, de climats plus septentrionaux. J'en viens donc à présent à la peinture à l'huile. L'instrument commun de la peinture, c'est l'huile ; et dans ce domaine, selon la division adoptée par notre illustre commentateur de Du Fresnoy : «Tous les modes de l'harmonie, c'est-à-dire de la production de cet effet de couleurs qu'exige une peinture, peuvent être ramenés à trois, dont deux relèvent du grand style, et le troisième de l'ornemental. Le premier peut être baptisé manière romaine ; les couleurs y possèdent un corps plein et vigoureux, à l'instar de celles de la *Transfiguration*. Le second est cette harmonie que produit, ce que les Anciens appelaient la *corruption*[99] des couleurs, qui consiste à les mélanger et à les briser jusqu'à obtenir une union générale de l'ensemble, sans rien qui rappelle au spectateur la palette du peintre ou les couleurs d'origine : on peut le qualifier de style bolonais, et c'est là la teinte, l'effet de couleurs, que Ludovico Carrache semble avoir tenté de produire, sans toutefois le porter à cette perfection que nous avons pu rencontrer après lui dans les œuvres mineures de l'école hollandaise, en particulier de Jan Steen, où l'art est complètement dissimulé, et où le peintre, tel un grand orateur, ne détourne jamais notre attention du sujet pour l'attirer sur lui-même. La dernière manière relève en propre du style ornemental, que nous qualifions de vénitien du nom de la ville où il fut pratiqué pour la première fois, mais que l'on peut sans doute mieux apprendre auprès de Rubens ;

cette fois, on admet les couleurs les plus éclatantes qui se puissent concevoir, les plus extrêmes, qu'elles soient chaudes ou froides, que l'on harmonise en les dispersant dans tout le tableau, jusqu'à ce que l'ensemble ait l'apparence d'un bouquet de fleurs. »

Comme je souscris entièrement à cette classification, et aux corollaires pratiques que l'on en déduit, ce que j'ai à dire concernant chacune de ces classes ou styles sera plutôt un commentaire qu'un texte renfermant une doctrine qui me serait propre.

Si le style romain de la couleur de peinture d'histoire est bien celui de Raphaël dans la *Transfiguration*, alors il est mort avec lui ; ce n'est certainement pas là le style romain qui caractérise cette école, de Jules Romain à Carlo Maratta.

Bien que la *Transfiguration* soit plus remarquable pour la répartition caractéristique de ses parties que pour ses masses, elle comporte pourtant, plus que l'ampleur, une association plus étroite et une proportion plus grande de couleurs assorties, et une conception de l'ombre plus pure que celle que nous rencontrons dans les tableaux ultérieurs de cette école, à la seule exception de la *Lapidation de saint Etienne* par Jules Romain, à Gênes, qui fut sans doute immédiatement postérieure à la *Transfiguration* et élaborée selon ses principes.

La crudité de la couleur et les aspérités de ton que l'on peut observer dans l'école romaine, si elles se fondent sur la simplicité, démontrent sans doute davantage un défaut d'œil et de goût qu'un pur principe historique. L'harmonie de couleurs consiste en leur équilibre strict, aussi éloigné de la monotonie que du barbouillage. Si chaque partie des tableaux romains est peinte avec une ampleur de manière suffisante, leur discordance est telle qu'elles ne s'agrègent pas en un tout unique, mais qu'elles apparaissent comme des fragments juxtaposés sans rien pour les lier. Leur conception de l'ombre est si fautive que les parties privées de lumière du même corps ou du même drapé ne sont pas effacées mais colorées. Si les rouges et les bleus vifs de l'école romaine revigorent l'œil, ils ont aussi tendance à l'assujettir, et battent en brèche la grandeur de la peinture d'histoire à un degré presque égal au mauvais effet que produit l'imitation d'étoffes classées en fonction de leur texture ; leur éclat tranché comme leur pureté plus terne pervertissent également le caractère négatif et subalterne du drapé, et obtiennent du spectateur une attention excessive et imméritée. Une Madone, entre les mains de Carlo Maratta, voire parfois de Raphaël, du moins dans ses productions de jeunesse, est ce qu'il y a de moins visible dans le portrait qui est fait d'elle. La plus célèbre *Madone* d'Andrea del Sarto, quoique peinte à fresque, doit certainement plus à son drapé qu'à son visage, et plus encore peut-être au sac sur lequel se repose son mari, et qui a donné son nom au tableau.

Nous devrions excepter de cette condamnation globale le Caravage et Andrea Sacchi, dont les œuvres, si dissemblables par ailleurs dans leur principe comme dans l'exécution, s'accordent fréquemment à restreindre la couleur pour n'en faire guère plus qu'un clair-obscur ; l'un pour des effets mélancoliques et énergiques, l'autre à des fins visionnaires ou dévotes. Les pèlerins se prosternant devant la *Vierge à l'Enfant*, dans le tableau du Caravage en l'église Saint-Augustin, semblent moins peints que baignés des derniers rayons d'or du jour qui s'éloigne ; quant à la *Vision de saint Romuald*, de Sacchi, elle nous enveloppe d'un crépuscule gris à l'évanescence progressive.

Le principe stylistique d'un tel amalgame de couleurs me paraît infiniment supérieur à celui de leur *corruption*, que Plutarque mentionne comme étant l'invention d'Apollodore d'Athènes, à une époque où la peinture émergeait à peine du procédé linéaire et où il fallait un courage certain pour manier le pinceau. Si les Anciens ont jamais connu la corruption des couleurs à la bolonaise, ce devait être nécessairement pendant les périodes de raffinement maniériste. La *phtora* d'Apollodore correspond sans doute à l'invention des demi-teintes, dont l'effet est obtenu en «corrompant» ou en diminuant la pureté élémentaire des deux couleurs qui la composent. L'axiome selon lequel moins sont visibles les moyens par lesquels on produit une œuvre, plus elle ressemble aux réalisations de la nature, n'est guère susceptible de surgir de l'enfance de l'art.

La couleur égale, la splendeur voilée, la solennité crépusculaire, le ton de dévotion et de retraite méditative que Ludovico Carrache diffusait dans ses œuvres ne pouvaient naître que de la contemplation des divers styles qui l'avaient précédé, ou de leur comparaison avec la nature et l'objet choisi par le peintre.

L'idéal de son style consiste en une harmonie échappant à la brillance affectée comme à la vulgaire ressemblance des teintes. Il a pour élément la gravité, et dès que celle-ci cesse d'en inspirer l'imitation, elle devient moins sérieuse que maussade, plate plutôt qu'égale, lourde sans vigueur, un instrument de la médiocrité.

Si c'est là le noble et digne coloris lombard, recommandé par Agostino Carrache, et mis en pratique dans sa *Communion de saint Jérôme*, comme dans le *Christ mort entre les Marie*, d'Annibale Carrache (que nous avons vu ici), à ces deux exceptions près le principe n'en fut pas adopté par le troisième législateur de l'école des Carrache ni par aucun de leurs élèves.

Par manque de sentiments, Annibal transforma les doux rayons du soir de son cousin en lumière maussade d'un jour nuageux, et tout à l'exaltation d'un talent mécanique, il glisse sur son œuvre comme sur de l'huile ; le Guide était trop frivole et affecté ; le Guerchin trop tranchant et vulgaire ; l'Albane trop léger et inconsistant. Mais sous la main de Ludovico et guidé par sa sensibilité, ce principe se communiqua même aux tons ouverts et argentés de la fresque.

Dans le cloître de Saint-Michel-au-Bois, ce parti pris adoucit également les tons profonds des laboureurs musclés de l'ermitage et du démon pesant qui raille leur lenteur, la splendeur belliqueuse de l'hommage de Totila, l'éclair de la conflagration nocturne, et les trois nymphes sournoises de la scène du jardin, qui aujourd'hui encore, malgré leur état quasi évanescent, semblent modelées par la main et animées par le souffle de l'Amour ; tous sont consacrés par ce ton solennel.

Sa plus grande réussite à l'huile est le retable d'une des

chapelles de la chartreuse, qui représente la *Prédication de saint Jean*, et dont les lumières semblent brunies par un voile doré et le chatoiement ombreux de Valombrosa ; mais Ludovico se complaisait parfois dans des tons austères, soutenus et audacieux. Ainsi la *Flagellation du Christ* dans la même église, où l'extraordinaire intensité de teintes charnelles contraste avec la vaste étendue d'un ciel ouvert, et suggère moins la terreur qu'elle ne l'inflige aux sens stupéfaits.

Le troisième style, dit ornemental, ne pouvait guère naître ailleurs en Italie qu'à Venise. Venise était le centre marchand, le dépôt des richesses du globe, la somptueuse boutique de jouets de son temps ; ses principaux habitants étaient des négociants princiers, ou une caste de patriciens élevés à la noblesse par l'accumulation de biens commerciaux ou les exploits navals ; la masse du peuple, des ouvriers ou des artisans veillant sur les moyens de ce luxe, dont le produit les faisait vivre à leur tour. D'un tel système, l'art pouvait-il être autre chose que le parasite ? La religion même avait troqué sa solennité contre la séduction de l'œil et de l'oreille, et même la sainteté dégoûtait si elle n'était agrémentée par la main fastueuse de la mode. Tel était, tel sera toujours le berceau de la couleur ; et il faut plutôt s'étonner des réticences durables qu'eurent les premiers coloristes, les plus grands, à transgresser la modestie de la nature dans l'emploi de cet instrument séduisant, que de leur sacrifice *partiel* de la convenance à ses sollicitations somptueuses.

Je dis bien *partiel*, car jamais peut-être Titien n'a donné sans discrimination dans la profusion de bouquets enchanteurs, caractéristique de ce style, et même Paolo Cagliari et le Tintoret, s'ils s'y sont trop souvent complus, n'y ont pas toujours cédé. Le style du Titien peut être partagé en trois périodes : celle où il copiait, celle où il imitait, et celle enfin où il s'efforça de généraliser, d'élever, ou d'affermir les tons de la nature. La première est précise et fiévreuse, la seconde belle et voluptueuse, la troisième sublime. Dans la seconde ce sont les parties qui conduisent au tout, dans la dernière le tout aux parties ; c'est ce style magistral qui, en tons bien distincts, parvient à agrémenter une grandeur monumentale. C'est lui qui fournit cette couleur céleste que la réflexion surgissant tel un ange, répandit sur le tableau de la *Salutation*, à Saint-Roch ; la couleur qui diffuse son ampleur et sa pureté élémentaire sur les scènes primitives de Santa Maria della Salute qui représentent Abel, Abraham et David ; la couleur qui imprégnait d'une majesté simple et solennelle l'*Apothéose de la Vierge* (ou "*Assomption*") dans l'église des Frari, y incarnait l'adoration dans les portraits, et transformait des vêtements à la pompe clinquante et guerrière en agents de la simplicité. Tel est le ton qui répand ses terreurs et ses gloires, dans le *Pierre martyr*, sur les ermites suppliciés de la forêt montagneuse, et qui enseigne à l'œil du peintre à «regarder le ciel depuis la terre et la terre depuis le ciel». Si c'est là de l'ornement, il n'y a que le Vatican que puissent opposer toutes les écoles du dessin à tant de grandeur et de justesse !

Si tout ornement est allégorique, s'il implique quelque allusion à l'emplacement, à la personne ou au dessein pour lequel il est conçu, qu'il s'agisse d'un édifice public ou d'un temple, d'une bibliothèque ou de la décoration d'une alcôve, comment les écoles du dessin, après la disparition de Michel-Ange et de Raphaël, ont-elles observé ce principe ? Annibale Carrache, qui avait sous les yeux la chapelle Sixtine et le Vatican, a peuplé la demeure de la dignité épiscopale d'un cortège chaotique de légendes vulgaires et de bacchanales complaisantes, sans allégorie, dénuées de référence, pour la seule gratification d'une exhibition puérile de hardiesse d'exécution et de savoir-faire académique. Si nous nous tournons vers un nom plus glorieux, celui de Pellegrino Tibaldi, est-il aisé de découvrir le rapport qui peut exister entre les aventures d'Ulysse et les buts et occupations de l'Institut académique de Bologne ? Et suffit-il, pour l'absoudre de l'impropriété de choix de son projet, de déclarer que le plafond de Pellegrino Tibaldi constitue un manifeste stylistique, et que le dessin et le style sont l'objet principal de vos études ?

Mais peut-être n'est-ce pas au Titien, mais au Tintoret et à Paolo Cagliari qu'il faut imputer la débauche de couleur et la soumission aveugle à la fascination des tons, et la tendance frénétique et gratuite à semer des fleurs un peu partout. Parmi les œuvres du Tintoret, examinons donc la plus ambitieuse, l'*Ecole de saint Roch*, et son chef-d'œuvre incontesté, la *Crucifixion*, pour en comparer le ton avec celles de Rubens et de Rembrandt sur le même thème. Quelle impression ressent celui dont l'œil se porte pour la première fois sur l'immense spectacle de cette œuvre ? De cet ensemble dont les parties innombrables sont unifiées par un ton menaçant, déprimant, funèbre. Un silence craintif et unanime paralyse tous ceux qui entourent la figure centrale du Sauveur suspendu sur la croix, sa mère pâmée, et un groupe d'hommes et de femmes qui se lamentent à ses pieds ; groupe dont les couleurs imitent moins la nature qu'elles ne rivalisent avec elle, et qui portent l'empreinte même de la douleur ; un éventail de tons auquel même Titien à mes yeux n'offre pas de parallèle ; et tout est pourtant uniformément écrasé par ce ton lugubre qui entache l'ensemble, et tel un météore plane dans l'atmosphère malsaine. Quelles que soient l'inégalité ou les négligences de sentiment, les impropriétés de lieux communs, les erreurs géographiques et les anachronismes vestimentaires, et la hâte avouée du maître à remplir son espace, tous ces défauts, quoique nombreux et considérables, s'évanouissent devant la puissance qui les condense et les dirige vers un point unique, et nous ne les décelons qu'après nous être remis de notre terreur.

Le tableau de Rubens que nous allons opposer à celui du Tintoret fut peint pour l'église de Sainte-Walburge à Anvers, à son retour d'Italie, et a été aussi minutieusement décrit qu'admirablement critiqué par Reynolds : «Le Christ, écrit-il, est cloué sur la croix, qu'un grand nombre de personnages s'efforcent à grand peine de dresser. C'est une belle invention que de projeter la croix de façon oblique, transversale, d'un coin à l'autre du tableau, et digne de la manière du Tintoret.» fin de citation. Chez le Tintoret, c'est la croix de l'un des larrons que l'on tente de dresser, alors qu'il lance un regard au Christ déjà en croix. Le corps du Christ est le plus sublime, à mon sens, qu'ait jamais peint Rubens ; il paraît imité du *Torse d'Apollon* et du *Laocoon*. Dans quelle mesure il est caractéristique du Christ, ou conforme à la situation, voilà des questions dans lesquelles je me garderai de m'aventurer ; mon objet est le ton dominant de l'ensemble, et de cela, la critique citée ne dit mot, alors qu'elle s'étend sur la couleur locale, et l'équilibre des gris et des ocres. Un maître du ton aussi accompli que Reynolds aurait-il oublié cette dominante s'il l'avait rencontrée dans ce tableau ? La vérité, c'est que le tableau n'a pour ton que celui, habituel, du peintre ; Rubens a abordé son œuvre avec la joyeuse euphorie du technicien, et, par la magie de sa palette, il a transformé les terreurs du Golgotha en jardin enchanté et en massifs de fleurs. Rembrandt, quoique à une échelle plus modeste de taille et de composition, a concentré le moment d'effroi en un éclair de lumière blafarde. Elle frappe le corps du Christ, palpite le long de ses membres, et s'évanouit sur la cuirasse de l'un des bourreaux ; le reste est ténèbres.

Quant à Paul Véronèse, qui fut de très loin le plus intempérant, le plus excessif des peintres ornementaux, ses allégories politiques sur les plafonds et les compartiments du palais ducal, et les légendes saintes qu'il peignit dans les réfectoires des couvents, ou sur les retables des églises vénitiennes, présentent des différences tangibles de ton et de style. Les premières étaient peintes pour le Sénat, les secondes pour le peuple ; et les castes supérieures étaient censées être meilleures juges de la grandeur et de la convenance véritables que les moines ignares et la multitude bigote et vulgaire des foules qui peuplaient les églises.

En conséquence, si je pouvais prétendre être en désaccord, sur un point quelconque en matière de couleur, avec le grand maître dont je commente la classification, j'hésiterais sans doute à conseiller l'adoption de la palette de Rubens pour régir les tons qui composent le style vénitien, dont ses teintes fleuries ne formaient qu'un aspect. Ce qu'on a dit de Michel-Ange pour la FORME s'applique à Rubens pour la COULEUR : ils n'en avaient qu'une. De même que l'un vint à la nature et la modela conformément à la forme générique qu'il avait déterminée, de même l'autre vint à elle et la teinta de sa propre couleur, la couleur d'une magnificence joyeuse. Il adaptait son sujet au niveau de son style, mais rarement, voire jamais l'inverse ; quel que fût le sujet de Rubens, légende, allégorie, austère, funèbre, martyre ou parabole, épique, dramatique, lyrique, grave ou joyeux, les tons qui les incarnent, l'atmosphère qui les baigne, reviennent à une profusion sans discernement de magnificence gaie. Si l'économie de ses couleurs est celle d'un immense bouquet, il n'en a pas toujours relié les éléments avec l'œil du prisme ; le spectre de l'œil n'est pas arbitraire, alors que c'est souvent le cas de son coloris. Il ne fallait pas s'attendre à ce que la justesse formelle fût l'objet de Rubens, quoiqu'il fût passé maître dans l'art du dessin, et manifesté de l'ambition dans l'exhibition de ses connaissances anatomiques ; mais il n'est de mode de l'incorrection – sauf ceux qui allaient directement à l'encontre de son style, comme la maigreur – dont ses œuvres n'aient offert un exemple. Ses formes masculines, généralement synonymes de chair musclée d'équarrisseurs, et féminines – monticules de roses à la musculature hypertrophiée, aux attitudes grotesques et aux articulations distordues – sont emportées dans un torrent de couleurs, de même qu'une inondation fait tourbillonner, ballotte et engloutit herbes, arbres et buissons.

Mais pour peu qu'un sujet survienne qui soit en harmonie avec sa manière turbulente, comme celui de la galerie du Luxembourg, non seulement elle se révèle alors typiquement excellente, mais elle semble renfermer une combinaison de talents proprement surhumaine. Sous quelque lumière que nous considérions cette œuvre extraordinaire, comme une série de conceptions des plus sublimes, régie par un dessein global harmonieux, ou comme un système de couleurs, et de tons, exaltant le sujet et secondé par la magie de l'exécution, quelles qu'en soient les insuffisances vénitiennes ou flamandes en matière de mythologie et de christianisme, et l'exhibition hétérogène d'éléments vestimentaires datés et intemporels, elle surpasse de très loin toutes les tentatives d'allégories vénitiennes, et rivalise avec elles pour l'exécution ; et si elle n'égale pas en simplicité, ni en dignité caractéristique, les compositions de Michel-Ange et de Raphaël, elle les surclasse dans la manifestation de cette magnificence qu'aucun regard moderne ne peut dissocier de l'idée de majesté.

Dixième Conférence

Méthode pour fixer une norme et définir les proportions de la forme humaine, comprenant des indications en vue d'aider l'étudiant à copier d'après nature.

Les méthodes pour fixer une norme et définir les proportions de la forme humaine sont soit *analytiques* soit *synthétiques*, selon qu'elles vont du tout aux parties ou des parties au tout, et ont été adoptées sans distinction. L'humain est la mesure de la perfection chez Vitruve, qui en applique les règles à l'architecture, et à dire le vrai à chacun des objets du goût.

La juste taille de la proportion humaine selon Vitruve, mesurée par une verticale, ou une horizontale, reliant les extrémités des médius des deux bras tendus, est de dix têtes, la tête étant mesurée du menton aux racines des cheveux du front, et de huit têtes, si on mesure la tête de l'extrémité du menton au sommet du crâne. Trois est le chiffre de prédilection des théoriciens de la proportion, qui ont divisé la structure de l'homme, en tant qu'elle comprend un commencement, un milieu et une fin ; et Pline fait remarquer que nous atteignons la moitié de notre croissance au cours de notre troisième année. Le corps, au même titre que chacun de ses membres, se compose de trois parties principales, qui correspondent les unes aux autres, dans la même proportion que les parties des membres subalternes entre elles ; la tête et le tronc sont dans le même rapport de mesure avec les cuisses et les jambes que les cuisses avec les jambes et les pieds, ou que la partie supérieure du bras avec le coude et la main. Ainsi le visage est-il divisé en trois parties, soit trois fois la longueur du nez – et jamais quatre comme d'aucuns l'ont imaginé ; car la partie supérieure de la tête, mesurée perpendiculairement des racines des cheveux du front au sommet du crâne, ne mesure que les trois quarts de la longueur du nez ; en d'autres termes, sa mesure équivaut à neuf douzièmes du nez.

Les règles de la proportion trouvent sans doute leur origine dans la sculpture, mais au cours du développement de l'art elles ont reçu leur détermination définitive du peintre ; la louange en est rendue à Parrhasios, et Praxitèle s'en remettait à Nicias en dernier recours pour déterminer et affiner ses formes. Le pied était pour les Anciens la principale unité de mesure, et six pieds, selon Vitruve, devint la mesure de la proportion pour leurs statues. La mesure est la méthode qui consiste à déterminer une quantité inconnue à partir d'une quantité connue ; et la proportion du pied est sujette à des variations moindres que celle de la tête ou du visage. Lomazzo, lorsqu'il faisait du pied d'Hercule le septième de sa taille, et fixait dix visages comme la norme antique de proportion pour une Vénus, neuf pour une Junon, et huit pour un Neptune, laissait parler sa fantaisie, et tablait sur la crédulité du lecteur.

Ce rapport du pied à l'ensemble du corps, tel que l'a établi la nature, les Anciens le réglaient conformément aux proportions idéales, ou divines, et humaines, ou caractéristiques. Pour l'Apollon, dont la taille dépasse quelque peu les sept têtes, le pied posé au sol est plus long que la tête de trois pouces de paume romaine. La Vénus de Médicis, si menue et *svelta* que soit sa tête, n'excède pas sept têtes et demie de taille ; et pourtant son pied mesure une paume et demie, et toute la hauteur de son corps six et demie.

A partir de telles observations sur la proportion, il serait plus facile de poursuivre par un long catalogue que de les rendre intelligibles ou profitables sans recourir à des démonstrations pratiques ou à des diagrammes. Depuis Vitruve et ses exégètes jusqu'à Albrecht Dürer, Lomazzo et Jérôme Cardan en passant par Léonard de Vinci, depuis les mesures corrigées de Du Fresnoy et De Piles jusqu'à Watelet, Winckelman et Lavater, il serait aisé de montrer que la somme des variations, des particularités et des contradictions excède largement la coïncidence de l'expérience et de la mesure. «Les descriptions des proportions du corps humain, écrit Mengs, sont infinies, mais s'accordent rarement entre elles. Certaines sont trop obscures pour offrir à l'artiste une idée claire ; d'autres ont par trop limité les combinaisons susceptibles ou capables de produire des proportions homogènes et uniformes ; d'autres au contraire, à l'instar d'Albrecht Dürer, présentent une grande quantité et variété de proportions, de peu d'utilité pour quiconque ne choisirait pas d'imiter son goût. La méthode ordinaire consiste à diviser le corps en un nombre déterminé de têtes ou de visages ; mais cette division est plus utile au sculpteur qu'au peintre, qui ne peut jamais voir la taille exacte de la tête, car la perspective cache au moins un tiers du quart supérieur ; de même, la largeur des membres en peinture n'est pas compatible avec les mesures de la sculpture, qui paraîtraient maigres et étriquées sur une surface plane, par rapport à la masse qu'elles circonscrivent en perspective ; car l'habitude de regarder les objets des deux yeux fait enfler leur masse au-delà de leur diamètre véritable, dans la réalité aussi bien qu'en sculpture. Les Anciens respectaient cette différence des membres dans leurs meilleurs bas-reliefs ; ils excèdent en volume les membres de leurs statues. C'est le cas des formes du groupe sacrificiel dans les jardins de la Villa Médicis à Rome, représentées dans l'*Admiranda* de Santes Bartoli et imitées par Raphaël dans le *Carton* du *Sacrifice de Lystra*.»

Le peintre a infiniment plus besoin de variété que le sculpteur, et ne peut par conséquent se soumettre aux mêmes restrictions de règle. Raphaël, qui en un sens ne fit guère que multiplier le style antique de deuxième ordre, en l'associant à un certain air de vérité hors de portée de la sculpture, recourut, que ce soit par règle ou par goût, à tous les types de proportion sans marquer de préférence pour aucun. Certaines de ses figures ne font guère plus de six têtes et demie ; c'est le cas de saint Pierre dans le *Carton* des *Portes du Temple* : une proportion qui serait inacceptable chez tout autre peintre que lui.

Il est raisonnable de supposer qu'en entreprenant de déterminer une norme ou un canon de proportion pour la figure humaine, les Grecs commencèrent par la tête, sa forme, sa position, la manière dont elle est attachée au tronc ; ils découvrirent que seul l'homme garde la tête droite, et que c'est de là qu'il tire une physionomie et une expression. Dans toute la création animale, ce qu'on appelle la tête n'est qu'un prolongement du corps horizontal, dont les parties inférieures ont tendance à saillir vers l'avant, pour chercher de la nourriture ou pour saisir une proie ; les parties frontale et supérieure sont en retrait et tronquées, voire, chez plus d'une espèce, à peine perceptibles. Plus l'animal se tient dressé, plus son cou est droit, plus il gagne en variété d'aspect ; et pourtant il tend encore vers l'avant, simple appendice du tronc, on ne peut pas l'appeler proprement une tête ; l'étymologie du mot suppose la station debout. Une tête au sens strict est la prérogative de l'homme, formée sous un crâne qui arrondit le front et détermine le visage. Plus la face est en retrait et tend vers l'horizontal, plus la tête se rapproche de la forme animale ; plus elle tend vers la verticale, plus elle gagne en humanité. Cette observation a été démontrée de la façon la plus indiscutable par Camper, l'anatomiste, qui par un procédé aussi ingénieux qu'incontestable, semble avoir établi non seulement la différence de la ligne *faciale* chez les animaux, mais également celle qui distingue les peuples. Plaçant le crâne ou la tête à mesurer dans une sorte de châssis ou de cadre, percé à intervalles réguliers pour recevoir le fil à plomb et les fils horizontaux et verticaux, il dessine une ligne droite de l'ouverture de l'oreille à la partie inférieure du nez, et une autre de la projection extrême de l'os du front à la partie la plus proéminente de la mâchoire supérieure. L'ensemble est divisé en quatre-vingt-dix, voire cent degrés, depuis les minima et maxima effectifs de la nature jusqu'à ceux de l'art. Ce sont les oiseaux qui décrivent les angles les plus réduits, qui s'élargissent à mesure que l'animal se rapproche de la forme humaine ; les têtes des singes atteignent de quarante-deux à cinquante degrés, ce qui est le plus proche de l'homme. Le Noir et le Kalmouk atteignent soixante-dix, l'Européen quatre-vingts, les artistes de la Rome antique parvenaient à quatre-vingt-quinze, et les Grecs élevaient l'idéal *de quatre-vingt-dix* à cent degrés. Ce qui dépasse cette ligne paraît excessif ; la tête semble difforme, et revêt l'apparence d'un hydrocéphale. C'est la limite fixée par l'art, et établie par le principe physique suivant : plus la forme de la tête tend vers l'horizontal ou encore outrepasse la verticale donnée, plus les mâchoires ou le front sont protubérants, moins elle conserve de la forme humaine véritable, et plus elle dégénère vers l'animal ou le monstre.

A partir d'une tête ainsi déterminée s'est développé un système de traits harmonieux. Sous un front aussi plein qu'ouvert, les muscles ont accueilli le siège du sens ; la cavité des yeux s'est approfondie, et a adopté une distance régulière et égale par rapport au centre du nez, trait dont bien peu de Modernes ont jamais eu une idée distincte ; la bouche et les lèvres étaient formées pour être les organes du commandement et de la persuasion plutôt que de l'appétit ; et l'apodose de l'ensemble, la résolution et le soutien, était fournie par le menton.

En partant d'une tête aussi bien réglée, et disposée sur la plus belle des colonnes, le cou, l'artiste réfléchi ne pouvait manquer d'en conclure tout le reste du corps. De même que les parties inférieures de la tête étaient subordonnées au front, de même la partie inférieure du torse l'était à la poitrine. Les simples organes de la nutrition, de l'appétit, ou de la sécrétion, étaient placés en retrait et assujettis aux sièges plus nobles de l'action et de l'énergie. Une telle harmonie du système n'était pas seulement le résultat de la proportion numérique, de la longueur et de la largeur des parties ; c'était la conception d'un tout relié de façon indivisible, et varié dans l'uniformité : dieu, déesse, héros, héroïne, homme, femme, enfance, jeunesse, âge mûr et vieillesse, majesté, énergie, agilité, beauté, caractère et passions, déterminaient la méthode de traitement, et formaient le STYLE.

Les monuments de la sculpture laissés par les Anciens qui ont survécu aux ravages du temps et constituent les magnifiques collections de l'Académie et du Muséum démontrent amplement que ces affirmations ne sont pas une rumination visionnaire de vœux pieux enflammés et fantaisistes, tandis qu'ils offrent à l'étudiant des avantages qu'aucune école antique peut-être, et assurément aucune des modernes, n'a jamais pu offrir aux siens, pas même celle de l'ancienne métropole effective de l'art (et qui conserve ce titre devenu purement honorifique) : Rome.

Ces monuments peuvent être justement divisés en trois catégories : premièrement, les imitations et fréquemment les transcriptions de la *nature essentielle* ; deuxièmement, les délimitations homogènes du *caractère* ; troisièmement et enfin, les plus nobles, les figures *idéales*.

La première présente à son avantage ce qui existe ou a existé ; la seconde rassemble en un seul individu les qualités dispersées de sa classe ; la troisième subordonne l'existence et le caractère à la beauté et au sublime.

Les extraordinaires vestiges de dieux, de demi-dieux et de héros conservés précieusement au Museum, et provenant du Parthénon et du temple de Phigalie, constituent la première époque. Ils établissent les éléments de la proportion, ils montrent ce qui est essentiel dans la composition et la construction de la forme humaine. Le principe de l'artiste restait néanmoins négatif ; il comprenait ce qu'il voyait de mieux, mais ne faisait rien pour l'enrichir, ou pour faire découler de ce qui était ce qui pourrait être. Ces œuvres sont communément considérées comme le produit de l'école de Phidias, et la matérialisation de ses principes ; si tel est le cas, ce qui ne fait guère de doute, il faut bien admettre que les éloges dont on les a récemment couverts, selon lesquels ils donnaient à voir, même sur leurs surfaces mutilées et cabossées, davantage de la véritable texture du corps humain, une meilleure distribution des os, des muscles et des tendons, que la plupart des œuvres attribuées à des périodes plus avancées, que ces éloges donc ne s'accordent que bien peu avec le verdict des Anciens, tel que Pline l'a prononcé, sur le caractère véritable de Phidias, architecte des dieux, davantage fait pour modeler des divinités que des hommes, et ne lui attribuent guère que la part de la conception dans la formation de nos figures. En la contemplant, nous nous exclamons : voilà l'homme ! L'homme véritable, sans artifices, encore tout chaud de la main de la nature, mais sans être déjà pour autant différencié par son infinie variété et sa diversité de caractère. Les Dioscures du Quirinal, les Lapithes du Parthénon affrontant les Centaures, et les héros de l'édifice d'Ictinos sont frères, et ne diffèrent qu'en taille et en poli ; alors que les processions des Panathénées offrent une transcription sans retouche de la jeunesse athénienne.

La détermination du caractère forme la seconde catégorie des figures en notre possession, et le trait distinctif de ses artistes. Ils avaient découvert que, si *tous* étaient liés par l'espèce et un principe formel central, ils n'en étaient pas moins divisés en classes et distincts les uns des autres par une empreinte individuelle, le *caractère* ; leur but était de l'unir à la simplicité du principe *générique* ; la symétrie prescrite par la proportion générale était modifiée et adaptée, mais non sacrifiée, aux exigences de la qualité particulière qui distinguait l'attribut qu'ils s'efforçaient de personnifier. Ainsi l'Hercule de Glycon, quoique symbole de force absolue, irrésistible et uniforme, apparaît vif comme un cerf et élastique comme une balle ; ainsi Agasias, auteur de ce que la barbarie de la coutume continue de baptiser à contresens «le Gladiateur au combat», et bien que le style, manifestement iconique, en relève davantage de la nature individuelle que générique - a fait baigner l'ensemble dans la rapidité de l'éclair, et personnifié dans son *mouvement* tout ce que dit Homère d'Hector se ruant à travers le portail fracassé du rempart grec : qu'à cet instant, rien n'aurait pu l'arrêter dans son élan, si ce n'est un dieu.

Le Corniculaire blessé, connu sous le nom de Gladiateur mourant, le sauvage qui aiguise son couteau pour écorcher Marsyas, le jeune berger furieux ridiculement rebaptisé jeune Patrocle, sont des portraits trop indiscutables pour mériter d'être rangés dans cette catégorie plus noble de détermination caractéristique. Nous y rattachons plus volontiers les Groupes Pathétiques qui, pour l'artiste d'histoire, dévoilent d'un coup à la fois toute l'étendue et les limites de la composition dramatique : les souffrances de Niobé et de ses enfants ; les affres de Laocoon ; Ménélas relevant Patrocle frappé par Hector ; le Guerrier, qui mérite d'être appelé Hémon, soutenant sur son bras Antigone suicidée. L'expression plus douce, plus familière, d'Aethra et de Thésée, la demande maternelle et la simplicité filiale ; Oreste et Pylade versant des libations à l'ombre d'Agamemnon ; Vénus disputant avec l'Amour, l'Amour étreignant Psyché : œuvres de diverses périodes et de styles divers, mais fidèles aux mêmes principes sans faille – et jamais abandonnés, pas même dans le rêve lascif de l'Hermaphrodite, le repos vulgaire et bruyant du Faune, ou l'ébriété titubante d'Hercule.

Les artistes de la troisième période concluaient de l'existence à la possibilité. Elle prenait pour base la simple pureté de la première, et la variété harmonieuse et dynamique de la seconde ; elle amalgamait leur trait anguleux et sans apprêts, leur précision rigide avec la sophistication de contours ondulants, l'élégance de l'attitude, les douces inflexions de la chair ; et c'est ainsi qu'elle créa une norme de beauté idéale qui régissait le tout, des parties les plus prééminentes, visibles, intéressantes, aux plus éloignées et minuscules. L'Apollon, la Vénus, le Torse, sont apparus pour prouver qu'à proportion exacte que prédomine dans une image artistique l'idée de la *simplicité*, ou de l'*unicité*, elle procède de la *grandeur* ; et que dans la mesure où prévaut l'idée de *variété*, elle procède de la *beauté* : la variété conduit à la simplicité dans les images de beauté, la simplicité à la variété dans les images de grandeur, et l'union des deux produit le sublime.

Tels sont les avantages somptueux et, je le répète, sans équivalent qui vous entourent ; mais de crainte, par leur exhibition trompeuse, d'être soupçonné de plus d'enthousiasme qu'il ne sied à la modestie de mes fonctions de professeur, et de vous conduire à des espoirs fallacieux et à des conclusions fausses, rappelez-vous que, si le travail, fût-il le mieux dirigé, ne peut offrir ce qu'a refusé la nature, cela n'en demeure pas moins une expérience unanimement sanctionnée par le temps, que sans labeur infatigable, persévérance obstinée, soumission résignée, ni la théorie ni la pratique de l'art ne se peuvent pleinement acquérir, et que sans elles le génie n'est qu'une chimère, le talent une futilité.

A présent, permettez-moi de conclure ce fragment de mes observations sur le dessin par quelques remarques sur notre situation respective, en tant qu'enseignant et élèves de cette institution : si le progrès de l'art est bien la cause et le but ultime de cette fondation.

Lorsqu'en recommandant l'antique comme guide de l'élève pour copier la vie, j'ai pu paraître relativement déprécier l'attachement servile au modèle, j'étais parfaitement conscient que seul l'usage de la vie peut fournir à l'artiste l'expression véritable, et par conséquent l'apparence effective des os et des muscles dans les diverses actions. On ne me soupçonnera pas, j'espère, d'avoir voulu recommander l'introduction stérile de ce style marmoréen, de cette raideur pédantesque qui, sous le nom usurpé de correction, défigure trop souvent le travail de ceux qui, à un stade trop avancé pour réussir dans leur tentative de changer de manière, abjurent ce qu'ils ont appris ou perdent le courage de l'employer, en se contentant d'être les transcripteurs soumis de la lettre morte au lieu de l'esprit des Anciens, et de n'importer que des formes et des attitudes de pierre.

C'est à la vie que nous devons recourir – à la vie chaude, charnelle, féconde – pour les formes animées. C'est vers la nature et la vie que Zeuxis se tourna pour incarner les formes de Polyclète et d'Alcamène ; et quelle était la prérogative de Lysippe, sinon celle de donner au bronze et au marbre l'apparence, la «morbidesse», les transitions imperceptibles, les illusions de la vie palpitante ? Le pédantisme des lignes géométriquement droites n'est pas seulement contraire à l'idéalisme, c'est un solécisme dans la nature. L'organisation, et c'est là votre objet, est inséparable de la vie, comme le mouvement de l'organisation : là où il y a organisation et vie, se trouve un siège vital, un *punctum saliens*, qui agit par les veines et le réseau des artères, et donc par la pulsation, faisant onduler et arrondissant les passages des parties aux parties. Des milliards de virgules ou de points que la nature produit médiatement ou immédiatement, il n'y en a pas deux semblables ; comment alors pourrait-elle produire des lignes droites, qui sont toutes similaires, et dont la nature est de couper, de diviser, d'interrompre, de détruire ?

Le domaine délégué par l'Académie à ses professeurs doit être, lorsque l'espoir promet le succès et qu'apparaissent les étincelles du génie, d'encourager, de promouvoir ; mais lorsque la nécessité l'impose, de dissuader plutôt que de bercer d'illusions, et ainsi de freiner le progrès de cette méthode abrégée qui, selon feu votre Président, a ruiné les arts de tous les pays, en réduisant l'exécution à une recette, en substituant la manière au style, l'ornement à la substance, et en admettant le règne du moyen.

Si les élèves de cette Académie sont censés avoir acquis les rudiments et en être arrivés au point à partir duquel on peut déterminer si la nature a voulu faire d'eux de simples artisans ou des artistes véritables, près de ce point où, selon le mot de Reynolds, «le génie commence et les règles finissent», il ne nous sied pas de prendre les simples enfants de la nécessité ou les sectateurs de la vanité pour les nourrissons authentiques des espoirs du public, ni pour les futurs soutiens de l'institution bienfaisante qui les éduque. L'instruction, il est vrai, peut bien les mettre en possession, à un degré acceptable, de toutes les facettes accessibles de l'art ; ils peuvent apprendre à dessiner avec une justesse tolérable, à colorier avec des effets tolérables, à constituer leurs figures avec une habileté tolérable, et à revêtir leurs visages d'une expression tolérable, peut-être n'est-il facile pour personne de repérer dans leurs œuvres quelque chose d'intolérablement mauvais ; mais lorsqu'ils sont parvenus à tout cela – et tous peuvent y parvenir, car tout cela peut s'enseigner – ils se trouveront exactement au point où commence tout ce qui donne à l'art sa valeur – le génie, qui ne peut s'enseigner – au seuil de l'art donc, dans un état de médiocrité. «Les dieux, les hommes et la gloire, dit Horace, rejettent la médiocrité chez les poètes». Pourquoi ? Ni la poésie ni la peinture ne surgissent des nécessités de la société, ou ne répondent aux nécessités de la vie ; fruits de la fantaisie, du loisir, et de la contemplation élevée, organes de la religion et du goût, ornements de société, et trop souvent simples charmes des sens et objets de luxe, ils tirent leur excellence de la nouveauté, de l'intensité, et du raffinement. Ce qui n'est indispensable à personne, que tous peuvent peut-être souhaiter, mais que bien peu peuvent obtenir, acquiert sa valeur d'une qualité exclusive fondée sur un mérite intrinsèque ou conventionnel, et cela, ou un substitut équivalent, la médiocrité ne peut l'atteindre ; ainsi, en la laissant envahir le domaine du génie et du talent, nous privons la charrue, la boutique, le rouet, l'école, peut-être même le pupitre et la chaire, de mille bras utiles. Un bon mécanicien, un travailleur fiable, un commerçant honnête sont des êtres plus imposants et plus utiles à la société, et de meilleurs serviteurs de l'Etat, qu'un artiste ou un poète médiocre. Lorsque j'affirme donc qu'il est du devoir de l'Académie de décourager plutôt que d'abuser, je ne crains pas d'avoir avancé un paradoxe qui serait hostile au progrès de l'art véritable. Les capacités, génie ou talents, que dévoilera le temps, ne sauraient être découragés par la présentation des difficultés ; mais il y va de l'intérêt de la société que tous les autres le soient.

Onzième Conférence

Sur la méthode dominante employée pour traiter de l'histoire de la peinture, comprenant des observations sur la *Cène* de Léonard de Vinci.

Dans cette conférence, je vais soumettre à votre considération certaines critiques adressées à la méthode dominante pour traiter de l'histoire de notre art, accompagnée d'une série d'observations sur le magnifique tableau de la *Cène* par Léonard de Vinci, qui se trouve à présent devant vous.

L'histoire, oublieuse de son objet véritable, et sombrant dans la biographie, s'est enflée pour constituer un catalogue touffu d'individus qui, formés par des écoles différentes, ou empruntant quelque chose aux véritables ordonnateurs de l'art, n'ont guère fait que répéter ou imiter, par la technique des uns ou des autres, ce que ces prédécesseurs avaient trouvé dans la nature, et en fonction de ses décrets, distingué, choisi et appliqué à l'art. Sans vouloir déprécier le mérite de cette foule qui s'est sentie, s'est révélée assez forte pour imiter, et y a consacré une vie d'efforts, il faut bien déclarer indigne de l'historien de leur accorder davantage qu'un coup d'œil passager. Ni l'originalité, ni la sélection et la combinaison de matériaux dispersés parmi les différentes catégories de l'art par d'autres, ne doivent solliciter l'attention de celui qui se contente de retracer le progrès véritable de l'art, si la première se révèle n'avoir rien ajouté d'essentiel au système par la nouveauté, et les secondes n'avoir fait que diluer l'énergie, et charmé le vulgaire par un amalgame populaire. La nouveauté, si elle n'élargit le cercle de la connaissance, peut charmer ou frapper, mais s'apparente davantage au caprice qu'à l'invention ; et un système éclectique sans équilibre des parties, s'enracine dans un défaut de compréhension, et donc vacille au bord du gouffre de la médiocrité.

Les premières notions de l'expression, du caractère, de la forme, du clair-obscur et de la couleur, ont vu le jour en Toscane, avec Masaccio, Léonard de Vinci, Michel-Ange, Bartolomeo della Porta. Le premier disparut prématurément avant d'avoir pu offrir autre chose que des indices de composition dramatique ; le second apparaît comme celui qui a fondé le caractère sur la physionomie, et a eu la première intuition du clair-obscur, même s'il ne sut pénétrer la pleine étendue de ses charmes ; le troisième aurait eu une puissance, un savoir et une vie suffisamment considérables, étendus et durables pour fixer le style sur ses bases, si un irrésistible préjugé n'avait détourné son attention de la variété et de la modestie de la nature ; Baccio donna de l'ampleur au drapé et de la couleur à la forme.

De l'école toscane qui leur succéda, le corps principal non seulement n'ajouta rien à leurs découvertes, mais si l'on excepte son attachement aveugle aux singularités plutôt qu'aux beautés du troisième, fut également inattentif à l'expression, au caractère, à la justesse de la forme, aux charmes du clair-obscur, et aux énergies de la couleur, se contentant d'accorder à des idées puériles ou timorées, à des conceptions évidentes et communes, une importance factice, par la maîtrise de l'exécution et des contours hardis mais monotones et toujours maniérés ; et si l'on peut reconnaître à Andrea del Sarto, Franciabigio, Giacopo da Pontormo et Rosso d'avoir parfois pensé par eux-mêmes et tracé des chemins personnels, osera-t-on prétendre qu'ils aient élargi ou même comblé le cercle déjà délimité ? L'œuvre la plus caractéristique des talents d'Andrea est sans nul doute la série historique de San Giovanni dei Scalzi ; cependant, si on la compare à la simplicité patriarcale des groupes de la *Lunette* de la chapelle Sixtine, on trouvera la *naïveté* de ses personnages, de ses caractères et de sa vision par trop entachée d'anachronismes, d'erreurs de couleur locale et de détails domestiques, pour des personnages divins, apostoliques et orientaux. Son drapé, chaque fois qu'il se soustrait à la mode du moment, combine avec un bonheur singulier l'ampleur des *Frari* et les angles aigus d'Albrecht Dürer, mais ni son ampleur, ni la quiétude et la sérénité solennelles de ses paysages, ne peuvent pallier le manque de dignité personnelle, ni consacrer des formes triviales et des traits vulgaires.

L'école romaine apparut comme un soleil d'Orient, sans être préfigurée par l'aube, et son coucher fut abrupt, sans crépuscule. Raphaël fonda son école sur le drame, son décor, ses expressions, ses formes ; l'histoire, le lyrisme, le portrait, devinrent sous sa main les instruments de la passion et du caractère. A sa mort, la pureté de son principe s'éteignit avec lui. Jules Romain, trop original pour l'adopter, forma sa propre école à Mantoue, laquelle, n'étant fondée sur aucun principe caractéristique, n'ajouta rien à l'art, et ne survécut pas longtemps à son fondateur. Polydoro Caldara mit plus d'ambition à rivaliser avec les formes antiques qu'à propager le style de son maître, qui fut incompris de Penni, surnommé Il Fatttore, dénaturé par Perrino del Vaga, devint un lieu commun entre les mains des Zuccari, un maniérisme barbare sous le règne usurpé de Giuseppe Cesari, sombra dans la timidité avec les tièdes imitations de Sacchi et de Maratta, et rendit l'âme sous la méthode glaciale de Mengs.

Un certain caractère national, quoique original, marque l'époque la plus brillante de l'école vénitienne. Si dissemblables qu'ils soient les uns des autres, le Titien, le Tintoret, le Bassano, et Paul Véronèse ne reconnaissent qu'un seul élément d'imitation, la nature elle-même ; ce principe, chacun d'eux le légua à son école, et aucune tentative pour en altérer la simplicité en unissant diverses méthodes ne distingue leurs successeurs immédiats ; c'est pourquoi ils conservèrent des traits originaux plus longtemps que les écoles environnantes, que le désir vain de combiner des réussites incompatibles fit bientôt sombrer dans la médiocrité avant de se noyer dans l'insignifiance.

Si le fini pouvait saisir l'infini, la variété de la nature pourrait peut-être être unifiée par l'énergie individuelle ; jusque-là, la tentative d'en amalgamer les beautés éparses grâce à un art encore débile est condamnée à avorter. Le génie est l'élève de la nature ; il en perçoit, ébloui, l'un des traits, et le restitue imparfaitement ; c'est ainsi que voyaient Michel-Ange, Raphaël, le Titien, le Corrège ; et c'est ainsi que se constituèrent leur legs technique respectif, aussi indissociables de leurs défauts intrinsèques qu'irréconciliables à proportion égale. La nature n'est pas sujette à la décrépitude, comme le prouve la supériorité de la science moderne sur l'antique ; ce qui empêche l'art moderne d'égaler celui des époques classiques est l'effet de causes indéracinables.

Mais je me hâte d'en venir au principal objet de cette conférence, l'examen du caractère technique de Léonard de Vinci, l'un des grands, et à mon sens le premier des restaurateurs de l'art moderne, tel qu'on peut le déduire de son œuvre la plus importante, la *Cène*, conservée comme un tout dans la copie magnifique de Marco Uggione, et rescapée d'un pèlerinage hasardeux grâce au courage et à la vigilance de notre Président, et que l'Académie a faite nôtre. L'original de cette œuvre, témoignage ultime de ses talents les plus vigoureux, illustration et preuve de ses théories, et, on peut le dire à juste titre, la première composition caractéristique depuis le réveil de l'art, constituait l'ornement principal du réfectoire du couvent des Dominicains de Sainte-Marie-des-Grâces, à Milan.

Commençons par le centre, siège de la figure principale et d'où émane et comme rayonne tout le reste. Sublimement calme, la face du Sauveur plane sur l'insondable, tandis que chaque visage, chaque membre autour de lui, agité par sa parole énigmatique, vacille sous l'effet d'une curiosité inquiète et des affres de la compassion.

La face du Sauveur est un abîme de pensée, et plane, comme l'esprit créateur planait au commencement sur la vague sombre des eaux, sur cette immense révolution dans l'économie humaine qui bouillonne intérieurement dans son regard absorbé, impassible et serein. Cet élément n'aurait su se perdre dans la copie qui est sous nos yeux : comment sa conception sublime aurait-elle pu échapper à ceux qui avaient vu l'original ? Elle a survécu aux atteintes du temps dans l'étude au crayon de Léonard, exposée à la British Gallery avec la plupart des têtes des disciples ; elle survit même dans la copie médiocre de del Testa.

Je n'ai aucune crainte de devoir retirer ce que je vais dire maintenant : ni toute cette glorieuse période qui suivit immédiatement Léonard, ni celle qui succédera à notre époque, n'a produit, ne produira un visage de Rédempteur qui je n'ose dire égalerait, mais approcherait le sublime de conception de Vinci, et, sous les traits simples et paisibles de l'humanité, incarnerait des pouvoirs divins ou, ce qui revient au même, insondables et infinis. Envers celui qui sut réussir et léguer cette combinaison, l'éloge inconditionnel décerné aux comparses qui entourent le héros, alors que la réussite de ce dernier était mise en doute, ne m'apparaît quant à moi, loin d'une louange, que comme une grossière injustice.

Tel fut pourtant le jugement de Vasari, et de nos jours de Lanzi, tous deux fondés sur l'impossibilité supposée de restituer la beauté des formes et les diverses énergies d'expression réparties par l'artiste entre les disciples. «Le moment, écrit Lanzi à juste titre, est celui où le Sauveur dit aux disciples : "L'un de vous me trahira !". Sur chacun des innocents, le mot a l'effet d'un coup de tonnerre : celui qui est le plus éloigné, qui ne peut en croire ses oreilles, s'en remet à son voisin ; d'autres, selon leur différence de caractère, trahissent des émotions exacerbées. L'un d'eux s'évanouit, un autre est paralysé par la stupeur ; l'un se dresse comme égaré, la simple candeur d'un autre indique assez qu'on ne saurait le soupçonner ; Judas, cependant, arbore un air de hardiesse, mais il a beau contrefaire l'innocence, il n'y a aucun doute : c'est bien lui, le traître. Vinci avait coutume de raconter qu'il passa un an à errer, butant sur l'idée de devoir incarner en un visage l'image d'un esprit si noir ; et comme il fréquentait un village où rôdaient toutes sortes de mauvais sujets, il finit, avec l'aide de quelques traits combinés, par rencontrer son homme. Sa réussite ne fut pas moins remarquable à doter les deux Jacques d'une beauté caractéristique et qui se fait écho ; mais, incapable de trouver pour le Christ un idéal supérieur au leur, il laissa la tête, dit

Vasari, imparfaite, quoique Arminine lui attribue encore une finition supérieure. »

Ainsi, c'est la modestie et la défiance même de l'artiste qui, jusque dans ses plus glorieuses réussites, cherchait et rêvait toujours davantage, que ses prétendus juges et critiques invoquent comme preuves contre lui – à l'exception du seul Bottari, qui y décèle, outre la plus parfaite finition, toute la force d'âme caractéristique du Sauveur, associée à une conscience aiguë de la souffrance qui l'attendait ; mais là encore, à mon sens il reste en-dessous de la conception de Vinci.

De peur que ceux qui ont lu et se rappellent le portrait de Léonard que j'ai soumis au public ne me soupçonnent, à cause de la prédilection que j'ai marquée en m'attardant sur ce que je crois être le trait majeur de sa réussite : le visage et l'attitude du héros, d'avoir changé de terrain d'argumentation, ou ne me taxent d'inconsistance, je répète ce que j'ai dit alors, lorsque je n'étais guère encore familier de son œuvre, le trait distinctif de ses talents résidait dans la détermination du caractère, qu'il élevait fréquemment au rang d'espèce, et trop souvent dégradait au niveau de la caricature. Nous en avons sous les yeux la preuve éclatante avec cette sublime réalisation ; le même esprit qui pouvait unir la présence divine à la plus pure humanité, put se résoudre sans penser s'abaisser, par une incompréhensible négligence non seulement de la dignité due à son sujet mais du simple bon sens, à hanter les repaires du difforme pour en extraire une figure du mal. Confina-t-il le mal à la difformité ? Si tel était le cas, il aurait dédaigné de lui donner deux comparses aux traits voisins ; car le visage de celui qui tend le doigt, et de celui qui proteste à l'extrémité gauche de la table, semblent provenir sinon exactement du même moule, du moins d'un autre très semblable, alors qu'ils sont au nombre des élus, et, quoique à la limite de la caricature, ont l'air de braves gens. Seule l'expression les distingue du traître, qui semble partagé à égalité entre l'inaptitude au remords, la haine, la rage d'être percé à jour, et la méchanceté invétérée.

Le portrait de *César Borgia* par Giorgione, aujourd'hui exposé à l'Académie de Peinture, pour vous permettre de l'étudier, prouve que l'esprit le plus atroce peut se dissimuler sous des traits bons, sereins, et même beaux. Même si sa main ne tirait pas un poignard, qui attendrait pitié ou remords de la méchanceté foncière et méthodique qui apparaît dans l'œil de Judas ? Mais ce dernier n'était pas imperméable au remords ; incapable de supporter la souffrance intolérable dont l'accablait son horrible forfait, il n'eut de cesse de confesser son crime, d'en restituer le salaire, et de se donner la mort.

A la physionomie et à l'attitude de saint Jean, rayonnant de jeunesse, innocent et résigné, par trop féminin peut-être, et à celles des deux Jacques animés par une force virile, énergique et hardie, nul ne refusera un éloge informé de leur beauté variée ; mais il ne sont ni ne prétendent être idéaux, et si tel avait été le cas, ils n'auraient pu rivaliser ni interférer avec le sublime qui couronne le front du Sauveur, et empreint son expression de la trace divine.

La réussite, la nouveauté et la justesse de la conception et de l'invention de Vinci sont puissamment soutenues par chaque facette de l'exécution, le ton qui voile et enveloppe acteurs et décors en un ensemble harmonieux, et lui donne de l'ampleur ; le style du dessin, grandiose sans affectation, et, sinon délicat ou idéal, caractéristique des personnages ; les drapés aux replis d'une simplicité, d'une élégance et d'une exactitude égales, et partout la justesse qui consiste à offrir la plus parfaite finition, sans rien de fiévreux dans la touche, et sans déborder le regard.

La disposition des figures semble si simple et si spontanée que le nom même de composition semble dégrader ce qui paraît réparti par la main même de la nature. Que les plus proches par les liens, la personnalité et l'âge dussent être placés le plus près du maître du banquet, et naturellement attirer l'œil les premiers, était à coup sûr la disposition naturelle ; mais si on les remarque, ce n'est jamais au détriment des autres, la distance est compensée par l'action ; le centre mène à tous comme tous ramènent au centre. Que le grand restaurateur de l'ombre et de la lumière ait sacrifié les effets et les charmes du clair-obscur sur l'autel du caractère l'a élevé d'emblée au-dessus de tous ses rivaux à venir ; voilà qui transforme l'admiration en sympathie, et fait de nous des participants au banquet.

Si l'expression jaillissait du sujet, elle donna également naissance à la concurrence ; il est clair que Raphaël connaissait l'œuvre de Vinci et en ressentait la puissance ; sa composition, gravée par Marc Antonio, le prouve amplement ; se trouvant devancé sur le plan de l'invention, il se réfugia dans l'imitation, et la peupla de sentiments bien à lui ; s'efforça-t-il, par-delà la dignité de l'attitude, d'approcher la profondeur du Christ de Vinci ? Impossible de l'établir à partir d'une gravure de dimensions aussi modestes. En tout cas, dans sa figure d'un Judas attentif, il a su associer à semblable énormité de la faute davantage de la dignité de l'apôtre.

La célèbre *Cène* de la Loggia, peinte ou plus probablement supervisée par Raphaël, est devenue une conception originale en étant transformée en scène nocturne par le contraste et le clair-obscur ; mais comme elle ne présente guère que des groupes occupés à se répartir pour s'asseoir ou se disperser, elle ne peut exciter d'autre intérêt que celui que méritent le contraste et l'effet, et des groupes dynamiques impatients de bouger, mais sans tumulte.

Mais si Vinci dédaigna de recourir aux échappatoires de la composition et aux charmes du clair-obscur artificiel, il n'abaissa pas son œuvre au niveau d'une simple juxtaposition ; unifiant le tout par le ton, il lui donna de la substance par la vérité de l'imitation, et de l'effet par la disposition des personnages ; les groupes qui flanquent le Seigneur de chaque côté émergent, s'effacent, et se soutiennent avec une plénitude, une profondeur et une évidence qui rendent vaine toute entreprise de correction ou d'amélioration. Mais pourquoi m'escrimer à vous énumérer des beautés qui sont sous vos yeux ? Et si vous ne les percevez par vous-mêmes, quels mots pourrais-je jamais trouver pour vous les faire sentir ?

L'universalité de Vinci est devenue proverbiale ; mais quoique pénétré de chaque élément, il offrit plutôt des aperçus fulgurants qu'une norme formelle ; et quoique plein d'énergie, il n'avait pas les pouvoirs nécessaires pour courtiser avec succès les diverses grâces qu'il poursuivait. Son trait était exempt de maigreur, et ses formes présentaient du volume, mais il n'apparaît pas qu'il ait été familier de l'antique, ni qu'il ait cherché assidûment à le connaître. Le caractère était son étude favorite, qu'il éleva souvent de l'individu à l'espèce, et qu'il dégrada tout aussi souvent en caricature. La force de son exécution résidait dans les restitutions des têtes d'hommes ; celles de ses femmes doivent presque tous leurs charmes au clair-obscur, dont il est censé être l'inventeur ; elles sont rarement plus individualisées que les enfants qu'elles cajolent ; elles sont sœurs d'une même famille. Les extrémités des mains qu'il peint manquent souvent d'élégance, même si elles sont timidement dessinées, comme celles du Christ parmi les docteurs dans le tableau que nous avons vu dernièrement exposé. Vinci a touché dans chaque muscle de ses formes la dominante de la passion qu'il souhaitait exprimer, mais il n'est idéal que dans le clair-obscur.

Tel était l'état de l'art avant l'apparition de Michel-Ange et de Raphaël, et l'établissement du style.

Il est difficile de déterminer qui a le moins bien compris Michel-Ange, de ses thuriféraires ou de ses critiques, quoique les deux camps s'accordent à juste titre à voir en lui le point de départ d'une ère nouvelle : celle de l'établissement de l'art pour les uns, de sa subversion pour les autres.

C'est le lot du génie que de rencontrer une opposition et d'en sortir renforcé. Tous les extrêmes se touchent ; la froide louange et la critique froide s'adressent aux talents communs ou facilement égalables, mais celui qui s'aventure avec bonheur au royaume de la découverte, malgré les haussements d'épaules, les embûches et les ricanements des timorés, des méchants et des envieux, pose le pied sur un rivage inconnu ou depuis longtemps perdu, l'ennoblit de son nom, et récolte l'immortalité.

Michel-Ange apparut, et découvrit bientôt que les œuvres dignes de la postérité ne pouvaient être bâties ni sur des formes déficientes ou sans substance, ni sur les caprices changeants de la mode et du sentiment local ; que leur énergie n'était autre que l'énergie authentique de la nature, les sentiments véritables de l'humanité ; et il entreprit pour la peinture ce qu'avait entrepris Homère pour la poésie, cette part épique qui, avec l'absolue simplicité d'un tout, saurait unir la magnificence de l'ensemble et l'infinie variété des parties subalternes. Son trait se fit générique, mais peut-être trop uniformément grandiose ; le caractère et la beauté n'étaient admis que dans la mesure où ils pouvaient servir la grandeur. Enfant, femme, bassesse, difformité étaient tous sans distinction marqués du sceau de la grandeur. Le mendiant se dressait sous sa main en patriarche de la pauvreté ; la bosse de son nain est empreinte de dignité ; ses femmes sont le creuset de l'enfantement ; l'homme palpite en ses nouveau-nés ; et ses hommes sont une race de géants. C'est là la *terribil via*, c'est là ce «cercle magique», dans lequel, nous dit-on, nul autre que lui n'osait évoluer. Non, nul autre que lui ne fait du sublime de la conception l'élément de sa forme. Michel-Ange lui-même en offre la preuve, car les lignes qui pèsent en masse sur sa puissante vague de pensée, dans les représentations de Dieu, des patriarches et des sibylles de la chapelle Sixtine, se montrent déjà trop ostensiblement dans le *Jugement dernier*, et mettent en danger plutôt qu'elles ne soutiennent ses pouvoirs déclinants dans la chapelle Pauline. Prises dans leur ensemble, la *Crucifixion de saint Pierre* et la *Conversion de Paul* y apparaissent comme le radotage du style de Michel-Ange ; mais elles comportent des parties qui rendent le radotage plus enviable que la vigueur constante de la médiocrité.

De quel œil Michel-Ange contemplait l'antique, nous pouvons en juger par son *Bacchus*, l'une de ses premières productions de jeunesse ; elle est au moins égale par le style, voire supérieure par sa pâte, son aspect charnel, à ce qu'on appelle le style romain antique. Ses idées semblent avoir été la personnification d'une intempérance juvénile, mais c'est l'intempérance d'un être supérieur, que la grâce n'a point encore délaissé, l'esprit point encore abandonné. Plus tard dans sa vie, le *Torse* du Belvédère par Apollonius, devint pour lui une norme formelle. Mais les démons de Dante avaient imprégné trop tôt son imagination pour qu'elle admette dans toute leur majesté les dieux d'Homère et de Phidias.

Telle était l'opinion que se formaient du projet et du style de Michel-Ange les juges, critiques, poètes, artistes, et le public de son époque et de celle qui a suivi, de Bembo à l'Arioste, de Raphaël au Titien, jusqu'à Agostino et Annibale Carrache. Comparons-la à présent avec le verdict technique prononcé par le grand critique actuel de profession sur le continent. «Michel-Ange, écrit Mengs, cherchant toujours à être grand, ne fut peut-être que massif, et par l'emploi constant d'un trait convexe, exagéra les formes et perdit irrévocablement la ligne de la nature. Ce style chargé, qui l'occupait dans sa jeunesse, l'absorba dans son âge mûr. Pour cette raison, ses œuvres seront toujours très inférieures au bon style antique ; car si les Anciens faisaient des figures robustes et musculeuses, ils ne les faisaient jamais lourdes : un exemple en est l'Hercule de Glycon, qui si massif et si majestueux de forme qu'il soit, apparaît comme aussi vif qu'un cerf, aussi élastique qu'une balle. Le style de Michel-Ange ne pouvait communiquer de pareilles idées, car les articulations de ses corps sont trop contractées, et ne semblent conçues que pour la posture qu'il leur fait adopter. Les formes de sa chair sont trop rondes, les muscles d'une masse et d'un dessin toujours semblables, ce qui dissimule les ressorts de leur mouvement ; de plus, jamais dans ses œuvres on ne voit un muscle au repos, et le dessin ne connaît pas de plus grande faute. Il savait parfaitement quelle place chaque muscle devait occuper, mais ne lui donnait jamais sa forme. Il ne comprenait pas non plus la nature des tendons, puisqu'il les faisait également charnus de bout en bout, et les os trop arrondis. Raphaël participa de tous ces défauts sans jamais atteindre à la profondeur de la théorie musculaire de

Michel-Ange. La force de Raphaël résidait dans la caractérisation de figures âgées et nerveuses ; il était trop dur pour la délicatesse, et, dans les figures de grandeur, une copie exagérée de Michel-Ange.» Ainsi parlait Mengs.

Michel-Ange ne paraît pas avoir eu d'enfance ; ou si c'est le cas, nous n'en avons pas connaissance. Ses toutes premières œuvres égalent, par le principe et la portée de l'exécution, les preuves les plus vigoureuses de sa maturité. Tel un soleil d'Orient, il apparut d'un coup au-dessus de nous, sans aube préalable. Au contraire, nous voyons Raphaël Sanzio au berceau, nous l'entendons balbutier, mais c'est la *justesse* qui agitait le berceau, et le *caractère* qui forma ses lèvres. Jusque dans le style de dessin contraint du Pérugin, sec et servile, il sut déceler l'essentiel, et le séparer de ce qui n'était qu'accident du modèle. Les œuvres de Vinci et le *Carton pisan* sont censés avoir affermi son œil, mais c'est l'antique qui sut parfaire le système qu'il avait commencé à fonder sur la nature ; c'est auprès des Anciens qu'il apprit à sélectionner et à choisir les formes. Il découvrit que dans la construction du corps, les articulations des os étaient la véritable cause de l'aisance et de la grâce dans l'action des membres, et que la connaissance de ce fait était la raison de la supériorité du dessin antique. Il découvrit que certains traits sont les mieux appropriés à certaines expressions, et propres à certains caractères ; que telle tête, telles mains, tels pieds, sont l'énergie même et la croissance de tel corps, et à partir de la physionomie établit l'homogénéité. De tous les artistes, il fut le plus grand, le plus précis, le plus aigu des observateurs. Lorsqu'il dessinait, il s'attachait d'abord à l'intention première et au mobile de sa figure puis à sa mesure générale, puis aux os et à leurs articulations ; de là il passait aux muscles principaux, ou aux muscles particulièrement nécessaires, et aux nerfs attenants, et enfin aux détails plus ou moins essentiels. Mais la partie caractéristique de son sujet est infailliblement la partie caractéristique de son dessin, ne fût-il formé que de quelques traits rapides, voire d'un trait unique de sa plume ou de son pinceau. Ces traits sont eux-mêmes caractéristiques, ils suivent ou suggèrent la texture ou la fibre de la partie en question : la chair dans leur arrondi, les nerfs dans les touches rectilignes, les os dans les anguleuses.

Tels étaient le bonheur d'expression et la justesse de Raphaël lorsqu'il les employait aux évolutions dramatiques du caractère – tous deux souffraient quand il tentait de généraliser à l'abstrait les formes du beau ou du sublime. Le peintre de l'humanité avait peu de succès en maniant les armes surnaturelles. Ses représentations de Dieu ne s'élevaient jamais au-dessus de formes prophétiques ou patriarcales; si le doigt de Michel-Ange empreignait la physionomie divine d'un air souvent plus sévère que terrifiant, les dieux de Raphaël, eux, sont tantôt par trop doux et affables, comme celui qui parle à Jacob au plafond du Vatican ; tantôt trop violents, comme celui qui sépare la lumière des ténèbres dans la Loggia ; mais s'il était fait avant tout pour marcher sur la terre avec dignité, il sut s'élever au-dessus d'elle dans le doux rayonnement et le ravissement majestueux du *Christ sur le Mont Thabor* – non certes tel que nous voyons à présent son visage après les restaurations maladroites du Louvre – et plus encore dans l'expression réprobatrice de l'ange qui annihile toute la force du guerrier Héliodore. Pour ce qui est de la beauté féminine idéale, si lui-même, dans une lettre au comte Castiglione, nous dit qu'elle est tellement rare dans la vie qu'il a fait des tentatives pour l'atteindre par une idée forgée dans son esprit, il lui manquait certainement cette norme qui le guidait pour le caractère. Ses déesses et ses femmes mythologiques ne sont que des aggravations des formes génériques de Michel-Ange. C'est de rondeur, de douceur, de dévotion béate et d'insipidité que se composent les traits et l'expression de ses madones, simples transpositions de souvenirs de nourrice, ou d'un visage de prédilection. La *Madone de l'Impannata*, la *Madonna bella*, la *Madonna della sedia*, et même les proportions plus élancées, la délicatesse et la dignité supérieures, de la *Madone* qui appartenait naguère à la collection de Versailles, procèdent peu ou prou de cet air insipide ; celui-ci provient avant tout du front haut, lisse, arrondi, du vide glabre entre les arcs en demi-cercle des sourcils, de leur élévation au-dessus des yeux, et de la division disgracieuse, de la longueur et de la parcimonie de la chevelure. A vrai dire, cela pourrait bien être le résultat de son désir de ne pas entacher le caractère de virginité de la sainteté par le plus imperceptible soupçon de coquetterie ou de charmes racoleurs ; car dans ses *Madeleine*, il lâche une luxuriante profusion de cheveux, et entoure la gorge et les épaules de vagues ondulantes et de tresses d'or. Le caractère de Marie-Madeleine correspondait au sien : c'était le caractère d'une passion.

Il est flagrant dans chaque tableau ou dessin où elle est représentée, à toutes les périodes de sa production, qu'il l'imaginait amoureuse lorsqu'elle suit le corps du Sauveur jusqu'au tombeau, ou qu'elle se jette échevelée à ses pieds, ou qu'elle lui adresse la parole alors qu'il porte sa croix. L'expression de ses traits, ses formes, ses gestes, sont le caractère même de l'amour qui souffre. Dès que le caractère inspirait Raphaël, ses femmes devenaient l'exemple même de la grâce et du pathétique.

C'est le cas de la ligne et du tour exquis de la femme aux deux enfants, qui se détourne, presque à genoux, parmi les spectateurs d'Héliodore. Son attitude, la torsion de son cou, valent bien tous les visages, et suggèrent davantage qu'il n'y parvint jamais par une physionomie ; elle n'avait rien à gagner à nous montrer ses traits, comme on peut s'en douter en voyant sa compagne au premier plan, qui, malgré la haute élégance et le pathétique égal de son geste, présente des traits indignes de ces qualités. Le fait est que la forme et le style étaient employés par Raphaël essentiellement, voire exclusivement, comme moyens de communiquer le caractère et le pathétique ; le drame est son élément, et c'est à lui qu'il les a adaptés d'une manière et avec une justesse qui découragent toute prétention à les améliorer ; si ses traits ont été surpassés ou égalés en énergie, en justesse, en élégance, en tant qu'*instruments des passions*, ils n'ont pas de rival, et comme éléments d'invention, de composition et d'expression relatifs à l'histoire qu'il raconte, n'ont jamais été même approchés.

Le résultat de ces observations sur Michel-Ange et Raphaël, c'est que Michel-Ange dessinait en formes génériques la race humaine, et que Raphaël dessinait les formes et les caractères de la société, diversifiés par des besoins inventés.

C'est pourquoi nous trouvons Michel-Ange plus sublime, mais que nous avons plus de sympathie pour Raphaël, parce qu'il nous ressemble davantage. Lorsque Reynolds disait que Michel-Ange avait plus d'*imagination* et Raphaël plus d'*inventivité*, il voulait dire que l'un avait plus de sublime, de feu élémentaire ; et que l'autre était plus riche en peinture sociale, en inventions plaisantes, et en variété d'artifices. La simplicité est le moteur de Michel-Ange ; la justesse variée, et dotée de caractère, celui de Raphaël.

Des grands restaurateurs de l'art, les deux que nous avons examinés avaient fait du dessin et du style le fondement de leur dessin, se contentant d'une couleur négative et sans ambition ; les deux suivants ont renversé le principe, et utilisé le dessin et le style comme support de la *couleur* ou de l'*harmonie*.

Le style de dessin du Titien comprend deux périodes ; il commença par copier sans discrimination ce qu'il avait sous les yeux, et poursuivit quelque temps dans la veine maigre, fiévreuse et aléatoire de Giovanni Bellini ; mais lorsqu'il découvrit dans les œuvres de Giorgione que l'ampleur de la forme produisait l'ampleur de la couleur, il entreprit, et il y parvint, de voir la nature par comparaison, dans une lumière plus ample. Il n'est pas besoin, pour prouver qu'il possédait les rudiments de la théorie du corps humain, de rappeler les dessins douteux qu'il est réputé avoir exécutés pour l'œuvre anatomique de Vésale ; il était également familier du style de Michel-Ange et brûlait du désir de l'égaler, ce qui apparaît moins dans les attitudes qu'il emprunte pour le *Pierre martyr* et la *Bataille de Ghiaradadda* que dans les conceptions élémentaires, le style colossal et les raccourcis audacieux qui étonnent tant dans ses *Caïn et Abel*, *Abraham et Isaac*, *David et Goliath*, au plafond de l'édifice du Saint-Esprit à Venise. Là, et là seul, se trouve le fruit de cette union du ton et du style qui, dans l'esprit du Tintoret, était nécessaire pour faire un peintre parfait ; car en général les formes masculines du Titien sont toutes de vigueur sanguine, souvent trop bien en chair pour la caractérisation, moins élastiques que musculeuses, ou vigoureuses sans grandeur. Ses femmes sont de la race vénitienne, blondes à fossettes, douces sans délicatesse, trop pleines pour l'élégance, trop potelées pour l'action ; ses enfants sont à mi-distance des deux, et préférables aux deux. Dans le portrait, il a uni le caractère et la ressemblance à la dignité, et demeure à ce jour inégalé.

Un certain caractère national marque la période la plus brillante de l'école vénitienne ; si dissemblables qu'ils soient les uns des autres, le Titien, le Tintoret, le Bassano et Paolo Cagliari ne reconnaissaient qu'un seul élément d'imitation, la nature elle-même. Ce principe, chacun le transmit à ses disciples ; et nulle tentative d'en altérer la simplicité en unissant des méthodes différentes ne distingua leurs successeurs immédiats. C'est pourquoi ils conservèrent des traits originaux plus longtemps que les écoles voisines, que le vain désir de combiner des qualités incompatibles fit bientôt sombrer dans la médiocrité, avant d'être englouties par l'insignifiance.

Les transitions en douceur de la ligne convexe à la ligne concave, qui allient la grandeur à la légèreté, forment le style du Corrège ; mais à force d'user sans mesure de leur association, dans le seul but d'obtenir une ampleur de demi-teinte et des tons d'harmonie ininterrompus, il devint, par excès de moelleux, plus souvent lourd que léger, et fréquemment inexact.

Il n'est pas aisé, en raison de l'obscurité inexplicable qui enveloppe sa vie, de déterminer s'il avait connu l'antique en quantité suffisante, et à quel degré de beauté ; mais il devait certainement avoir l'habitude des modèles, et de l'assistance de la sculpture, pour projeter avec tant de hardiesse et surmonter avec tant d'aisance les difficultés sans pareille de ses raccourcis. Sa grâce est plus souvent redevable à l'opportunité de l'emplacement qu'à l'élégance du trait. Les attitudes les plus appropriées, les plus élégantes, étaient adoptées, rejetées, voire sacrifiées aux plus ingrates, par souci de conformité à son principe impérieux ; les parties disparaissaient, se fondaient, ou ressortaient conformément à lui seul.

La *Danaé*, dont nous possédons des copies, semble avoir été peinte, à l'exception bien sûr de la tête, à partir d'un torse de femme antique. Mais si jamais il conçut la beauté idéale du visage, jamais il ne l'a exprimée ; sa beauté est également éloignée de l'idée de Vénus, de la Niobé, et des meilleures formes de la nature. La Madeleine du tableau de Parme représentant la *Vierge et saint Jérôme* doit les charmes de son visage au clair-obscur, à une teinte incomparable et à une douceur dans l'éclat qui nous font presque oublier les défauts de formes qui ne s'élèvent guère au-dessus du vulgaire. Mais ses représentations de Jupiter et de Io prouvent qu'il atteignit parfois au sublime en dissimulant les limites de ses figures dans la douceur qui les enveloppe.

Tels étaient les principes sur lesquels les écoles toscane, romaine, vénitienne et lombarde établirent leur système stylistique respectif, ou plutôt la *manière* qui, dans diverses directions et selon divers modes d'application, pervertit le style. Michel-Ange put voir de son vivant le choc électrique que son dessin et son style avaient communiqué à l'art, propagé par les écoles toscane et vénitienne, devenir le véhicule ostentatoire de piteuses subtilités et d'allégories contournées, ou la compensation d'une pompe vide et d'une luxuriance de couleur dégénérescente.

Parmi tous ses imitateurs, les deux plus éminents sont Pellegrino Tibaldi, baptisé «Michelagnolo riformato» par les éclectiques bolonais, et Francesco Mazzuoli, dit le Parmesan.

Pellegrino Tibaldi sut pénétrer le principe technique du style de son maître, mais non son principe moral ; il possédait souvent la grandeur du trait, sans le sublime de la conception ; c'est pourquoi la *manière* de Michel-Ange est souvent le *style* de Pellegrino Tibaldi. L'agglomération et l'excentricité, un agrégat de lignes convexes interrompues soudain par des angles droits ou coupées par des perpendiculaires, lui tiennent lieu de système. Sa célébrité repose essentiellement sur les fresques de l'Institut Académique de Bologne, et le plafond de la halle des Marchands à Ancône. C'est sans doute sur la base de ces œuvres que les Carrache, ses compatriotes, l'appelèrent, dit-on, «Michelagnolo riformato» – Michel-Ange corrigé. Je ne leur ferai pas l'injustice de supposer un seul instant qu'ils aient pu faire allusion par ce jugement au plafond et aux *Prophètes et sibylles* de la chapelle Sixtine ; peut-être avaient-ils jeté un coup d'œil à l'exubérance technique du *Jugement dernier*, et aux caprices stériles de la chapelle Pauline. Ces derniers, s'acharnent-ils à nous apprendre, avaient été élagués, régularisés et corrigés par Pellegrino Tibaldi. Ses œuvres de l'Institut confirment-ils ce jugement ? Bien au contraire, elles n'ont rien de plus à offrir que les radotages de Michel-Ange. Les figures isolées, les groupes et les compositions de l'Institut trahissent un mélange singulier d'une vigueur extraordinaire et d'une faiblesse de conception puérile, de caractère et de caricature, de style et de maniérisme.

La figure de Polyphème tâtonnant à l'entrée de sa caverne à la poursuite d'Ulysse, et la composition d'Eole lui accordant des vents favorables, offrent respectivement des exemples frappants de ces deux tendances ; jamais Michel-Ange lui-même ne conçut une forme d'une plus sauvage énergie, ni à l'attitude et aux membres mieux assortis que le *Cyclope* de Tibaldi dévoré de douleur et de soif de vengeance, alors que le dieu des Vents est réduit à une maigre et ridicule parodie de Thersite, et Ulysse et ses compagnons travestis sous les allures et les accoutrements à demi barbares de l'ère de Constantin et d'Attila.

A la suite de Pellegrino Tibaldi, les Allemands, les Hollandais et les Flamands Hemskerk, Goltzius et Spranger, adoptèrent ce condensé des bizarreries du glorieux Toscan, frappant d'hydropisie les formes les plus vigoureuses, et revêtant de formes colossales des babioles d'enfant.

Le Parmesan sut équilibrer son trait entre la grâce du Corrège et l'énergie de Michel-Ange, et par le contraste produisit l'élégance ; mais au lieu de faire de la justesse sa mesure, il la dégrada en affectation. Ce jeu détaché de formes délicates, la *sveltezza* des Italiens est la prérogative du Parmesan, quoique presque toujours obtenue au détriment de la proportion. Il concevait la variété de la beauté, mais non sa simplicité, et poussa le contraste jusqu'à l'extravagance. On en trouve une preuve parmi tant d'autres dans sa figure de saint Jean, sur le retable de *Saint Sauveur* à Città di Castello, aujourd'hui propriété du marquis d'Abercorn, et connu par la gravure de Giulio Bonasone, qui imite moins qu'il ne l'exagère l'original, qui se trouve dans le *Carton pisan* ; son geste n'est qu'un accident de sa posture ; il est conscient de sa grandeur, et perd en orateur la ferveur de l'apôtre.

Ainsi son célèbre *Moïse*, si je ne m'abuse, possède-t-il dans ses formes moins de grandeur que d'agilité, et dans ses gestes plus de passion que de majesté ; et le législateur s'abolit dans le sauvage. On dit que Gray a emprunté à cette figure plusieurs des traits majeurs de son *Barde*, ainsi qu'à la figure de Dieu peinte par Raphaël dans la *Vision d'Ezéchiel* ; la peinture ne saurait produire deux figures plus dissemblables ; la contemplation calme et sereine associée à l'éclat déterminé de la passion.

Tandis que Michel-Ange fut condamné à déplorer de son vivant la perversion de son style, la mort épargna à Raphaël d'assister à la dégradation progressive du sien.

Tel était l'état du style lorsqu'au soir du XVIe siècle, Ludovico Carrache et ses cousins Agostino et Annibale fondèrent à Bologne, en se fondant sur des intuitions glanées chez Pellegrino Tibaldi, cette école éclectique qui, en sélectionnant les beautés, corrigeant les fautes, palliant les insuffisances et évitant les extrêmes des différents styles, tenta de former un système parfait. Les ingrédients spécieux de cette panacée technique ont été gracieusement couchés en un sonnet par Agostino Carrache, et comprennent la justesse symétrique de Raphaël, la manière terrible de Michel-Ange, la pureté souveraine du style du Corrège, la fidélité à la nature du Titien, la vivacité et le clair-obscur du Tintoret et de Paolo

Cagliari, le ton des coloris lombards, l'invention érudite du Primatice, le décorum et la fermeté de Tibaldi, et un peu de la grâce du Parmesan, le tout amalgamé par Niccolo dell'Abbate.

Je ne m'essaierai pas à parodier cette ordonnance en la transposant en poésie, et en prescrivant au candidat à la gloire du dramaturge l'imitation de Shakespeare, Otway, Ben Jonson, Milton, Dryden, Congreve, Racine, Addison, amalgamés par Nicholas Rowe. Je me contenterai de demander si un tel mélange d'exigences a jamais traversé de façon aussi pressante l'esprit d'aucun artiste, ancien ou moderne ; et si, quand cela serait possible, elles ont jamais été équilibrées avec autant d'impartialité ; et même dans ce cas, si jamais elles ont été ou pourraient être exécutées avec un bonheur égal ? Un caractère aux talents aussi égaux qu'universels n'est pas un caractère humain ; et l'approche la plus voisine de la perfection ne saurait consister qu'à porter à son excellence une seule grande qualité, alliée au moins possible de défauts annexes ; tenter davantage aboutira sans doute à la disparition du caractère, et celle-ci à la médiocrité – le degré zéro de l'art.

Les Carrache furent-ils ainsi ? Il faut séparer les préceptes de la pratique, et l'artiste du professeur ; et les Carrache bénéficient alors de mon respectueux hommage. Ludovico est l'inventeur de cette solennité de teinte, de cette sobriété crépusculaire, que vous avez si souvent entendu préconiser comme la tonalité qui convient à la couleur historique. Agostino alliait à la culture, au goût et au sens de la forme un coloris digne du Corrège. Annibale, inférieur à tous deux en sensibilité et en jugement, les surpassait largement par l'éventail de ses talents, sa puissance d'exécution et sa virtuosité académique. Mais s'il sut préserver l'ampleur du style dont nous parlons, il n'ajouta rien à sa dignité ; ses élèves furent déjà inférieurs à lui, mais étaient encore supérieurs à ceux qui les suivirent. Le *style* continua à languir en Italie, et à présenter les symptômes d'un déclin fatal ; et s'il survit, il n'a pas encore trouvé où restaurer son pouvoir sur ce versant des Alpes.

Douzième Conférence

De l'état présent de l'art, et des causes qui en entravent le progrès.

L'influence des arts plastiques sur la société, les manières, les sentiments, les objets et les ornements de la vie, est telle, que nous nous considérons généralement autorisés à former notre jugement des époques et des nations en la prenant pour norme. De même que notre hommage va à celles dont la protection les a faits parvenir à un stade d'épanouissement ou de maturité, de même nous passons négligemment ou poursuivons de notre mépris l'époque ou le peuple que le manque de culture ou d'opportunité a empêché de développer des symptômes d'un semblable attachement.

Une perception authentique de la beauté est le plus haut degré de l'éducation, la civilité ultime de l'homme ; tonalité dominante de l'esprit, elle nous rend meilleurs que nous n'étions. Elevé ou charmé par la contemplation de chefs-d'œuvre de l'art, notre esprit passe des images elles-mêmes à leurs auteurs, et de ceux-ci à la race qui a produit les talents qui nous fournissent des modèles à imiter, ou multiplient nos plaisirs.

Ce sens interne trouve appui sur des motifs extérieurs qui touchent un secteur beaucoup plus vaste de la société, que les besoins et le commerce mettent en rapport avec les arts ; car les nations versent ou perçoivent leur tribut à mesure que leur sens technique s'exerce ou somnole. Tout ce qui est pratique, agréable ou utile dépend pour une large mesure des arts ; c'est à leur souffle que le vêtement, le mobilier et le logis, doivent ce qu'ils peuvent revendiquer de grâce, de justesse ou de forme ; ils instruisent l'élégance à parachever ce qu'a inventé la nécessité, et nous font aimer nos besoins.

Cette influence bénéfique s'étend ou diminue infailliblement selon que sa source originelle, le sens de la beauté authentique, jaillit d'une veine ample ou parcimonieuse, en flots clairs ou troublés. A mesure que le goût est altéré ou s'effondre, l'ornement revêt une forme maigre, gauche, barbare, ridicule ou racoleuse ; l'affectation dicte sa loi ; la simplicité et l'élégance se chargent ; l'intérêt disparaît ; en peu de temps, seule la nécessité demeure, tandis que nouveauté et erreur vont main dans la main.

Ces observations évidentes sur l'importance des arts mènent à la question, si souvent discutée, et jamais aussi importante qu'à notre époque, des raisons qui les ont élevés à diverses époques, et parmi diverses nations, et des moyens d'assister leur progrès, et de prévenir leur déclin. Beaucoup a été dit là-dessus, dont beaucoup doit être répété et parfois complété.

Les Grecs occupent communément la place de choix dans les arguments avancés pour répondre à cette question. Leurs institutions religieuses et civiles, leurs mœurs, leurs jeux, leurs concours de valeur et de talents ; le cycle de leur mythologie, peuplé de formes célestes et héroïques ; les honneurs, la célébrité échus aux artistes ; la sérénité du ciel de Grèce et la douceur de son climat, autant de raisons supposées avoir conduit cette nation à portée de la perfection.

Sans prétendre refuser à chacun de ces divers avantages sa part d'influence, l'histoire nous enseigne que si la religion et la liberté avaient préparé un public et répandu un goût pour la technique à travers la Grèce, Athènes et Corinthe doivent être considérées comme les principales nourrices de l'art, car sans leurs soins bienfaisants les raisons générales mentionnées n'auraient pu avoir un effet aussi définitif ; car rien sans doute n'a autant contribué à l'évolution propre de l'art que cette opportunité perpétuelle d'exposition publique qu'elles offraient à l'artiste : décoration des temples, des salles publiques, des portiques, une succession d'emplois aussi nombreux qu'importants et prestigieux ; de là cette émulation à gagner les sommets de l'art ; la ferveur des encouragements publics, le zèle et la gratitude des artistes étaient réciproques ; Polygnote prépara avec Cimon ce que Phidias, avec Périclès, établit sur les fondements du goût public, les styles essentiel, caractéristique et idéal.

Soit que la nature humaine ne pût en admettre davantage, ou que d'autres causes aient empêché un progrès ultérieur des talents, rien de plus grand n'émergea ; le raffinement, l'élégance et la nouveauté suppléèrent à l'invention ; c'est là la période de décadence ; l'art s'enfonça peu à peu dans la médiocrité, et son châtiment final : l'indifférence.

L'artiste et le public se trouvent toujours dans une relation de stricte réciprocité : si nulle part les arts n'ont fleuri comme en Grèce, c'est qu'aucune nation ne s'intéressa avec des motifs si purs à leur établissement et à leur progrès, ou ne leur permit une latitude aussi large. Tant que le cheminement fut empreint d'une telle dignité, et que leur union excitait l'admiration, commandait l'attachement, et transportait le public, ils crûrent et s'élevèrent ; mais lorsque pour plaire individuellement, l'artiste tenta de monopoliser l'intérêt dû à l'art, de distraire par la nouveauté et de flatter la multitude, la ruine bientôt s'en suivit. Pour prospérer, l'art ne doit pas seulement se sentir libre, il doit régner ; s'il subit une domination, s'il suit les édits de la mode ou les caprices d'un Mécène, alors il court à sa perte.

Atteindre aux sommets de l'art antique était impossible pour l'art moderne, circonscrit par des limites plus étroites, contraint de se former hâtivement et sur des principes empruntés ; et pourtant, il doit son origine et son appui à des causes presque semblables. Au cours du XIVe et plus encore du XVe siècles, une activité si intense, une prédilection pour l'art si unanime se développèrent dans la plus grande partie de l'Italie que nous sommes surpris du fatras d'images disparates produit durant cette période.

L'artiste et l'art en effet n'étaient guère considérés que comme un artisan et sa technique ; mais ils étaient dédommagés de l'absence d'honneurs par la dignité de leur emploi, et des commandes visant à décorer des églises, des couvents et des édifices publics.

Que nul, si la vérité et sa propagation lui sont chères, n'ose croire ou affirmer que le christianisme fut hostile au progrès des arts, que rien d'autre sans doute n'aurait pu ranimer. Rien de moins que l'enthousiasme chrétien ne pouvait communiquer cet élan énergique et durable dont nous admirons le résultat magique dans les œuvres qui illustrent la période du génie et leur institution. Et il n'est guère valide d'objecter que l'Angleterre, la France et l'Allemagne professaient le christianisme, bâtissaient des églises et des couvents, et pourtant n'avaient pas d'art ; car on pourrait tout aussi légitimement se demander pourquoi il n'apparut pas plus tôt en Italie même. L'art forme une part de l'éducation sociale et la civilité suprême de l'homme, et ne saurait apparaître dans la rudesse de l'enfance des sociétés ; et comme, parmi les nations occidentales, les Italiens furent les premiers à s'extirper des liens de la barbarie et à offrir asile à l'industrie, l'art et la science emboîtèrent le pas au progrès social, et c'est parmi eux qu'ils produisirent leurs premiers essais dignes de ce nom.

Oui, l'enthousiasme religieux a une influence favorable sur l'art, comme le prouve encore leur évolution en connivence ; ils ont fleuri, langui, sombré ensemble. A mesure que le zèle faiblissait et que la grandeur publique cédait la place à la splendeur privée, les arts devinrent les mercenaires de la vanité et du lucre ; serviles, ils errèrent de place en place, prêts à satisfaire les caprices et les besoins du plus offrant ; de ce point de vue, il nous est facile de résoudre l'énigme de tous les phénomènes qui se produisent dans l'histoire de l'art, son ascension, sa chute, son éclipse et sa réapparition en divers endroits, en des styles aussi différents que les goûts sont variés.

La cause efficiente, par conséquent, qui fait que l'art le plus noble a aujourd'hui sombré dans un tel état d'inactivité et de langueur que l'on peut douter qu'il existe encore longtemps, n'est pas une cause particulière, que pourraient éradiquer le mécénat privé, ou la volonté d'un individu, si grands soient-ils ; mais une cause générale, fondée sur l'inclination, les mœurs, les habitudes, les manières d'une nation – et non pas d'une seule nation, mais de toutes celles qui aujourd'hui prétendent à la culture. Notre époque, comparée aux précédentes, n'offre que peu d'occasion pour de grandes œuvres, et c'est là pourquoi si peu d'entre elles sont produites[100] : l'ambition, l'activité et l'esprit de la vie publique se sont réduits au détail minutieux des arrangements domestiques ; chaque chose qui nous entoure tend à nous montrer en privé, et est devenue douillette, petite, étriquée, jolie, insignifiante. Peut-être ne sommes-nous pas moins heureux pour cela ; mais espérer de pareille futilité égoïste un système de l'art fondé sur la grandeur, sans recourir à une révolution totale, serait moins présomptueux que simplement démentiel.

Quel droit avons-nous d'escompter une telle révolution en notre faveur?

Tournons-nous un instant vers l'énorme différence de difficulté qui existe entre former le goût du public et l'amender, entre la législation et la réforme, l'une comme l'autre sont des tâches de génie ; toutes deux rencontrent des partisans, des disciples, des champions ; mais la persécution, la dérision, les obstacles s'opposent en général aux efforts de la seconde, tandis que la soumission , la gratitude et les encouragements accompagnent le progrès régulier de la première. Aucune folie n'est aussi incurable que la perversion délibérée, et une fois que les hommes peuvent déclarer, comme Médée, qu'ils connaissent le bien, qu'ils l'approuvent, et qu'ils font le mal, par contrainte ou par choix, une évolution plus terrible peut-être que le mal lui-même est un préalable indispensable à toute possibilité de guérison. Même si, comme on l'a observé, les XIVe et XVe siècles n'accordaient guère aux artistes que l'attention due à des artisans ingénieux, ils étaient, de par l'objet de leurs occupations et le goût de leurs employeurs, les légitimes précurseurs de Michel-Ange et de Raphaël, qui ne firent qu'élever leur style au niveau du sublime et du pathétique du sujet. Ces derniers empruntèrent d'une démarche plus altière et à pas plus hardis un chemin sur lequel les premiers avaient parfois trébuché, souvent rampé, mais toujours avancé : le public et l'artiste allaient main dans la main ; mais en quel point de l'Europe le jeune artiste d'aujourd'hui peut-il s'installer pour rencontrer des circonstances aussi favorables ? Vous pouvez bien l'armer des talents épiques et dramatiques de

Michel-Ange et de Raphaël, où sont les institutions religieuses et civiles, où sont les temples et les palais ouverts pour les recevoir, où est le public prêt à faire appel à eux, à les stimuler, à les récompenser ?

Plaintes vaines et oiseuses ! Entends-je rétorquer mille voix. Vous accusez le public d'indifférence apathique pour les arts, alors que les expositions publiques et privées se succèdent et se talonnent, qu'on ouvre panorama sur panorama, que la splendeur des galeries éblouit l'œil rassasié, que l'oreille est assourdie par les coups de marteau incessants du sculpteur, et que nos temples sont encombrés d'une foule de monuments pressés les uns contre les autres pour perpétuer la mémoire d'hommes d'Etat trompeurs ou de héros qui versèrent leur sang à l'appel de la nation ! Regardez partout en Europe ; feuilletez les pages des livres d'histoire, d'Osymandias à Périclès, de Périclès à Constantin, et dites-nous quelle époque, quelle race a tendu plus vigoureusement le bras pour redresser le génie titubant de l'art ? Est-ce la faute du public si l'encouragement devient un métier où la promptitude et la prolixité ont supplanté l'excellence et la qualité comme objets d'émulation entre les artistes ? Mais croyez-vous que des encouragements aléatoires et passagers puissent invalider des accusations fondées sur des causes permanentes ? Ce qui a permis l'expansion de l'art mettra fin, dans sa phase de répit, à son succès. L'art n'est pas éphémère ; la religion et la liberté préparaient depuis des générations ce que la religion et la liberté devaient instituer parmi les Anciens : le *Jupiter olympien* et la *Minerve* de Phidias étaient contenus en germe dans les *Dieux d'Egine*, et *Thésée*, *Hercule* et *Alcibiade* dans les blocs d'*Harmodios* et d'*Aristogiton*.

Si la révolution d'une nation voisine a émancipé son peuple du joug de la superstition, elle l'a peut-être précipité dans l'irréligion. Celui qui n'a pas d'objet visible à vénérer n'a qu'indifférence pour les gestes, les rites et les lieux ; et à moins qu'une grande institution civile provisoire ne se substitue aux moyens fournis par l'ancien système, les arts de France, s'ils dédaignent de devenir les mignons et les valets de la mode, risquent bientôt de s'apercevoir que la seule occupation publique qui leur reste sera de se représenter eux-mêmes, en déplorant leurs avantages fraîchement acquis. Par grande institution, j'entends une institution qui emploie des artistes vivants, suscite parmi eux un esprit d'émulation anobli par leurs objets d'occupation, et insuffle au public cet esprit, et non une exhibition ostentatoire de trésors du génie ancien et moderne, accumulés par la main de la conquête et du pillage. Dépouiller la terre était un principe romain, et peut-être n'y a-t-il pas matière à lamentation que de voir la Rome moderne, comme en représailles de son propre principe, contrainte de payer sa dette contractée envers l'humanité. Mais que nul ne se laisse aller à croire naïvement que l'importation d'œuvres d'art de Grèce et d'Italie soit une importation de leur génie, de leur goût, de leurs institutions et de leurs moyens d'encouragement ; à moins de les transplanter et de les disséminer, l'accumulation somptueuse de monuments de la technique n'est qu'un capital mort, et, au lieu d'un profit, un obstacle à l'art vivant.

En ce qui nous concerne, la rage barbare – quoique peut-être utile en son temps – des iconoclastes du XVIIe siècle semble un principe propagé de façon beaucoup trop gratuite à une époque plus susceptible de souffrir de l'irréligion que de la superstition. Un corps public enflammé par la superstition souffre, mais seulement du bouillonnement d'une chaleur radicale, et peut revenir à un état de vie et de santé ; alors qu'un corps public plongé dans l'irréligion est en état d'apathie paralytique, symptôme cadavérique d'une décomposition prochaine. Peut-être aucun de ces deux extrêmes ne correspond-il à notre état propre ; nous flottons sans doute entre les deux. Mais assurément, en un âge d'investigation et de liberté de pensée individuelle, où il y a presque autant de sectes que d'individus, il y avait peu de danger que l'admission de l'art dans les lieux de dévotion s'accompagnât jamais des erreurs de l'idolâtrie ; et les motifs invoqués pour refuser l'offre de décorer nos églises ne possèdent peut-être pas la garantie d'un degré éminent de clairvoyance religieuse ou politique. Qui ne se réjouirait que le charme de notre art, qui donne à voir les actes et l'exemple du fondateur sacré de notre religion et de ses disciples dans les temples et les conventicules, contribue à éclairer le zèle, à stimuler les sentiments, à adoucir l'amertume, ou à anoblir l'enthousiasme de leurs auditoires respectifs ? A la source du grand style monumental de la Grèce, il y avait la religion, associée à la liberté. A cette époque, l'artiste, comme l'exprime Pline lui-même, était la propriété du public en d'autres termes, il se considérait comme responsable de l'influence de ses œuvres sur les principes du public ; avec le déclin de la religion et de la liberté, son importance, et l'art lui-même, déclinèrent ; et si la coutume égyptienne d'embaumer les morts et de laisser les vivants s'attarder n'avait pas encore été adoptée, d'instrument du public l'artiste devint l'outil du mécénat privé ; et ce dernier, si recommandable ou libéral soit-il, ne peut pas plus suppléer le manque d'encouragement général, que les serres des nantis l'absence d'un sol fertile ou d'un climat favorable. Le luxe, aux époques de goût, entretient l'activité artistique dans la mesure même où il sape la dignité et le principe moral de l'art ; l'or est le motif de ses efforts, et rien de ce que produit l'or n'a jamais ennobli l'homme. Lorsque Néron transporta l'*Apollon pontique* dans sa maison dorée, et surmonta les épaules colossales du dieu de sa propre effigie, la sculpture prêta main-forte à la légitimation de ce sacrilège : pourquoi devrait-on supposer la peinture plus scrupuleuse, quand elle fut appliquée à décorer ses appartements de plaisir et le cabinet de Poppée de souillures milésiennes, ou des affectations d'Elephantis ?

On a insisté sur l'effet des honneurs et des récompenses comme un stimulant nécessaire aux artistes ; ils devraient être en vérité, et de fait sont parfois, le résultat de talents supérieurs ; mais des honneurs partiels ou aléatoires ne peuvent à eux seuls créer le génie, ni la prodigalité privée suppléer la négligence publique. Aucune œuvre d'art authentique n'a jamais été et ne pourra jamais être produite autrement que pour elle-même ;

si l'artiste ne crée pas pour son propre plaisir, il ne parviendra jamais à plaire au monde. Pouvons-nous vraiment nous persuader que tous les trésors du monde pourraient soudain produire une *Iliade* ou un *Paradis perdu*, ou le *Jupiter* de Phidias, ou la chapelle Sixtine ? Les circonstances peuvent bien être un auxiliaire ou un obstacle à certaines parties d'une œuvre, mais ne suffisent pas pour en concevoir une ; elles ne sont que le vent qui tantôt éteint une lumière, tantôt attise une étincelle jusqu'à l'embrasement. La nature elle-même a dressé des barrières entre une époque et une autre, entre un génie et un autre, et nul mortel ne peut les franchir ; tous les efforts pour porter d'emblée à la perfection ce que seule peut produire une succession d'époques, se révèlent nécessairement futiles et vains; les propositions mêmes d'accorder prix, honneurs et récompenses pour exciter le talent ou susciter le génie, suffisent à prouver que l'époque est défavorable à l'art; car s'il bénéficiait de la protection du public, pourquoi aurait-il besoin d'eux ?

Voilà maintenant plus d'un demi-siècle que nous bénéficions d'une Académie ; nous pouvons convoquer tour à tour tous les moyens propres à former un style ; l'institution professionnelle n'a jamais cessé de guider l'étudiant ; des prix sont décernés pour développer le talent et exciter l'émulation, et des bourses sont accordées pour soulager les besoins du génie et permettre de parfaire une éducation. et pour quel résultat ? Si nous nous en référons à notre Salon, que présente-t-il, dans cette agglomération, sinon une exhibition somptueuse de talents divers, condamnés à être livrés, sinon aux bêtes, du moins aux édits de la mode et de la vanité ? Que peut-on donc opposer à la conclusion selon laquelle, en ce qui concerne le public, l'art est en train de sombrer, et menace de sombrer plus bas encore, par manque d'une demande d'œuvres grandes et importantes ? Florence, Bologne, Venise, ont produit chacune séparément, au cours du seul XVIe siècle, plus de grands tableaux historiques que toute la Grande-Bretagne, depuis ses premiers essais de peinture jusqu'à ses tentatives présentes. Que pouvons-nous en déduire ? Que le sol qui a vu naître Shakespeare et Milton est inapproprié au génie de l'art poétique ? Ou décèlerons-nous la cause de cette impuissance apparente dans ce changement général d'habitudes, de coutumes, d'intérêts et de divertissements, qui depuis près d'un siècle frappe le caractère national de l'Europe d'apathie ou d'hostilité envers les principes authentiques de l'art ?

Mais si la sévérité de ces observations, le dénuement de notre condition présente modèrent nos espoirs, cela devrait affermir nos efforts pour la préservation finale et, si une restauration immédiate est inconcevable, le rétablissement progressif de l'art. Elever les arts à une hauteur considérable n'est peut-être pas en notre pouvoir ; nous aurons bien mérité de la postérité si nous parvenons à enrayer la poursuite de leur déclin, et si nous les fixons sur le fondement de principes solides. S'il est hors de notre portée d'offrir à l'activité de l'étudiant une pratique adéquate, nous pouvons contribuer du moins à sa formation théorique ; et la critique, fondée sur l'expérimentation, instruite par la comparaison, au fait des travaux de tous les âges de l'art, peut diffuser les éléments authentiques du goût, et réfréner le torrent actuel d'affectation et d'insipidité.

Tel est l'usage véritable de notre institution, si nous en jugeons par analogie. Peu après le milieu du XVIe siècle, lorsque la disparition progressive des grands phares de la peinture commença à alarmer le public, l'idée naquit à Florence d'unir les artistes les plus éminents en une société, sous la protection directe du grand-duc, avec le titre d'Académie : elle avait quelque chose d'une atmosphère de couvent, possède encore aujourd'hui sa propre chapelle, et célèbre des festivités annuelles avec tout le cérémonial requis ; elle est moins conçue pour promouvoir l'art que pour en prévenir l'avilissement progressif. Des associations similaires furent formées ailleurs à son exemple, et au temps des Carrache même les écoles privées des peintres adoptaient le même nom. Toutes, qu'elles fussent publiques ou privées, soutenues par le mécénat ou des contributions individuelles, étaient et restent les symptômes d'un art en détresse, des mémoriaux à la déréliction publique et au déclin du goût. Mais elles sont en même temps l'asile de l'élève, le théâtre de ses exercices, le dépôt des matériaux, les archives des documents de notre art, dont leurs directeurs s'engagent désormais à maintenir les principes, et dont ils assument la responsabilité de la préservation envers la postérité, imperméables à la flatterie, indifférents aux ricanements, insensibles à la désapprobation de leurs contemporains.

Permettez-moi de vous quitter sur une dernière observation. Reynolds nous a dit, et c'est à *lui*, dont le génie fut couronné au cours de sa vie du plus éclatant succès, c'est à lui que l'on doit cette remarque d'une magnanimité sans exemple : «Ceux qui courtisent les applaudissements de leur temps doivent s'attendre au dédain de la postérité». Je ne m'étendrai pas là-dessus en tant que maxime générale ; tout dépend du caractère de l'époque à laquelle vit un artiste, et du mobile de ses activités. Michel-Ange, Raphaël, Titien, mais aussi Vasari, le Cavalier d'Arpin et Luca Giordano jouirent en leur temps d'une célébrité égale. Les trois premiers continuent d'en jouir, les trois autres sont oubliés ou condamnés. Que pouvons-nous déduire de ce verdict inégal de la postérité ? Sinon, comme le dit Cicéron, que le temps efface les artifices de l'opinion et de la mode, et prononce les verdicts de la nature ? L'ère de Jules et de Léon exigeait le génie pour lui-même, et le trouva ; celle de Côme, de Ferdinand et d'Urbain réclamait talents et célérité pour flatter sa propre vanité, et les trouva également ; mais Côme, Ferdinand et Urbain ont sombré dans un même oubli, ou endurent la même condamnation que les artistes qui leur servaient de pions, alors que Jules et Léon continuent de vivre, au même titre que les génies immortels qu'ils avaient suscités.

NOTES

1. On aura l'occasion de remarquer ces incroyables insuffisances de mémoire qui l'amenèrent à imputer, ce qu'il avait à juste titre attribué à Giorgione dans l'édition florentine de 1550, à Palma le Vieux dans les éditions ultérieures. Voir la *Conférence sur le clair-obscur*.
2. Il ne faut pas toutefois se dissimuler la vérité : l'histoire de l'art, s'éloignant de son objet véritable, s'est enflée aux dimensions d'un catalogue touffu d'individus qui, étant le produit d'écoles différentes, ou grapillant quelque chose auprès des véritables ordonnateurs de l'art, n'ont guère fait que ressasser ou singer (plutôt qu'imiter) de seconde main ce que leurs maîtres ou prédécesseurs avaient trouvé dans la nature, sélectionné et appliqué à l'art dans le respect de ses édits. Sans vouloir dénigrer le mérite de cette multitude qui s'est échinée sa vie durant à suivre les traces d'autrui, il faut reconnaître que c'est une tâche trop basse pour l'histoire de leur accorder plus qu'un coup d'œil en passant ; ni la nouveauté, ni la sélection et la combinaison de matériaux dispersés ne méritent l'attention sérieuse de celui qui ne fait qu'étudier le progrès véritable de l'art, si la nouveauté se révèle n'avoir ajouté rien d'essentiel au système et la sélection n'avoir jamais fait que dilater l'énergie et, par un amalgame populaire, s'être contentée de ravir le vulgaire. La nouveauté, si elle n'élargit le cercle de l'imagination, peut charmer, mais elle s'apparente plus au caprice qu'à l'invention ; et un système éclectique sans équilibre des parties, comme il a pour origine un défaut de compréhension, vacille au bord du gouffre de la médiocrité, engloutit l'art, ou le fragmente en techniques arborant le nom fallacieux d'écoles, dont les membres, autorisés par ordonnance, enhardis par leur dextérité manuelle, encouragés par l'ignorance, ou à la tête d'une cabale, tirent leur subsistance d'une pure et simple répétition, et n'ont guère plus de prétentions légitimes aux honneurs de l'histoire qu'un rhapsode à ceux du poème qu'il récite.
3. En français dans le texte (note du traducteur).
4. Extrait des règlements de l'Académie royale, article *Professeur*, p. 21.
5. Cela a été fait de façon magistrale par J.G. Herder dans ses *Ideen zur Philosophie der Geschichte der Menschheit*, vol. III, livre 13, œuvre traduite sous le titre : *Idées sur la philosophie de l'histoire de l'humanité, in-4°.*

6. Cet exposé s'appuie sur les conjectures de M. Riem dans son traité sur *Die Malerei der Alten*, ou *La Peinture des Anciens*, *in-4°*, Berlin, 1787.

7. Pausanias, *Description de la Grèce*, ch. XXVIII. Le terme employé par Pausanias, *catagraphes*, prouve que les figures de Parrhasios étaient destinées à un bas-relief. Elles étaient de profil. Tel est en effet le sens du mot *catagrapha* chez Pline, XXXV, c. 8, qui le traduit par «représentation de profil».

8. Principalement sous l'autorité de Pamphile, le maître d'Apelle, qui enseignait à Sicyone. «C'est sous son autorité qu'à Sicyone d'abord, puis dans toute la Grèce, l'on apprit en premier lieu aux enfants de la noblesse le procédé diagraphique, c'est-à-dire la peinture sur bois», dit Pline, XXXV, 10. *Harduin*, contrairement aux éditions courantes, lit certes, s'autorisant, dit-il, de tous les manuscrits, *graphicen*, qu'il traduit par «*ars delineandi*», dessiner, mais il n'a pas réussi à prouver que *graphice* ne désigne rien de plus que le dessin ; et quand bien même il y parviendrait : qu'était-ce alors qu'enseignait Pamphile ? Il n'était pas l'inventeur de ce en quoi il avait lui-même été instruit. Il avait établi, ou plutôt renouvelé, une méthode particulière de dessin, qui contenait les rudiments et facilitait la méthode de peinture.

9. Pausanias, *Phocica*, chap. XXV et suiv.

10. Tel est le sens que j'attribue à Megethos, qui le distinguait, selon Elien, *Histoire variée*, IV, 3, de Denys de Colophon. Dans le même passage : «et il était récompensé pour ses figures grandeur nature», je traduis le mot *teleiois* par : «il aspirait à, il voulait être loué pour la représentation de la proportion essentielle» ; et celle-ci conduit à la beauté idéale. Les «supérieurs, pires, égaux» ou les «meilleurs que nous, semblables ou pires» d'Aristote, *Poétique*, chap. 2, 1448a, par lesquels il distingue Polygnote, Denys, Pauson, confirme le sens donné au passage d'Elien.

11. «Le rouge des joues, comme il a représenté Cassandre dans la galerie de Delphes» (Lucien, *Images*, 7). Voilà qui, joint à ce que dit Pausanias de la couleur d'Eurynome dans le même tableau, et aux draperies colorées que mentionne Pline, prouve bien que la «couleur simple» qu'attribue Quintilien à Polygnote et à Aglaophon suppose moins une couleur unique, comme d'aucuns l'ont supposé, que cette simplicité toujours présente aux premiers âges de la peinture, et qui laisse chaque couleur sans mélange, distincte et crue. De fait, le *pœcile* (le portique aux mille couleurs) qui doit son nom à ses peintures, est à lui seul une preuve suffisante d'une variété de coloris.

12. «Il inaugure l'art de représenter l'apparence extérieure», Pline l'Ancien, *Histoire naturelle*, XXXV, 60 ; comme la *species*, au sens où l'entend Harduin, «la beauté du visage et de la silhouette» ne peut être déniée à Polygnote et aux artistes prédécesseurs immédiats d'Apollodore, le terme doit ici renvoyer aux subdivisions de la forme générique : les classes. A cette époque, nous pouvons fixer avec

quelque probabilité l'invention de la couleur locale, et du ton qui, s'il n'est au sens strict ni la lumière ni l'ombre, est néanmoins régi par l'atmosphère qui les teinte toutes deux. Cela, Pline l'appelle «splendeur». Plutarque de même attribue à Apollodore l'invention des coloris, les mélanges de couleur et les dégradés d'ombre, si j'interprète correctement le passage suivant : «Le peintre Apollodore a inventé le fondu des couleurs et le dégradé des ombres.» Plutarque, *La Gloire des Athéniens*, 346. Tel était l'élément de l'ancienne «jonction», cette transition imperceptible qui, sans opacité, confusion ni brusquerie, unissait les détails de couleur, des demi-teintes, les ombres, et les reflets.

13. «Il a peint aussi des monochromes blancs», Pline, XXV, 9. Cela Aristote, au chapitre 6 de la *Poétique*, l'appelle «dessiner en blanc».

14. «On lui accorda la palme pour l'exécution des contours (...). Mais il ne paraît pas égal à lui-même quand il s'agit de rendre la surface des corps.» Pline l'Ancien, *Histoire naturelle*, XXXV, 67-68 ; traduction : J.M. Croisille, Belles Lettres. Nous voyons qu'ici les parties intermédiaires ne sont considérées comme inférieures que par rapport à l'œuvre même. C'est à lui-même que Parrhasios n'était pas constamment égal.

15. «*Thésée*, œuvre à propos de laquelle il disait que le *Thésée* de Parrhasios était nourri de rose, mais que le sien l'était de chair.» Pline l'Ancien, *Histoire naturelle*, XXX, 128 ; traduction : J.M. Croisille, Belles Lettres.

16. On connaît l'épithète qu'il s'était attribuée : le délicat, l'élégant, et l'épigramme qu'il était censé avoir composé sur lui-même : voir Athénée, 1, XII. Il portait, nous dit Elien, *Histoire variée*, IX, 11, une tunique pourpre et une guirlande dorée ; il tenait un bâton entouré de vrilles d'or, et ses sandales étaient attachées à ses pieds et à ses chevilles par des courroies d'or. Nous pouvons juger de sa simplicité toute d'aisance par son dialogue avec Socrate dans Xénophon, *Les Mémorables*, 1, III ; de son imagination lascive, outre ce qu'en dit Pline, par son Archigalle, et le groupe de Méléagre et d'Atalante mentionné par Suétone dans «Tibère», *Vie des douze César*, chap. 44.

17. Dans le Portique du Pirée par Léocharès ; dans la Salle des Cinq Cents par Lyson ; dans le Portique à l'arrière du Ceramicus se trouvait un tableau de Thésée, de la Démocratie et du Démos, par Euphranor, Pausanias, *Description de la Grèce*, I, 3. Aristolaüs, selon Pline, était un peintre «des plus sévères».

18. Cicéron, *L'Orateur*, 73-74 et suivantes : «C'est dans un autre ordre d'idée qu'on emploie et c'est tout autre chose de dire qu'il est séant ou qu'il est d'obligation. "Etre d'obligation" en effet exprime le caractère parfait du devoir qui doit être accompli et toujours et par tous, "être séant", l'adaptation et comme la mise en concordance

avec la circonstance et la personne, ce qui vaut non seulement par les actions le plus souvent, mais aussi dans les paroles, les jeux de physionomie, enfin le geste et la démarche ; et de la même façon et en sens inverse "être malséant" ; et si le poète évite ceci comme le plus grand défaut, lui qui pêche de son côté quand il donne un langage honnête à un personnage malhonnête, ou à un sot celui du sage ; si le peintre a vu dans le Sacrifice d'Iphigénie, alors que Calchas était sombre, Ulysse plus sombre encore et Ménélas accablé, qu'il lui fallait voiler la tête d'Agamemnon puisqu'il était incapable de rendre avec son pinceau le comble de la douleur ; si enfin l'acteur se demande ce qui est séant, que nous faut-il penser que doit faire l'orateur ?» Traduction : A. Yon, Belles Lettres. Quintilien, *Institution oratoire*, II, 13 : «Il fait dissimuler certains détails, soit qu'ils ne doivent pas apparaître, soit qu'ils ne puissent être indiqués comme il conviendrait. C'est ce que fit Thimanthe qui était, je crois, originaire de Cythnos, dans le tableau qui lui fit emporter sur Colotès de Téos. Ayant à représenter le Sacrifice d'Iphigénie, il avait peint Calchas triste, Ulysse encore plus triste, et donné à Ménélas le maximum d'affliction que pouvait rendre l'art ; ayant épuisé tous les signes d'émotion, ne sachant comment rendre convenablement l'expression du père, il lui voila la tête et laissa à chacun le soin de l'imaginer à son gré.» Traduction : J. Cousin, Belles Lettres. Il est évident au premier coup d'œil que Cicéron comme Quintilien perdent de vue le point de départ de leur raisonnement et se contredisent dans les mobiles qu'ils attribuent à Timanthe. Leur manque de familiarité avec la nature de l'expression plastique leur a fait imaginer que le visage d'Agamemnon était hors de portée des pouvoirs de l'artiste. Ils ne se rendent pas compte qu'en lui faisant gaspiller ses moyens d'expression sur des personnages secondaires au détriment de la protagoniste, ils le décrivent comme étant imprévoyant et dépensier, et non sage et économe. De Valère Maxime, qui en baptise le sujet «funeste sacrifice d'Iphigénie immolée» au lieu d'«Iphigénie qui doit être immolée», on ne peut guère attendre de lumières à ce propos. Pline commet la même confusion de mobile que le *digne* de Quintilien.

19. Un critique ingénieux observe que dans la tragédie d'Euripide, le cortège est décrit, et que lorsqu'Iphigénie tourne son regard vers son père, celui-ci gémit et se cache le visage pour dissimuler ses pleurs ; alors que le tableau donne à voir le moment qui précède le sacrifice, et que cette dissimulation a un objet différent et naît d'une autre impression.

   «Quand il vit, le roi Agamemnon,
   Sa fille qui marchait au supplice, pénétrait dans le bois,
   Il gémit, détournant la tête,
   Et il versait des larmes, le manteau tendu devant les yeux.»

   Euripide, *Iphigénie à Aulis*, 1546-1550.

20. Pline, 1, XXXV, c.18.

21. «Lysippe de Sicyone (...) puisa dans une réponse du peintre

Eupompe un encouragement à se risquer. Comme on demandait à ce dernier lequel de ses prédécesseurs il prenait pour modèle, il répondit en montrant la foule qu'il fallait imiter la nature et non pas un artiste. (...) Il n'y a pas de mot ancien pour traduire cette symétrie qu'il observa avec la plus scrupuleuse attention, substituant un système de proportion nouveau et original à la stature "carrée" des œuvres antiques ; il aimait à dire que les Anciens représentaient les hommes tels qu'ils sont et lui-même tels qu'ils semblaient être.» Pline l'Ancien, *Histoire naturelle*, XXXIV, 62 et 65; traduction: H. Le Bonniec, Belles Lettres.

22. «En outre Apelle d'Ephèse m'a précédé en peignant ce sujet, et en effet il avait été lui-même calomnié auprès de Ptolémée.» Lucien, *Qu'il ne faut pas prêter foi trop facilement aux calomnies*.
23. Apelle fut probablement l'inventeur de ce que les artistes désignent du nom de *glacis* ou vernis. Voir Reynolds sur Du Fresnoy, note 37, vol. III.
24. «L'enfant qui caresse pitoyablement sa mère assassinée.» Pline l'Ancien, *Histoire naturelle*, XXXIV, 79.
25. Dessin de Raphaël représentant les Troyens pestiférés en Crète, et connu par la gravure de Marc Antonio Raymondi.
26. «On a d'Euphranor un Alexandre Pâris, vanté parce qu'on y reconnaît tout à la fois et le juge des déesses et l'amant d'Hélène, et pourtant aussi le meurtrier d'Achille.» Pline l'Ancien, *Histoire naturelle*, XXXIV, 77 ; traduction : H. Le Bonniec, Belles Lettres.
27. Voir l'*Hymne à Apollon* (attribué à Homère).
28. Voir le compte rendu qu'en fait Vasari, *Vie de P. Brunelleschi*, t. II, p. 114. «Il est en bois et se trouve encore dans la chapelle de la famille Gondi, dans l'église de Sainte-Marie-Nouvelle. Je sais que près d'un siècle avant Donato, Giotto est censé avoir sculpté dans le marbre deux bas-reliefs sur le campanile de la cathédrale de Florence ; ils surpassent certainement le style de ses tableaux, au même titre que les œuvres en bronze exécutées à partir de ses dessins par Andréa Pisani à la porte du Baptistère.
29. Masaccio da San Giovanni di Valdarno naquit en 1402 ; on suppose qu'il mourut en 1443. Il fut l'élève de Masolino da Panicale.
30. Andrea Mantegna mourut à Mantoue en 1505. Un monument érigé à sa mémoire par ses fils en 1517 est à l'origine de l'erreur qui consiste à dater sa mort de cette période.
31. Luca Signorelli mourut à Cortone en 1521, à l'âge de quatre-vingt-deux ans.
32. Léonard de Vinci est censé être mort à Paris en 1517, à l'âge de soixante-quinze ans.
33. Les oiseaux volants de carton, les lions emplis de lys, les lézards aux ailes de dragon, cornus et recouverts d'argent, tiennent à la fois du

garnement et du charlatan. Il est assez singulier qu'il n'existe pas le moindre indice que Laurent de Médicis ait employé ou remarqué un homme aux pareils talents et à la célébrité aussi précoce ; la légende qui le fait aller à Rome auprès de Léon X avec Julien de Médicis pour y accepter un emploi au Vatican, qu'elle ait ou non un fond d'authenticité, offre un trait caractéristique de l'homme. Le pape, traversant la pièce destinée aux tableaux, et n'y trouvant, au lieu de dessins et de cartons, qu'un appareil de distillation d'huiles et de vernis, s'exclama : «Hélas, cet individu n'est bon à rien, qui commence à penser à la fin de l'œuvre au lieu de songer à son début.» Il apparaît, à la lecture d'un admirable sonnet de Léonard conservé par Lomazzo, qu'il était sensible à l'inconstance de son propre tempérament, et désireux, à tout le moins de le corriger. On a beaucoup parlé de l'honneur qu'il reçut en expirant dans les bras de François Ier. De fait, c'était un véritable honneur, par lequel le destin en quelque façon se rachetait envers le monarque pour son futur désastre de Pavie.

34. Fra Bartolomeo mourut à Florence en 1517, âgé de quarante-huit ans.

35. Michel-Ange Buonarroti, né à Castel-Caprese en 1474, mourut à Rome en 1564, à l'âge de quatre-vingt-dix ans.

36. De la même façon, Silanion : «Il représenta Apollodore, lui-même un statuaire, mais celui qui mettait à son art le plus de zèle et qui se jugeait le plus sévèrement ; souvent il brisait ses statues parfaites car il ne pouvait satisfaire l'exigence de son art, et pour cela on l'appelait le fou. C'est cela qu'il a exprimé, et ce n'est pas un homme qu'il a tiré du bronze, mais la Colère. Pline l'Ancien, *Histoire naturelle*, XXXIV, 76.

37. Lorsque Michel-Ange proclama que la peinture à l'huile était «un art de femme et d'hommes aisés et paresseux», maxime à laquelle l'abrupte manière vénitienne confère un air de paradoxe, il en parlait par opposition à la fresque : ce camouflet cinglant visait l'insolence à courte vue de Sebastiano del Piombo, qui voulait persuader Paul III de faire peindre à l'huile le *Jugement dernier*. Qu'il ait eu le sens des beautés du coloris à l'huile, de son éclat, de sa sève, de sa richesse, de sa texture, les éloges dont il gratifia le Titien, qu'il appelait le seul peintre digne de ce nom, et le patronage qu'il accorda à Fra Sébastian lui-même le prouvent assez. Dans sa jeunesse, Michel-Ange s'essaya avec succès à la peinture à l'huile ; le tableau peint pour Angelo Doni en constitue un exemple et probablement le seul vestige du genre intégralement conservé. Le Lazare du tableau destiné à la cathédrale de Narbonne ne saurait être l'œuvre d'aucune autre main. La *Léda*, dont le carton autrefois au palais des Vecchietti à Florence est aujourd'hui entre les mains de Monsieur W. Lock, fut peinte à la détrempe (*a tempera*) ; toutes les peintures à l'huile, grandes ou petites, présentées comme ses œuvres, sont des copies effectuées à partir de ses dessins ou de ses cartons par Marcello Venusti, Giacomo da Pontormo, Battista Franco et Sébastien de Venise.

38. Raphaël Sanzio, natif d'Urbino, mourut à Rome en 1520, âgé de trente-sept ans.

39. Giorgio Barbarelli, surnommé Giorgione pour sa taille et sa beauté, naquit à Castel Franco, en territoire vénitien, en 1478 et mourut à Venise en 1511.

40. Titiano Vecelli, ou comme l'appellent les Vénitiens, Tizian, né à Cador, dans le Frioul, mourut à Venise en 1576, âgé de quatre-vingt-dix-neuf ans.

41. Les circonstances de la naissance et de la vie d'Antonio Allegri, ou comme il s'était lui-même baptisé, Laeti, dit le Corrège, sont encore plus obscures que celles de la vie d'Apelle. Il n'est pas établi qu'il soit né en 1490 ou plutôt en 1494 ; la date de 1534 pour sa mort paraît plus certaine. Le meilleur compte rendu de son existence est sans nul doute celui qu'en a donné A.R. Mengs dans ses *Memorie concerneti la vita e le opere di Antonio Allegri denominato il Correggio*, vol. II de ses œuvres, publiées par l'Espagnol D.G. Niccola d'Azara.

42. Pelegrino Tibaldi mourut à Milan en 1592, âgé de soixante-dix ans.

43. Sebastiano, surnommé plus tard del Piombo, allusion à l'office du sceau papal, mourut à Rome en 1547, à l'âge de soixante-deux ans.

44. Daniel Ricciarelli, de Volterra, mourut en 1566, âgé de cinquante-deux ans.

45. C'est aujourd'hui le plus bel ornement de l'exquise collection de Monsieur J.J. Angerstein.

46. Giorgio Vasari, originaire d'Arezzo, mourut en 1584, à l'âge de soixante-huit ans.

47. Julio Pipi, dit Jules Romain, mourut à Mantoue en 1546, âgé de cinquante-deux ans.

48. Francesco Primaticcio, fait par François Ier abbé de Saint-Martin de Troyes, mourut en France en 1570, à l'âge de quatre-vingt ans.

49. Polydoro Caldara da Caravaggio mourut assassiné à Messine en 1543, à l'âge de cinquante-et-un-ans.

50. Michelangelo Amerighi, dit le Caravage, chevalier de Malte, mourut en 1609, âgé de quarante ans.

51. Nicolas Poussin, originaire des Andelys, mourut à Rome en 1665, à l'âge de soixante-et-onze ans.

52. Salvator Rosa, surnommé Salvatoriello, mourut à Rome en 1673, âgé de cinquante-neuf ans.

53. Des portraits dont Raphaël, auteur de fresques, a parsemé ses compositions du Vatican, nous aurons l'occasion de reparler. Mais pour ce qui est de la peinture à l'huile, le véritable style du portrait naquit à Venise avec Giorgione, s'épanouit en Sebastiano del Piombo, et fut porté à la perfection par le Titien, qui sut remplir les masses du premier sans s'empêtrer dans les détails minutieux du second. Le Tintoret, Bassan et Véronèse suivirent les principes du Titien. Après eux cet art émigra d'Italie pour trouver résidence auprès de

l'Espagnol Diego Velasquez, à partir duquel Rubens et Van Dyck s'efforcèrent de le transposer en Flandre, en France et en Angleterre, avec des fortunes diverses. De Van Dyck, la France s'appropria moins la délicatesse que l'affectation, et eut tôt fait de transformer l'art de représenter les hommes et les femmes en simple mémento de modes et d'attitudes. L'Angleterre avait bien eu Holbein, mais c'est à l'Allemend Lely et à son successeur Kneller qu'il échut de jeter les bases d'une manière qui, en prétendant unir le portrait à l'histoire, les fit tous deux régresser pendant près d'un siècle. Une foule de bergers et de bergères aux perruques en cascade et aux boucles apprêtées, Endymions froissés, humbles Junons, Hébés flétries, Allegros maussades, Pensierosas narquoises, usurpèrent le domaine de la vérité, de la convenance et du caractère. Même les regrettés talents du plus grand peintre qu'ait produit ce pays, sinon le siècle tout entier, longtemps luttèrent en vain et ne parvinrent qu'à peine, au soir de sa vie, à nous émanciper de ce goût ignoble.

54. Francesco Mazzuoli, surnommé le Parmesan, mourut à Casal Maggiore en 1540, âgé de trente-six ans. L'admirable tableau de *Saint Jean* auquel nous faisions allusion était à l'origine une commande de Dame Maria Bufalina, destinée à l'église de San Salvadore des Lauro à Città di Castello. Le maître n'y mit sans doute jamais la dernière main, ayant fui Rome, où il le peignit, après le sac de la ville par Charles de Bourbon en 1527 ; il demeura plusieurs années dans le réfectoire du couvent della Pace, fut transporté à Città di Castello par Messire Giulio Bufalini, et se trouve à présent en Angleterre. Selon M. Masson, le Moïse, figure d'une fresque de Parme, au même titre que la figure de Dieu représentée par Raphaël dans sa *Vision d'Ezéchiel*, aurait inspiré à Gray le visage et les gestes de son barde : si tel était le cas, il ferait bien de nous instruire de la méthode employée par le poète pour faire «*Placidis coire immitia*».

55. Ludovico Carrache mourut à Bologne en 1619, âgé de soixante-quatre ans.

56. Agostino Carrache mourut à Parme en 1602, à l'âge de quarante-quatre ans. C'est à lui que l'on doit le *San Girolamo* de la chartreuse, près de Bologne ; à lui encore la *Thétis* accompagnée de néréïdes, d'amours et de tritons, dans la galerie du palais Farnèse. Qu'il ait pu gâcher ses talents de graveur sur une grande copie de la *Crucifixion* peinte par le Tintoret dans l'hospice de l'Ecole de Saint-Roch, et dont il ne pouvait restituer le ton qui en constitue la qualité majeure, demeure une énigme difficilement explicable. Annibal Carrache mourut à Rome en 1609, à l'âge de quarante-neuf ans.

57. Sonnet d'Agostino Carrache :

Chi farsi un buon Pittor cerca, e desia,
Il disegno di Roma habbia alla mano,
La mossa coll'ombrar Veneziano,
E il degno colorir di Lombardia,

Di Michel'Angiol la terribil via,
Il vero natural di Tiziano,
Del Correggio lo stilo puro, e sovrano,
E di un Rafel la giusta simetria.

Del Tibaldi il decoro, e il fondamento,
Del dotto Primaticcio l'inventare,
E un po di gratia del Parmigianino.

Ma senza tanti studi, e tanto stento,
Si ponga l'opre solo ad imitare,
Che qui lasciocci il nostro Niccolino.

Malvasia, auteur de la *Felsina Pittrice*, a fait de ce sonnet le texte qui accompagne sa rhapsodie soporifique sur les fresques de Lodovico Carrache et de quelques-uns de ses élèves, dans le cloître de Saint-Michel-au-Bois, près de Bologne. Il remplace la «mouvement des Vénitiens» du sonnet en l'allongeant en «ce thème éclatant et ce mouvement serpentin» propre au Tintoret.

58. Guido Reni mourut en 1642 à l'âge de soixante-huit ans. Giovanni Lanfranco mourut à Naples en 1647, à soixante-six ans. Francesco Albani en avait quatre-vingt-deux à sa mort en 1660. Domenico Zampieri, dit le Dominicain, mourut en 1641, âgé de soixante ans. Francesco Barbieri de Cento, surnommé le Guerchin parce qu'il louchait d'un œil mourut en 1667, à soixante-seize ans.

59. Pietro Berretini, de Cortone, peignit le plafond du salon du palais Barberini et la galerie du plus petit des deux palais Pamphili ; aucun pinceau n'a pu égaler la suavité printanière des teintes de leurs fresques. Il mourut à Rome en 1669, âgé de soixante-treize ans. Luca Giordano, surnommé *Fa-presto*, «l'expéditif», en raison de sa rapidité d'exécution, et le plus grand auteur de grandes machines de son temps, mourut en 1705, à l'âge de soixante-seize ans.

60. L'éditeur de la traduction latine du livre d'Albrecht Dürer sur la symétrie des parties du corps humain (*Parisiis, in Officina Caroli Perier in vico Bellovaco, sub Bellerophonte*, 1557, fol.), nous apprend que, durant le bref séjour que fit Dürer à Venise, pour obtenir de la Signoria réparation pour le faux de Marc Antonio, il se lia avec Giovanni Bellini et qu'Andrea Mantegna, qui avait eu vent de son arrivée en Italie, et nourissait une haute estime pour ses qualités d'exécution et sa fécondité, lui transmit une invitation à se rendre à Mantoue, dans l'intention expresse de lui communiquer une idée de cette forme dont il avait lui-même obtenu un aperçu à la contemplation des œuvres antiques. Andrea était alors malade, et expira avant qu'Albrecht, qui s'était immédiatement disposé à partir pour Mantoue, pût profiter de ses instructions. Cette déception, disent nos sources, Dürer ne cessa de la déplorer tout au long de sa vie. Dans quelle mesure l'homme de Mantoue eût été apte à instruire l'Allemand n'est pas ce qui nous occupe ici ; mais les regrets d'Albrecht

semblent prouver qu'il éprouvait un manque que son modèle ne pouvait combler ; et qu'il avait une idée trop juste de l'importance de l'art pour s'enorgueillir de la dextérité de sa main ou de sa facilité d'exécution appliquée à des objets aux défauts intrinsèques, ou relativement insignifiants. Ce qui suit, le compte rendu personnel qu'en fait Dürer, mérite d'être donné dans les propres termes de l'éditeur latin : «L'on rapporte qu'il était né à Pannone. Il avait un visage expressif, des yeux brillants, un nez moyen, de ceux que les Grecs nomment carré, un cou un peu allongé, une poitrine large, un ventre mince, des cuisses nerveuses, des jambes solides. Mais il avait les doigts les plus délicats qui soient.»
Albrecht Dürer fut l'élève de Martin Schön et de Michael Wolgemuth, et mourut à Nuremberg en 1528, à cinquante-sept ans.

61. Lucas Jacob, dit Lucas de Leyde, et que les Italiens surnomment Luca d'Ollanda, mourut à Leyde en 1533.

62. Pierre Paul Rubens, né à Cologne, disciple d'Adam Van Ort et d'Otho Venius, mourut à Anvers ou dans les environs en 1641, âgé de soixante-trois ans. Voir l'admirable description que fait de lui Sir Joshua Reynolds, en annexe de son voyage en Flandre, dans le volume II de ses œuvres.

63. Antoine Van Dyck mourut à Londres en 1641, à l'âge de quarante-deux ans. On peut juger des conceptions poétiques d'Abraham Diepenbeck à partir du *Temple des Muses* de M. de Marolles, réédité – mais non amélioré – par Bernard Picart.

64. Rembrandt mourut à Amsterdam (?) en 1674, à soixante-huit ans.

65. Hans Holbein, natif de Bâle, mourut à Londres en 1544, à l'âge de quarante-six ans. Peter Francis Mola, élève de Giuseppe D'arpino et de Francesco Albani, naquit en 1621 dans le village de Coldre, dans le diocèse de Balerna, baillage de Mendrisio et mourut à Rome en 1666.

66. Eustache Le Sueur, formé par Simon Vouet, mourut à Paris, en 1655, à l'âge de trente-huit ans. Son condisciple et impérieux rival, Charles Le Brun, mourut en 1690, à soixante-et-onze ans.

67. Pour la meilleure présentation de l'art espagnol, voir les lettres d'A.R. Mengs à Don Antonio Ponz, *Œuvres* de Mengs, vol.II. Mengs naquit à Ausig, en Bohême, en 1728, et mourut à Rome en 1779.

68. Elles diffèrent par le matériau et les procédés d'imitation. Plutarque, *La Gloire des Athéniens*, 347.

69. Tout détail minutieux tend à détruire la terreur, et tout ornement minutieux la grandeur. L'énumération des ingrédients du chaudron dans *Macbeth* détruit la terreur qui accompagne les ténèbres mystérieuses d'une action surnaturelle ; de même, chez Rubens, les fioritures de sérail annihilent ses héros.

70. «Cependant, j'imagine que la renommée d'Ulysse a dépassé ses épreuves, grâce au charme d'Homère. Car les fictions et la poésie au

vol sublime lui ont donné je ne sais quel prestige. L'art nous dupe en nous séduisant par des fables». Pindare, *Septième Néméenne*, 20-26 ; traduction : A. Puech, Belles Lettres.

71. «Théon de Samos l'emporte par sa façon de concevoir des scènes visionnaires, ce que l'on nomme *phantasia*». Quintilien, *Institution oratoire*, XII, 10. «Mais comment faire pour être ému ? L'émotion n'est pas en effet à notre disposition. Je vais essayer de répondre aussi sur ce point. Ce que les Grecs appellent *phantasia* nous le nommons avec raison visions. Et c'est par elles que nous pouvons nous représenter mentalement des images des choses absentes, en ayant l'impression que nous les voyons de nos yeux et qu'elles sont devant nous. C'est en comprenant cela que l'on sera le plus efficace pour faire naître des émotions. Certains appellent *euphantasiostos* (qui imagine bien) l'homme qui se représente parfaitement les choses, les paroles, les actes. Et cette faculté, nous l'acquérons facilement, si nous le voulons. Car, quand l'esprit est désœuvré, que l'on se laisse aller à de vains espoirs, ou que l'on rêve tout éveillé, ces visions dont je parle nous hantent et nous croyons voyager, naviguer, combattre, haranguer les foules ou disposer de richesses que nous ne possédons pas. Et il nous semble agir, et non pas rêver : ce vice de l'esprit ne pouvons-nous pas le mettre à profit ? Si je me plains qu'un homme a été tué, ne puis-je pas avoir devant les yeux tout ce qui a dû se passer ? L'assassin ne surgit-il pas soudainement ? Et la victime de l'attentat, n'est-ce pas qu'elle pâlit, pousse des cris, supplie ou s'enfuit ? Ne verrais-je pas l'assassin qui frappe, la victime qui tombe ? Et mon esprit ne sera-t-il pas possédé par la vision du sang, de la pâleur et des gémissements, et enfin de la bouche béante de l'agonisant qui pousse son dernier souffle ? » Quintilien, *Institution oratoire*, VI, 2, 29-30.
Théon, que Quintilien met au nombre des *maîtres*, est rangé par Pline, moins sévère, parmi *les plus grands* ; et un passage de Plutarque le condamne inexplicablement pour impropriété de sujet (*atopia*) dans sa représentation de la folie d'Oreste.

72. «L'art du peintre Théon était, comme on s'accorde à le dire, remarquable à bien des égards, et surtout parce qu'il avait réalisé cette peinture : (...) Tu dirais que [l'hoplite] est possédé, comme si Arès le rendait fou. Ses yeux dardent de manière effrayante (...) toute son attitude est menaçante, et laisse pressentir qu'il n'épargnera personne.» Elien, *Histoire variée*, II, 44 ; traduction : Lukinovitch / Morand, Belles Lettres.

73. Le nom d'Agasias, élève ou fils de Dositheos l'Ephésien, n'apparaît pas dans les documents antiques ; et il est impossible d'établir s'il est l'Egésias de Quintilien, de Pline, ou des deux ; même le style de sculpture et la forme des lettres de l'inscription diffèrent peu du caractère qu'attribue le premier à l'âge et au style de Calon et d'Egésias : «des statues plus grossières et très proches des statues

étrusques». Winckelmann a bien montré l'impropriété qu'il y a à appeler cette figure un gladiateur, remarquant qu'elle manifeste sans doute plutôt l'attitude d'un soldat qui se fait voir en une situation périlleuse ; partant de cette remarque, Lessing a émis la conjecture qu'il s'agissait là du personnage de Chabrias, emprunté au passage que voici de Cornelius Nepos : «Mais de tous ces hauts faits, l'endroit le plus glorieux est la manœuvre par lui imaginée dans une bataille livrée près de Thèbes, alors qu'il secourait les Béotiens. La voici : quand la victoire semblait déjà assurée au chef suprême Agésilas, la fuite ayant dispersé devant lui les troupes mercenaire [lacune] au reste de l'armée, Chabrias prescrivit de tenir bon : le bouclier sur le genou, la lance en avant, elle attendit suivant ses prescriptions le choc de l'ennemi. Quand ce spectacle nouveau frappa les yeux d'Agésilas, il n'osa avancer et, bien que les soldats chargeassent déjà, il fit sonner la retraite. Cette manœuvre devint dans la Grèce entière si célèbre que la posture décrite plus haut fut celle que demanda Chabrias pour la statue que l'Etat d'Athènes lui fit élever sur la place publique. Telle fut l'origine de l'usage usité ensuite par les athlètes et les autres artistes d'adopter pour les statues qu'on leur élevait l'attitude qu'ils avaient au moment de leur victoire» Cornélius Nepos, XII, 1 ; traduction : A.M. Guillemin, Belles Lettres. Sur ce passage, simple et sans équivoque, si l'on excepte les mots «les autres artistes», où il y a évidemment un mot manquant ou altéré, il n'y a me semble-t-il qu'une opinion possible – la manœuvre de Chabrias était défensive, et consistait à donner à la phalange une position stationnaire et en même temps impénétrable, afin de contenir l'avance ennemie ; il s'agissait de repousser, non de vaincre ; les Thébains se contentèrent de conserver leur positions, et l'historien ne dit pas un mot d'une poursuite lorsqu'Agésilas, surpris du stratagème, rappela ses troupes ; mais le guerrier d'Agasias, lui, s'élance en avant dans une attitude d'assaillant, tandis qu'avec la tête et le bouclier levés il semble se garder d'une attaque venue de plus haut. Lessing, qui en est bien conscient, en est réduit, pour rendre le passage compatible avec son hypothèse, à un changement de ponctuation, et déplace la virgule décisive située après «le bouclier» à «le genou», comprenant ainsi la phrase : «le genou ferme, le bouclier et la lance en avant». Cette caution nous suffirait à elle seule pour rejeter une hypothèse plus audacieuse et astucieuse que réellement solide. La statue érigée à Chabrias sur le forum d'Athènes était sans doute de cuivre, car «statue» et «statuaire», chez Pline du moins, se rapportent toujours je crois à des statues métalliques et aux artistes qui y travaillent, telles celles que les Athéniens des premiers temps consacrèrent à Harmodios et Aristogiton ; après elles, la coutume s'en répandit tous azimuts, et les icônes de métal commencèrent, dit Pline, à servir d'ornements à chaque forum de cité. Me fondant sur un autre passage de Cornelius Nepos, je fus autrefois tenté de voir en notre figure un Alcibiade en Phrygie, se ruant hors des flammes de la ferme incendiée pour le perdre, et se protégeant des javelots et des flèches que la bande de Sysamithrès et Bagoas faisait pleuvoir sur lui à distance. L'historien nous dit : «Mais Alcibiade que le crépitement de la flamme réveilla, voyant que son épée lui avait été soustraite, prit à son compagnon le poignard qu'on porte sur soi (...) et arrive à franchir le feu. Les barbares l'ayant vu échappé à l'incendie lancèrent de loin une grêle de traits qui le tuèrent (...). Voilà comment Alcibiade, âgé d'environ quarante ans, termina ses jours.» Cornélius Nepos, VII, 5-6 ; traduction : A.M. Guillemin, Belles Lettres. C'est de cette époque que date notre figure, et l'on doit remarquer que la main et le bras droits, aujourd'hui armés d'une lance, sont modernes ; si l'on m'objecte que cette figure est une icône, et que la tête d'Alcibiade, coupée après sa mort, fut portée à Pharnabaze, et son corps brûlé par sa maîtresse, je pourrai faire remarquer en réponse que les bustes et statues d'Alcibiade étaient sûrement fréquents en Grèce, et que l'expression en avait trouvé sa source dans l'esprit d'Agasias. Sur cette hypothèse, toutefois, je ne m'étendrai pas ; contentons-nous d'observer que son caractère, ses formes, son attitude eussent pu trouver un meilleur usage que celui qu'en fit Poussin. Il pourrait constituer un admirable Ulysse enjambant le pont de son navire pour défendre ses compagnons contre Scylla abattant ses crocs, ou mieux encore, les voyant, rageur et horrifié, déjà saisis et se débattant dans cette mystérieuse étreinte : «Mais moi je revêts mes armes glorieuses ; je prends en main deux grandes lances et je vais me poster à la proue du navire (...) et je lassais mes yeux à regarder partout de tout côté la roche embrumée(...). Portant mes regards (...). Déjà je ne les vois plus qu'emportés vers le ciel, pieds et mains en l'air.» Homère, *Odyssée*, XII, 228-232 et 247-249.

74. «Et bien que le divin Michel-Ange ait fait la grande chapelle du pape Jules, il n'est jamais arrivé depuis lors à la moitié de la valeur d'une telle œuvre, et son talent n'a jamais retrouvé la vigueur de ces premières études.» *Vie de Benvenuto Cellini*, Julliard, 1965, t. 1, p. 72 ; traduction : Maurice Beaufreton. Vasari, comme il ressort de son propre aveu, ne vit jamais lui-même le dessin : il parle d'une «infinité de combattants à cheval» (selon ses propres termes : «On voyait dans la merveilleuse réalisation de l'artiste certains boucler la cuirasse, beaucoup se mettre des équipements, des cavaliers en grand nombre commencer la lutte.» Vasari, «Vie de Michel-Ange», dans : *Vie des meilleurs peintres, sculpteurs et architectes*, Berger-Levrault, t. 9 ; traduction de Claude Mignot) dont il ne reste aucune et dont il ne saurait avoir jamais existé aucune trace, si le tableau d'Holkham est bien l'œuvre de Bastiano da San Gallo. Il avait vu ce dernier, car c'est à sa propre requête qu'il fut peint en 1542 par ce grand maître, à partir d'un petit carton de sa main, avant d'être transmis, par le truchement de Monsignor Jovio, à François Ier, qui le tenait en haute estime ; il disparut néanmoins de sa collection, et les écrivains français n'en font aucune mention pendant près de deux siècles. Il fut

probablement découvert à Paris, acheté et ramené en Angleterre par feu Lord Leicester. Que Vasari, à l'examen de cette copie, n'ait pas corrigé la description confuse et erronée qu'il avait donnée de ce dessin en se fondant sur la rumeur n'étonnera que ceux qui ne sont pas familiers de sa personnalité d'écrivain. Un cheval solitaire et un tambourinaire qui se détache sur l'arrière-plan imaginaire des groupes gravés par Agostino Venetiano sont toute la cavalerie qui subsiste des escadrons de Vasari ; encore appartiennent-ils aussi peu à Michel-Ange, que l'emplacement où ils sont situés.

75. «Mais comment Homère montre-t-il la grandeur des dieux ? (...) Leur élan, il le mesure à l'aune du cosmos.» Pseudo-Longin, *Du Sublime*, IX, 5.

76. On a beaucoup parlé de la perte que nous avons à déplorer des dessins marginaux qu'avait croqués Michel-Ange dans son exemplaire de Dante. L'invention a peut-être eu à souffrir d'en être privée ; ils ne sauraient toutefois avoir été beaucoup plus que des indications, d'une taille trop réduite pour admettre une grande distinction. Les véritables terreurs chez Dante dépendent autant du moyen qu'il emploie pour nous montrer ou nous offrir un aperçu de ses figures que de leur forme proprement dite. Les contours caractéristiques de ses démons, Michel-Ange les a incarnés dans les démons du *Jugement dernier*, en nourrissant l'appétit brut, la férocité ou l'habileté de la bête par des traits de méchanceté, de cruauté ou de luxure toutes humaines. Tout le monde a reconnu le Minos de Dante en Messer Biagio da Cesena, et son Charon ; mais beaucoup moins le malheureux qu'on maintient tremblant, par-dessus la barque, au bout d'une gaffe, et évidemment emprunté au passage suivant du livre XXII de l'*Enfer* : «Et Graffiacan, qui était juste en face,
Lui accrocha les cheveux englués
Et le tira dehors : je crus voir une loutre.»
v. 34-36, p. 201, Flammarion ; traduction : J. Risset.

Et nul n'a reconnu comme des imitations de Dante au vingt-quatrième livre les groupes étonnants de la lunette au serpent d'airain ; ni les diverses allusions à l'*Enfer* et au *Purgatoire* disséminées dans les attitudes et les expressions des personnages de ressuscités. Dans la lunette d'Aman, nous devons la sublime conception du personnage au passage suivant du dix-septième chant du *Purgatoire* :

«Puis dans ma haute imagination
Un crucifié tomba, irrité et farouche
En son visage, et qui mourrait tel.»
v.25-27, p. 157, Flammarion ; traduction : J.Risset.

Le bas-relief en bordure du deuxième rocher, dans le *Purgatoire*, a fourni l'idée de l'*Annonciation* peinte par Marcello Venusti à partir de son dessin dans la sacristie de Saint-Jean-de-Latran, sur une commande de Tommaso de' Cavalieri, ami choisi et favori de Michel-Ange. On nous dit que Michel-Ange représenta l'Ugolino de Dante, enfermé dans la tour de Pise; s'il l'a fait, son œuvre est elle-même perdue; mais si, comme d'aucuns le supposent, le bas-relief sur ce thème de Pierino da Vinci lui emprunte son idée, nonobstant la plus grande liberté que pourrait revendiquer le sculpteur de défaire les figures de leurs drapés et de leurs vêtements, il me paraît quant à moi s'être fourvoyé dans les moyens utilisés pour susciter notre compassion. Un personnage maussade mais musclé, entouré de groupes de corps non moins musclés et d'incarnations de la force, avec à leurs pieds la figure allégorique de l'Arno, et au-dessus de leurs têtes celle de la famine, ne fait pas un farouche chef Goth frustré de sa vengeance et ruminant son désespoir dans une cage de pierre ; ni les souffrances d'un père à bout de forces, pétrifié par les gémissements pitoyables d'une famille expirante dont les membres lui offrent en nourriture leur propre corps pour prolonger sa vie.

77. « On écrira avec distinction si d'un terme courant on fait, par une adroite alliance, un mot nouveau. » Horace, V, 47; traduction: F. Villeneuve, Belles Lettres.

78. Matthieu, XVII, 5-6. Voir Fiorillo, *Geschichte*, p. 104 et suiv.

79. La vision au Mont Thabor telle qu'elle est représentée ici est la plus caractéristique qu'ait produite l'art moderne, que nous considérions l'action des apôtres terrassés par l'effulgence divine, et partagés entre adoration et stupéfaction, ou les formes des prophètes s'élevant comme une flamme, et attirées par le centre lumineux, la majesté du Christ en personne, dont l'expression est la seule que nous connaissions qui sache restituer sa nature surhumaine. Que l'harmonie de talents si puissants n'ait pu, pour une fois, désarmer la dérision du critique français soulève autant la surprise que l'indignation.

80. Le groupe du palais Ludovisi, absurdement et improprement nommé depuis sa découverte *Paetus et Arria*, peut beaucoup plus plausiblement, nonobstant une certaine dissonance de goût et d'exécution, prétendre au titre d'*Hémon et Antigone*.

81. L'ensemble de la galerie du Luxembourg par Rubens n'est qu'un aspect de sa magnificence ; aussi générale que les éléments, aussi universelle et permanente que les affections de la nature humaine, l'allégorie rompt les chaînes du temps, réunit en un élan sans bornes des incongruités mythologiques, féodales, géographiques, des manières passagères de la société et des modes éphémères : ainsi, dans le tableau de Rubens, Minerve instruisant, les Grâces entourant la vierge princière à la fontaine poétique, ne sont pas ce qu'elles sont chez Homère, la véritable tutrice de Télémaque, les véritables suivantes de Vénus, elles ne sont que les symboles de l'éducation que reçut la princesse. Dans le sublime dessin de Michel-Ange où un personnage est éveillé par la visite d'un génie qui l'arrache à son repos sur un globe où on le voit encore étendu, découvrant avec surprise les fantômes des passions qu'il courtisait démasqués et flottant autour de lui dans une confusion furieuse, l'ambition de Michel-Ange était

moins d'exprimer la nature d'un rêve ou d'attirer notre attention sur ses effets pittoresques et ses contrastes puissants que de nous communiquer cette leçon, que tout est vanité, et la vie une farce, si elle n'est consacrée à la vertu et à la quête de l'esprit.

82. «*L'Aurore ensommeillée*».

83. Parlant de la figure du Christ par Raphaël dans la *Madonna del Spasimo*, il l'appelle «*Una figura d'un carattere fra quel di giove, e quello d'Apollo ; quale effettivamente deve esser quello, che corrisponde a Cristo, aggiungendovi soltanto l'espressione accidentale della passione, in cui si rappresenta.*» (*Œuvres*, 11. 83)

84. Il en existe une copie gravée par Villamena.

85. On peut en retrouver la composition, et à un certain degré les traits, mais ni la tonalité ni l'effet, parmi les eaux-fortes de Le Fevre.

86. Je ne peux abandonner ce tableau sans observer qu'il apporte la preuve la plus indubitable des incongruités que suscite la combinaison discordante des styles grandiose et ornemental. On peut dire du groupe de Lazare qu'il contient le plus précieux vestige du classicisme des Modernes, et peut-être le seul spécimen survivant des huiles de Michel-Ange ; cette opinion ne risque guère d'être contredite par quiconque a observé la manière de la chapelle Sixtine et l'a comparée intérieurement avec le groupe de Lazare, et ce dernier avec le style et le traitement des autres parties du tableau.

87. Un tableau qu'il peignit à Rome pour Bindo Altoviti représentait «Un Christ descendu de la croix et déposé à terre aux pieds de la Vierge ; et dans les airs Phœbus qui obscurcit la face du soleil et Diane celle de la lune. Puis dans la contrée obscurcie par ces ténèbres, on voit des montagnes se briser, secouées par le tremblement de terre, et des dépouilles des saints ressusciter, sortir des tombeaux de diverses manières. La grâce de ce tableau, quand il fut achevé, ne déplut pas au plus grand peintre, sculpteur et architecte qui fut par le passé.» Vasari, *Vie des plus célèbres peintres, sculpteurs et architectes*. Le compliment n'était pas adressé à Michel-Ange en personne, car le terme *passati* indique qu'il n'était plus, mais qu'il réclamait un tribut à la postérité.

88. Un miracle désigne un acte accompli en vertu d'une loi inconnue de la nature.

89. La forme, mais non l'âme de la composition de Jules a été empruntée par Rubens, ou par le maître du tableau bien connu de la galerie du collège de Dulwich. Rares sont ceux qui ignorent l'œuvre de Van Dyck, diffusée par les meilleurs graveurs de cette école. Le tableau de Rembrandt est l'ornement principal de la collection de la villégiature de la famille Schönborn, dans l'un des faubourgs de Vienne ; il a été gravé sur une grande échelle, et on en trouve une copie dans la galerie de Cassel. On peut en trouver une description détaillée dans la huitième lettre, volume III des *Voyages* de Kütner.

90. «En peinture, il ajouta à la pratique de l'huile un certain clair-obscur qui a permis aux Modernes de donner force et relief aux figures.» «Vie de Léonard de Vinci» dans : *Vies des plus célèbres peintres, sculpteurs et architectes*, p. 143, t. 3 ; traduction : A. Chastel.

91. Dans la majorité des *Cartons*, il ne semble pas qu'il ait accordé au clair-obscur une attention plus soutenue qu'à l'ordinaire. Dans la *Pêche miraculeuse*, c'est la simple lumière du jour qui prévaut. Dans le *Miracle à la porte du temple*, un effet plus vigoureux et plus sublime aurait pu être obtenu grâce à une lumière tombant de la coupole et à des piliers obscurcis au premier plan. Dans l'*Aveuglement d'Elymas*, la composition et l'expression doivent peu de leur relief et de leur évidence au clair-obscur. C'est la juxtaposition qui semble avoir gouverné le *Sacrifice de Lystra*. Si Denys et Damaris, dans le *Carton* de l'*Aréopage*, avaient plus fortement réfracté, par de l'ombre ou des couleurs sombres, la lumière contre l'orateur, l'effet et le sujet y eussent gagné. Qu'on le considère dans le détail individuel ou en masses, le clair-obscur du *Carton* d'Ananias apparaît comme parfait ; mais la *Donation des Clefs* doit dans une large mesure l'impression qu'elle peut nous faire à la répartition habile de ses ombres et de ses lumières.

92. Dans l'absurde description ci-dessous du célèbre tableau du Palais Pitti : «Il consiste en trois personnages peints à mi-corps, dont l'un représente Martin Luther en habit de moine augustin, jouant du clavecin. Calvin se tient près de lui en tenue de choriste, un violon à la main ; en face, on peut voir une jeune fille alerte au bonnet orné d'un plumet blanc ; Giorgione voulait représenter à travers elle la fameuse Catherine, maîtresse et femme de Luther», etc. *Fiorillo*, vol. II, p. 63. Pour démasquer la crédulité mal informée qui a dicté ce passage, il suffit de remarquer que Giorgione mourut en 1511, et que Calvin naquit en 1508.

93. Dans toutes les éditions des *Vies* postérieures à la sienne, qui date de 1550. Le passage qui suit mérite d'être cité dans ses propres termes : «Giorgione de Castelfranco enveloppa d'ombre ses peintures et donna à ses ouvrages une vie intense comme dans l'œuvre qui se trouve à l'école de Saint-Marc à Venise, où le ciel menaçant, la peinture tremble, les figures bougent et se détachent du tableau grâce à un certain assombrissement bien compris » Vasari, préface à la troisième partie des *Vies*...

94. «A l'école de Saint-Marc, la *Tempête calmée par le saint*, où, entre autres choses, se trouvent trois rameurs d'une très grande valeur et par le dessin et par les attitudes.» Lanzi, *Histoire*, t. II, première partie : Ecole vénitienne.

95. *Analogia*. Vitruve Commensio ?

96. Si l'anecdote est authentique, elle a dû nécessairement se produire avant 1505, ou du moins avant la fin de cette année-là : Giovanni

Bellini, qui selon le même préfacier aurait également rencontré Dürer, mourut en 1512. Dürer était né en 1471.

97. «Parfaitement idéal».

98. *Saint Bartholomée* de Spagnuoletto. *Sainte Agathea martyre* de Sebastiano del Piombo. *Le Porc écorché* d' Ostade. *Le Boucher* des Carrache. *Le Jeune Mendiant* de Murillo.

99. *Phtora*.

100. «Soit deux, soit personne, quelle honte, quel malheur !»

INDEX DES ARTISTES ET ÉCRIVAINS

Les chiffres en romain indiquent les simples citations du nom de l'artiste ou de l'écrivain, les chiffres en italique gras indiquent un commentaire sur cet artiste ou cet écrivain.

INDEX DES PERSONNAGES HISTORIQUES

INDEX DES PERSONNAGES

Cette catégorie regroupe les personnages
tirés des récits mythologiques, bibliques et littéraires

Parus :

Marina Sauer : *L'Entrée des femmes à l'École des Beaux-Arts, 1880-1923*

William Hogarth : *Analyse de la Beauté*

Sir Joshua Reynolds : *Discours sur la Peinture*

François Hemsterhuis : *Lettre sur la Sculpture*

Thadée Natanson : *Un Henri de Toulouse-Lautrec*

Benvenuto Cellini : *Traités de l'Orfèvrerie et de la Sculpture*

John Ruskin : *La Nature du gothique*

Georges Duthuit : *Écrits sur Matisse*

Abbé Du Bos : *Réflexions critiques sur la Poésie et la Peinture*

Eugène Viollet-le-Duc : *Esthétique appliquée à l'histoire de l'art*

A paraître :

Hermann von Helmholtz : *L'Optique et la peinture*

E. Chevreul : *De la loi du contraste simultané des couleurs*

Maquette et réalisation
Elyane Miquel

Maquette de la couverture
Sophie Costamagna

Photocomposition (Times) et mise en page
réalisées par l'École nationale supérieure des Beaux-Arts
Photogravure couverture réalisée par GRAPHOTEC
Impression réalisée par Impressions DUMAS à Saint-Étienne
N° imprimeur : 31855
Dépôt légal : mai 1994